備える！
3・11から

中日新聞社会部 編著

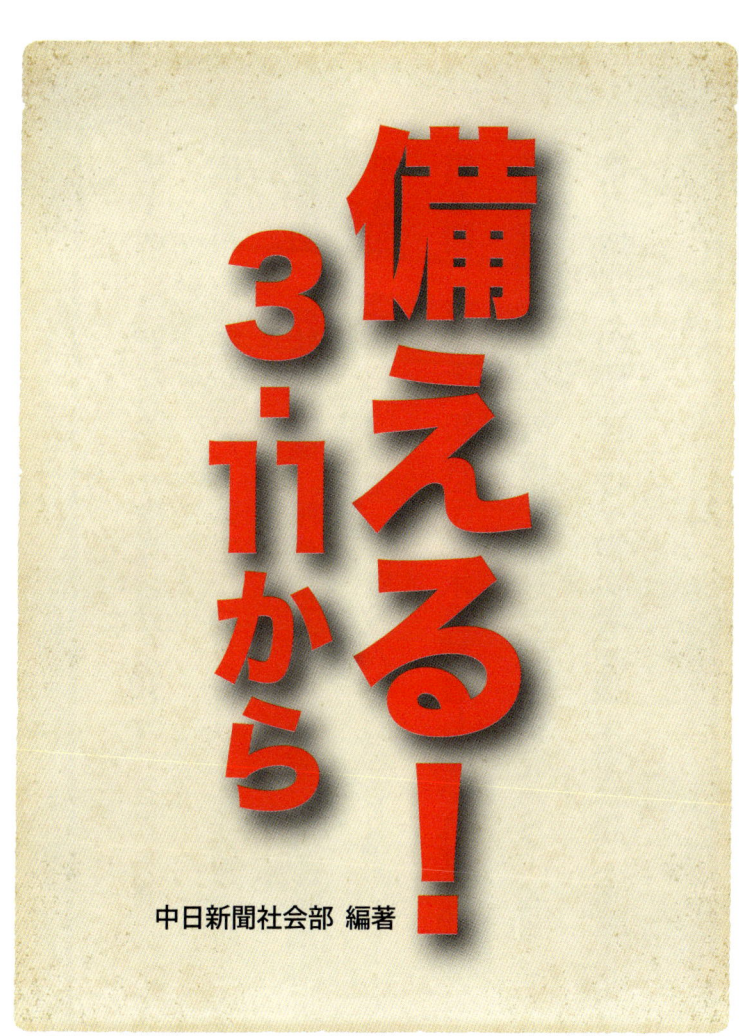

備える！　3・11から　目次

生きる

伝える

備える

※記事中にある年齢や所属、データは一部を除き、掲載当時のままにしています。

はじめに

中部地方では愛知、三重、静岡など各県にまたがる東海・東南海・南海の三連動地震が予想されている。国の中央防災会議によると、特に東海地震は三十年以内に九割近い確立で発生する。こうした事態に備え、中日新聞では十年ほど前から防災報道に力を入れてきた。その中心が二〇〇二年から始まった月一回の特集「備える」である。ところが、昨年の3・11東日本大震災で「備える」のテーマも一変した。単に大震災による被害をいかに食い止めるかだけでなく、津波による大惨事、多くの帰宅難民、機能しなかった防災無線など従来の報道ではカバーしきれない問題点が次々と浮かび上がった。

こうした問題点にメスを入れるのも新聞の大きな役割である。そうした思いもあって、3・11を契機に、あらゆる角度から防災、減災を検証する「備える 3・11から」を、昨年五月から約一年にわたって週一回のペースで連載し、それをまとめたのが本書である。社会部記者を中心に時には支局の若手、生活部の中堅記者らが取材に走り回った。中部エリアの人々にとっても3・11は「遠くの悲劇」ではなく「身近な備え」への教訓といえる。

備えあれば憂いなし―。未曾有の大災害が中部地方を襲った場合、ひとりひとりがどういった行動を取るべきか。地域として何をなすべきか。防災、減災への備えと常日頃向き合っているか。今回、新聞連載をまとめ刊行したこの本を手元に置き、もう一度読み返していただければ幸いである。

二〇一二年八月

中日新聞編集局長　河津市三

火災が続く気仙沼市街＝2011年3月13日朝、本社ヘリ「まなづる」から

第1回
津波が来る

生死分けた30分
岩手・大槌町

大槌町の津波到達直前の様子

避難渋滞で被害拡大

東日本大震災で町役場が津波にのまれ、町長ら千七百人が死亡・行方不明となった岩手県大槌町《おおつち》。川崎浩司・名古屋大准教授らのシミュレーションによると、地震発生から三十分で、高さ一五メートルの津波が町中心部に到達した。生死を分けた三十分を、助かった人々の証言などから検証した。

目の前のパチンコ台がギシギシときしみ、床に玉が飛び散った。三月十一日午後二時四十六分。大槌町のパチンコ店にいた船員後藤伸輔さん（46）は強い揺れが収まると、すぐに駐車場へ走り出した。高台の自宅に車で避難するためだ。

その時

町中心部西端にある店から自宅までは、県道２８０号を通って東へ約三キロ。停電で信号が消え、交差点ごとに徐行した。町道との交差点では、大槌港方面からの車が列をなしてなかなか右折できず、気がせいた。

帰宅して時計を見ると、午後三時すぎ。普段の倍の時間がかかった。「出発が遅ければ渋滞にはまり、津波に巻き込まれていた。間一髪だった」

町中心部を東西に横断する県道は、唯一の幹線道路。道路沿いには行政・文教、商業施設が並ぶ。震災直後、車で帰宅、避難する人が相次ぎ、渋滞を招いて犠牲者が増えた。

後藤さんが自宅に着いたころ、たまたま避難所の小鎚《こづち》神社にいた小林一成さん（71）は、避難者の車を誘導していた。高台から見下ろす県道は、みるみるうちに車列が延び、「東向きに三十台ほど渋滞し、クラクションが鳴り続けていた」

神社東の大槌小には迎えの車が殺到。神社西側のショッピングセンターから中心部に避難する車も多く、渋滞に拍車をかけた。

それから約十分。港と東西の河川の三方向から波が押し寄せた。小林さんは「車を置いて逃げろ」と叫んだが、渋滞の車列は運転手を乗せたまま、流されてきた建物に押しつぶされた。

津波の避難に詳しい群馬大の片田敏孝教授は「安易な

車での避難は危険。高齢者であっても車の利用は最小限にとどめるべきだ」と指摘する。

ただ、徒歩での避難も困難を極めた。港近くの水産加工工場で働く村岡春子さん（61）は地震直後に外へ出ると、液状化で地面にひびが入り、泥が三〜四センチ噴き出ていた。「ヘドロみたいで何度も長靴が脱げそうになった」。その後も山道を駆けて一・二キロ先の高台に避難したが「訓練は近場に逃げただけで、役に立たなかった」と振り返った。（加藤弘二）

教訓生かしたタワー　三重・大紀町
「東南海」きっかけ　堤防より低コスト

六十七年も前のことなのに、今もぽろぽろ涙が出る。「ばあやんを置いて逃げてな」。三重県大紀町錦地区の吉田五代さん（82）は、一九四四年十二月の東南海地震の津波が忘れられない。

津波に襲われたのは十五歳の時。家には寝たきりの祖母がいた。「ばあやんをリヤカーで運んで！」。何度叫んでも誰も足を止めてくれず、あきらめて高台に逃れ、ばあやんは波にのみ込まれた。

東南海の規模はマグニチュード（M）8。現在想定されている三連動のM8・7より小さいが、津波が集中するリアス式海岸沿いに民家が並ぶ錦地区は、六十四人の命が奪われた。この時の教訓が今、大紀町の防災方針に生きている。

「とにかく逃げる。五分以内に避難所へ逃げられるようにすることです」。町防災安全課の谷口三十二課長は言う。その象徴が、一九九八年に錦地区日の出町に建設された避難塔「錦タワー」だ。

町は山沿いの高台を中心に、五分で逃げられる避難所を整備してきた。だが、川に囲まれた日の出町は、橋が落ちると住民が孤立し逃げ場もない。

海抜四・二メートルに立つタワーは、

津波から逃げるために建てられた錦タワー＝三重県大紀町で

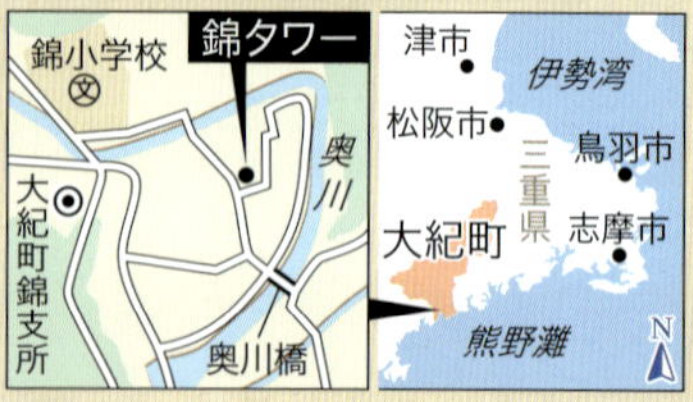

高さ二一・八メートルの鉄筋コンクリート製。想定八メートルの津波の力を分散するため円柱形にした。避難所は海抜一二メートルの四階と五階屋上で、五百人の収容が可能。五百ミリペットボトルの水百本と自家発電装置も備えた。

東日本大震災後、タワーの視察に訪れる自治体が倍増した。魅力は建設費一億三千八百万円の低コスト。先細りする財政では、少なくとも数百億円規模の防波堤整備は負担が大きく、その効果も大震災にかき消された。

大震災では、錦地区二千二百人のうちタワーなどに逃げた人は三百人。避難意識の徹底が今後の課題だ。「悲劇を繰り返さないためにも、訓練を重ねるしかない」と谷口課長は話した。

（中村禎一郎）

津波Q&A

高さ、力は？３階建てでも危険

Q　津波の速さはどれぐらい？

A　海が深いほど速く、水深5000メートルでは時速800キロメートルとジェット機並み。岸に近づいて浅くなるほど遅くなり、波高が高くなる。陸地に到達するころは時速36キロメートルと、オリンピックの短距離走選手の速さに。津波が見えてから避難を始めると追いつかれる。

Q　高さ50センチの津波なら、たいしたことはないのでは。

A　通常の波と違い、津波は巨大な水の塊が押し寄せるイメージ。1983年の日本海中部地震では、河口にいた釣り人が数十センチの津波に巻き込まれ、3人が死亡した。50センチで人は簡単に流される。2メートルの津波は木造家屋を破壊する威力があり、船などの漂流物が加わると力は増す。

Q　予想される津波の高さが3メートル。5メートルの堤防があれば大丈夫？

A　津波の高さとは、平常潮位から海面がどれだけ上昇するか。津波が海岸から陸に駆け上がる高さは「遡上《そじょう》高」といい、東日本大震災では40メートル近くに達したとみられる。遡上高は、津波の高さの数倍になることがある。

Q　津波の前には潮がひくと聞いたが。

A　間違い。いきなり大きな波が押し寄せることもある。警報が出たらすぐに逃げることが大切。第一波より、二波、三波のほうが大きい場合もある。波の間隔は20分ほどのときもあれば、数時間の場合も。警報が出ている間は、水がひいても家に戻ってはいけない。

Q　何メートルの高さに逃げれば大丈夫？

A　これまでは3階ぐらいの高さ（約10メートル）といわれていたが、東日本大震災では、3階建ての建物が津波にのまれた例もあり、4階以上の高さが必要という指摘が出ている。

2011年5月23日 掲載

第2回
地震が来た

落ちたつり天井

大型施設

非構造部材　検査義務なし

犠牲者の92%が津波による水死だった東日本大震災。だが、浸水域の内外では、耐震基準を満たしていた鉄筋建ての大型施設のつり天井などが落下し、死者も出た。阪神大震災では、家屋や家具の倒壊による圧死が73%を占めた。予想される東海地震でも、揺れへの「備え」を忘れてはならない。

仙台市の北東、宮城県利府町にあるイオン利府ショッピングセンター。三月十一日の地震の際、一階食料品売り場にいた江刺セツ子さん（83）は、大きな横揺れに立ってはいられなかった。「照明が消え、ガチャーンと大きな音がした」

ショッピングセンターでは、二階の天井や金属製の配管が落下し、男児（6つ）が死亡した。二階はその後今も立ち入り禁止となった。

約十年前に開館した仙台市の多目的施設「楽楽楽《らららら》ホール」も地震で天井の板がはがれ落ち、約六百五十席ある客席に散乱した。「もし人がいたら、大惨事を招いていた」と叶寿篤《としあつ》事務長は言う。

両施設は、ともに上からワイヤなどで固定するつり天井。東日本大震災では、こうした大型施設で天井やその部材、配

その時

天井が落ちた楽楽楽ホール＝仙台市で（中村禎一郎撮影）

管などの落下が続出し、川崎市のミューザ川崎シンフォニーホールをはじめ、被害は関東にも広がった。そのほとんどの施設は耐震基準をクリアしている。なぜ、天井が落ちたのか―。

建築基準法では、柱や壁など建物の骨組みに当たる部分は建設確認の際、行政や民間の検査機関で適合判定を受ける。だが「非構造部材」に当たるつり天井は「地震その他の衝撃によって落下しないようにしなければならない」とだけ規定。明確な基準や検査義務がない。

基準法とは別に、二〇〇三年の十勝沖地震を受け国土交通省は、五百平方メートル以上の大型施設を対象に「つり天井に振り止め（補強）をする」などとした技術的助言をまとめ、都道府県に通知した。

二〇一〇年九月の調査では助言内容を満たした施設が宮城県94％、岩手県82％に達した。にもかかわらず、大震災で天井落下が相次ぎ、助言の妥当性さえ疑わしい事態になった。

以前からつり天井の危険性を指摘して

きた東北大災害制御研究センターの源栄正人教授（地震工学）は「建物の耐震基準が守られていても、天井が落ちて人命が失われては意味がない。早急に耐震基準の抜本的な見直しを進めるべきだ」と話している。

（中村禎一郎）

高齢者　耐震化に踏み切れず
愛知90％目標　平均費用220万円

「この先、誰かがこの家に住んでくれるならば、考えてもいいけど…」。名古屋市中川区の西潟美津江さん（77）は一九七四年に建てた木造二階建ての住宅に住む。地震のたびに家がきしんで怖い思いをするが、耐震化工事をする気になれない。

夫婦二人の年金暮らし。老い先を考えると百万円単位の工事費は負担が大きすぎる。工事期間中は、別の住まいも探さないといけない。あきらめ顔で冗談も口を突く。「地震でうちが倒れや、ちょうどいいがね」

二〇〇八年度の耐震化率が82％の愛知県は二〇一五年度で90％を目標に掲げる。だが、「まだ残っている人たちは『やらない』と決めている高齢者が中心」（県住宅計画課）と、壁は高い。

行政が耐震化を急ぐ理由は、建物の倒壊から住人の命を守るだけではない。名古屋大減災連携研究センターの護雅史准教授（地震工学）は「倒壊家屋で通行人が下敷きになるケースもある。倒壊で火災が起きれば、延焼は免れない」と指摘。ただ「費用を工面できない人もいる。難しい問題だ」と言う。

耐震化工事の平均額は名古屋市で約二百二十万円。中川区の伊藤達雄さん（68）夫妻は二〇一〇年二月、耐震化工事をすることに決めた。補助を除くと四百万円ほどの費用が必要だったが、「今では安心して家にいられます」。

高齢者世帯が耐震化に踏み切るのは、こんな言葉で勧められたときだという。「お孫さんが来たときに地震があったら、どうしますか」

地震対策

住宅が倒壊を免れても、飛んできた家具や落下した家電でけがをしたり、亡くなったりする人もいる。自分たちでできる家具転倒の防止法を、震災対策に詳しい一級建築士の鈴木啓之さん（愛知県豊田市）に聞いた。高齢者宅などを対象に、転倒防止器具の購入に助成をしている自治体もある。壁の材質や強度が分からないなど不安がある人は、専門家に相談を。

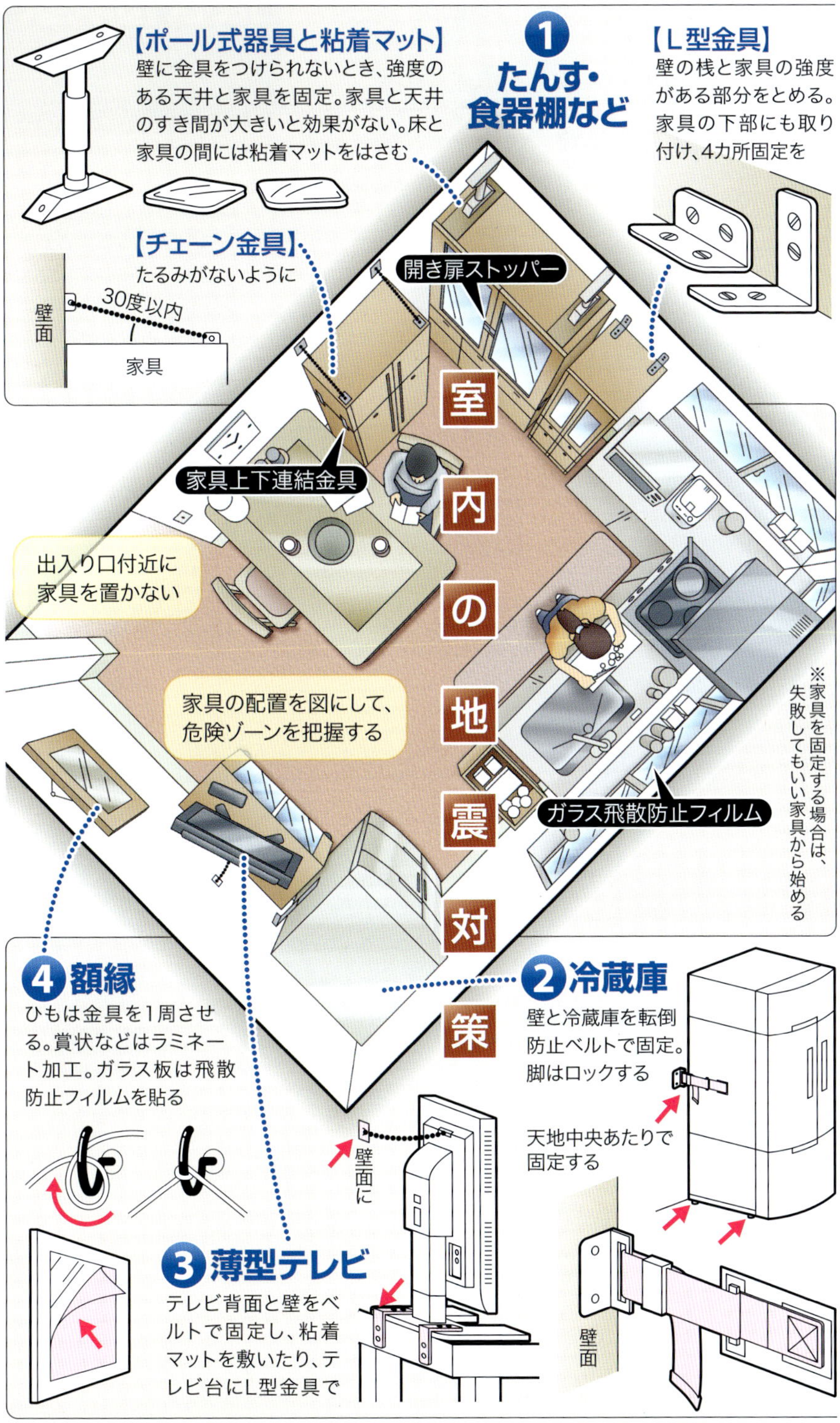

2011年5月30日 掲載

第3回
液状化現象

噴き出す水　沈む家

茨城・鹿嶋、神栖

浄水場も壊滅、断水

　路面の亀裂から泥水が噴き出し、地面がゆがみ、家が傾いていく―。東日本大震災で北関東や東京湾沿岸を襲った液状化現象。茨城県内では、浄水場も壊滅的な被害を受け、住民は一カ月の断水生活を強いられた。東海地震でも、泥水が沿岸域を覆うのは避けられそうにない。

　家の基礎のコンクリートには、地面から二十センチほどまで泥水に漬かった跡がある。「もう少しで床上まで来るところだった」。神栖《かみす》市堀割の高橋恵美子さん（64）は言う。

　震災時、庭で家庭菜園の手入れをしていた。大きく長い揺れに立っていられず、座り込んだ。揺れが収まって庭の隣の駐車場を見ると、アスファルトに幅数メートルの亀裂が入り、そこから黄土色の水が噴き出していた。

　「すごい勢いで、噴水みたいだった」。高さは一メートルほどに達し、数十分で辺り一面が泥水に漬かった。

　神栖市は東側を鹿島灘、西側は霞ケ浦や北浦から海へと注ぐ川に面し、河口部特有の軟質地盤が広がる。

　中でも、水田を埋め立てた住宅地・堀割地区は地盤が弱く、各地で道路が波打ち、多くの電柱や家屋が傾いた。

　風間寿美さん（28）が住む二階建て住宅も、南東角が二十センチ沈降。北側は道路との間に亀裂が入った。傾いた家にいると「ふわふわした感じ」で、今も頭痛が治らない。業者に修理を相談したが、費用は一千万円。ローンもまだ残

その時

り、「当面はこのまま住むしかない」とこぼす。

神栖市へ水道水を供給する鰐川浄水場（鹿嶋市）では、貯水池周辺の道路が五十センチほど沈んだ。電線や塩素用配管が集中する共同溝は泥で埋まり、地中の送水用配管も接合部が外れた。

接合部の配管は、十センチ前後のずれに対応する「遊び」を持たせていたが、白土昌夫場長は「ずれの幅が想定以上だった」。損傷した配管は二十二カ所にのぼり、約二万八千世帯が最長で一カ月断水した。

工業用水は今も供給できず、別の浄水場からの送水に頼る。二〇一二年六月にようやく配管の復旧を終え、年内の通水に向け準備している。

各地の被害を調査した名古屋工業大の前田健一准教授（地盤工学）は「地震規模と長時間揺れたことで、液状化したエリアは過去最大級になった。液状化の危険が指摘された地域にことごとく被害が出た」と分析した。

（加藤弘二）

震災直後の液状化現象で、泥水が噴き出し、路面が沈んだ鰐川浄水場＝茨城県鹿嶋市で

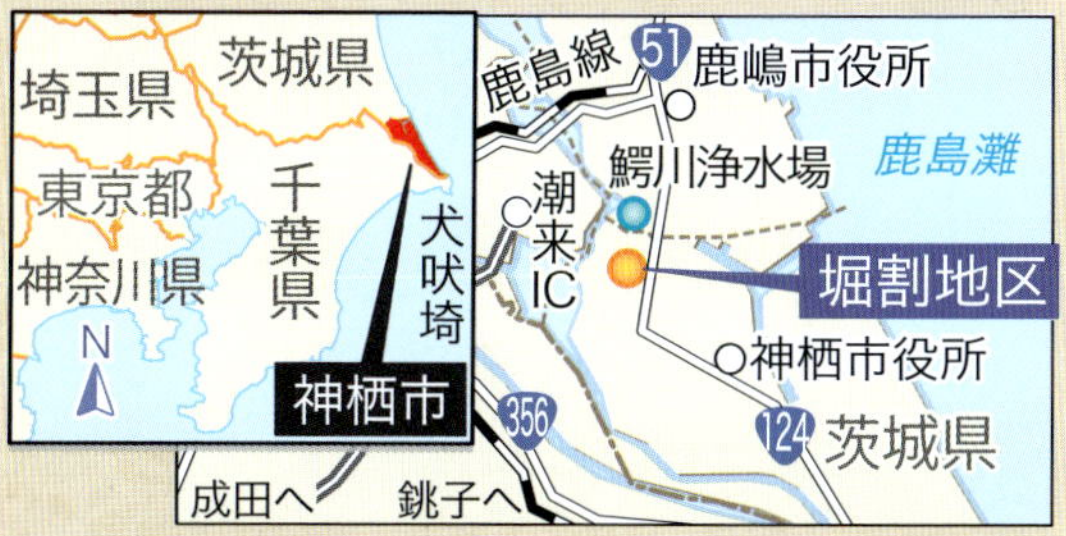

液状化現象

普段は強固な砂粒の結び付きが、地震の揺れで緩まり、粒のすき間に含まれていた水分が地表付近へ上がる。場所によっては粒の小さい泥とともに水が地面へ噴き出し、水が噴き出た分、地盤沈下が起きる。家屋のように水より比重が重い構造物は地面に沈み込む。水道管など地中の配管は、管内の空気で浮力が働き、地表付近に浮き上がりやすい。液状化が起きるのは、河口近くで緩く堆積した砂質の地盤や人工の埋め立て地、地下水位の高い場所など。

液状化の仕組み

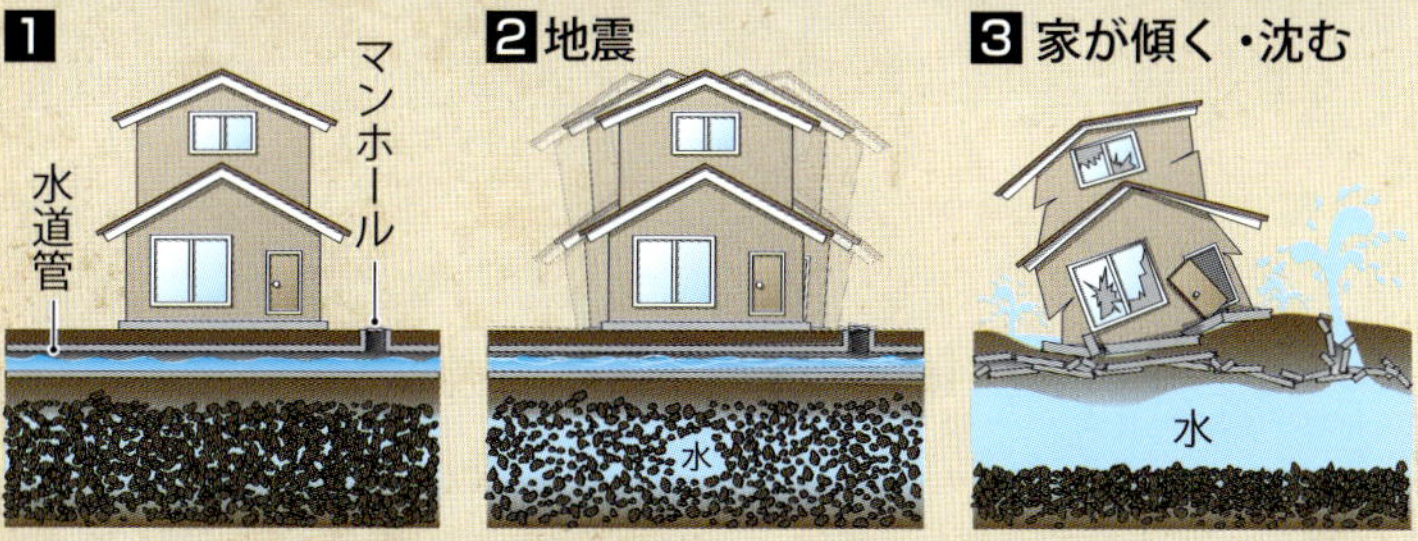

1 砂粒が強固に結び付く。粒の間に水分が含まれる

2 粒が離れ、一時的に水に浮いた状態

3 粒が沈み、水が地面へ上がる。構造物が沈んだり浮いたりする

名古屋南部危険高く

江戸以降に干拓
国道1号以南は軟質

近い将来予想される東海地震でも、液状化の危険は高い。愛知県の地震被害調査に携わった中部大工学部の山田公夫教授（土質力学）は、干拓地や海抜ゼロメートル地帯がある名古屋南部が「最も影響が出る」と指摘する。

名古屋市西部から南部一帯は、一万年前以降にできた比較的新しい平野。東部の丘陵地に比べ、水分を多く含んだ軟らかい砂や泥が堆積《たいせき》している。さらに国道1号以南は、江戸時代以降に干拓された軟質な地盤が多い。

山田教授が地質調査のデータを基に分析した結果、液状化の可能性が高い地域は、南区や港区、中川区などを中心に市内の二割に上る。約五十万人が生活するため、家屋などへの被害は大きく、ライフラインへの影響も懸念される。

液状化の可能性がある地域
中部大・山田公夫教授の分析を基に作成

名古屋の今昔

現在の風景

江戸から明治の名古屋南部の星崎。海と塩田が広がる

（名古屋都市センター所蔵。絵は原本を一部加工、着色。
現在地の住所と現在の写真撮影などは資料に基づき推定した）

その時

液状化 識者に聞く

岐阜大地盤工学研究室
沢田 和秀 准教授

水関連の地名注意

家を建てるなら、液状化しそうな場所は避けたい。今、自分が住む土地の危険性も知っておきたい。岐阜大地盤工学研究室の沢田和秀准教授に危険の見分け方や対策を聞いた。　（聞き手・境田未緒）

●液状化しやすい場所を見分けるには。

「沼」「沢」「池」など水に関連する字がつく場所は、液状化する素質を持っている。古地図を見て、昔は沼や川だった土地は埋め立てられて、ゆるい盛土地盤になっている危険性がある。古地図は現在の地図と描き方が違い、調べたい場所を見つけるのが少し難しい。自治体のハザードマップも目安になるが、東海・東南海・南海地震では、東日本大震災と同じく長い揺れが予想され、危険度が低くても安心できない。

●家を建てる前に何をすれば。

家を建てる土地とその周辺の以前の状態を、昔から住んでいる近所の人に聞いてみる。水路が通っていたり田んぼだったりすれば、液状化の危険性がある。地盤を調べるには、ボーリング調査やスウェーデン式サウンディング（SS）試験などがある。ボーリングは詳しく分かるが数十万円以上と高額。SSは5万円ほど。

●液状化の危険が分かったら。

家の周囲に砂や砕石の柱を地中に入れるドレーン工法などの対策がある。地震の揺れで地盤内の水圧が高まったとき、そこから水を逃すことで液状化を防ぐ。費用は1平方メートル当たり1万円ぐらいでは。既存住宅でも、家の周囲に1メートル以上の敷地があれば可能だが、施工会社は少ない。液状化で家が傾いた場合は、建物をジャッキアップして、隙間を埋める方法がある。

2011年6月6日 掲載

だが、軟質な地盤は広大で、住宅も立ち並ぶ。行政などによる大規模な地盤改良は難しく、山田教授は「あくまでも個々の建物で、対応するしかない」と言う。

名古屋南部は一八九一年の濃尾地震、一九四五年の三河地震でも液状化の記録が残る。山田教授は「液状化は、平野部や干拓によって集積した大都市が、利便性と引き換えに抱えるリスク。備えるためには、まず、自分が住む場所の地盤を調べる必要がある」と話す。

第4回
壊れた防波堤

巨費投入も防ぎきれず

岩手・旧田老町

総延長2433メートル「万里の長城」大破

まったく無力だったわけではない。津波に幾度も襲われてきた岩手県では巨額の予算が投入され、強固な防波堤が造られてきた。しかし、東日本大震災の津波からすべての街を守ることはできなかった。近く発生する可能性がある東海、東南海、南海の三連動地震にわれわれは一体、どこまで備えるべきなのか。巨額投資とリスクのバランス。答えを出すのは容易でない。

「万里の長城」。高さ十メートル（海抜）、総延長二千四百三十三メートルにのぼる岩手県の旧田老町（現宮古市田老）の防波堤は地元でそう呼ばれてきた。だが、高さ二〇メートルの津波は「長城」を乗り越えた。

「絶対大丈夫とは思っていなかったが、ここまでとは」。自らも自宅を流された宮古市田老総合事務所の地域振興課係長、大下哲雄さん（56）は言う。

旧田老町の防波堤建設は一九三三年の昭和三陸地震の津波（高さ一〇メートル）を受け、翌年度に始まった。世界恐慌による不況と不作のまっただ中だったが、地元の熱意で二年目からは国と県が工事費を全面負担。住民は建設のために私有地を二割提供した。

この堤は一九五七年に千三百五十メートルの長さで完成。一九七八年までに五百八十二メートル、五百一メートルの二本も完成した。一本目の堤にかかった工事費は千九百万円。一九三四年度の職員平均月給は四十円で、物価などから換算

その時

すると現代では数百億円の事業だ。

だが、東日本大震災の津波は田老港南側の田代川水門にぶつかってはね返り、向かい側の五百八十二メートルの防波堤に衝突。堤を大破させ、さらに他の堤も乗り越えた。

防波堤は無力ではなかった。旧田老町では一八九六年の明治三陸地震の一五メートルの津波で千八百五十九人の死者・行方不明者が出ている。今回は二〇メートルの津波でも十分の一の百八十七人にとどまる。

田老の元漁師山本長悦さん（76）は「仲間とこの土地で暮らしていきたい。津波がまた来ても大丈夫な防波堤を再建してほしい」と訴える。ただ、建設費用が子孫の負担になることを考えると、「うーん」と黙り込む。

破壊された防波堤＝岩手県宮古市田老で

3度の大地震で浸水した地域と東日本大震災の津波の進路

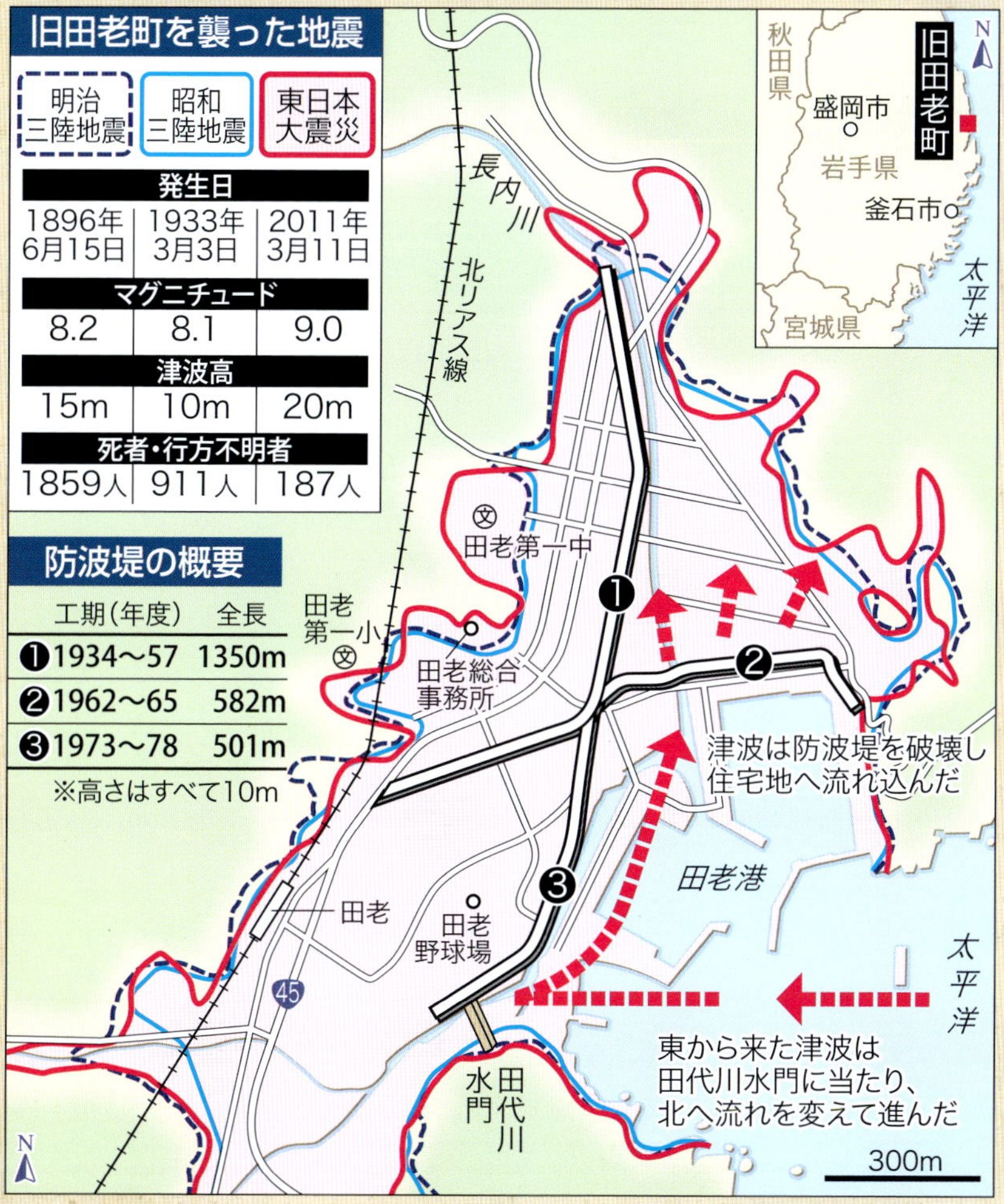

	明治三陸地震	昭和三陸地震	東日本大震災
発生日	1896年6月15日	1933年3月3日	2011年3月11日
マグニチュード	8.2	8.1	9.0
津波高	15m	10m	20m
死者・行方不明者	1859人	911人	187人

	工期（年度）	全長
❶	1934～57	1350m
❷	1962～65	582m
❸	1973～78	501m

巨大な防波堤は岩手県釜石市にもあった。千二百億円の国費がつぎ込まれ、地中部の最大水深六三メートルはギネス記録。今回は高さ一三メートル強の津波で大破したが、市の推計によると、市内への到着を六分遅らせ、津波の高さも八メートルに減らす効果はあった。

市内の死者は八百八十二人、行方不明者は二百九十九人（十九日現在）。市は防波堤の再建を国に求める。住民の命を守るためだが、目的はそれだけではない。

市港湾振興課の熊谷充善課長（50）は説明する。「防波堤がなくなれば、大手企業は皆出ていってしまう。市にとっては死活問題です」。住民の高台移転や避難タワーの新設など総合的に被害を減らす対策が進んだとしても、港湾施設を使う企業にはやはり防波堤が必要。以前の建設費千二百億円を釜石市の人口で単純に割ると、一人当たり三百万円の計算となる。（中村禎一郎）

地盤沈下で強度に懸念も　名古屋港

名古屋港を守る高潮防波堤は鍋田堤、中央堤、知多堤からなる全長七・六キロで、伊勢湾台風後の一九六四年に建設された。高さは六・五メートルだったが、経年による自然沈下で最大二メートル低下。国土交通省は、東海地震などが起きれば地盤が液状化し、さらに沈下するとみている。

名古屋大の川崎浩司准教授（海岸工学）は「防波堤が津波を防ぐには、波の一・五～二倍の高さが必要」と指摘する。国の中央防災会議などは東海、東南海、南海の三連動地震が起きた場合、名古屋港周辺は高さ一～三メートルの津波が届くと想定。津波が防波堤を越えるかどうか、計算上は微妙だ。

それ以上の問題がある。名古屋港の防波堤は、台風や大雨で水位が一時上がる高潮用に建設された。横向きの波力でぶつかる津波を考慮しておらず、十分な強度があるかは疑問だ。老朽化が進んで堤の表面には亀裂が走っている。海水が流入して堤の内部にある土砂が流れ出し、空洞化している恐れもある。

名古屋市と名古屋港管理組合は東日本大震災を受け、三連動地震による津波対策に必要な防

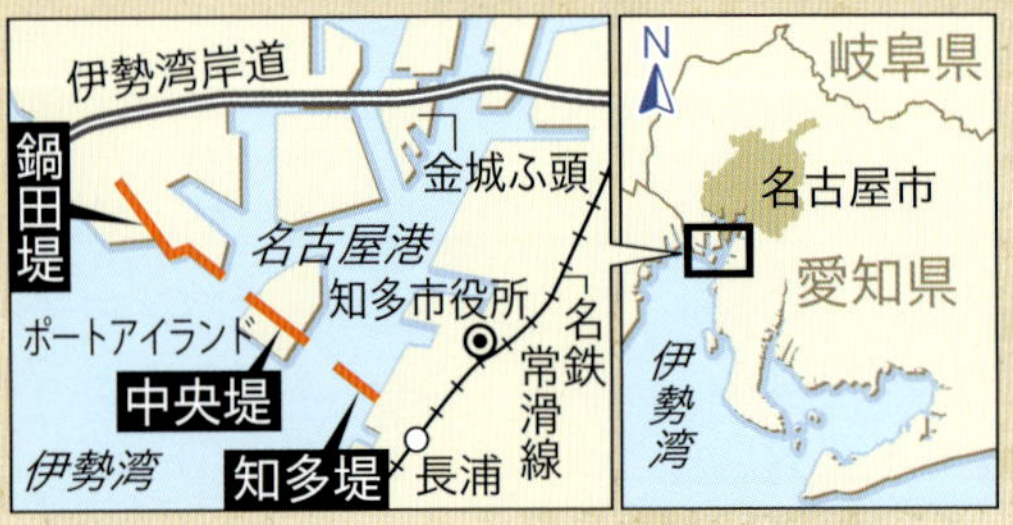

波堤の強度や高さの検証に着手。河村たかし市長は国に対し、防波堤補強工事の早期の予算化を求めている。しかし、国の防災予算は逼迫《ひっぱく》し、実現のめどは立っていない。補強工事でも多額の費用が予想され、県と市もそれぞれ負担を余儀なくされる。

組合の担当者は「防波堤にどこまで期待するかの議論も、まだ結論が出ない。ハード面の整備は当然重要だが、補強工事のめどが立たない中では、住民の避難訓練の徹底など、確実にできるソフト面の対策にしっかり取り組みたい」と話している。（沢田千秋）

その時

防波堤 識者に聞く

京大防災研究所（沿岸災害）
間瀬 肇 教授

壊れにくい工法を

東日本大震災の想定を超えた大津波は、防波堤の防御機能の限界を見せつけた。これをどう受け止めるべきか、京都大防災研究所の間瀬肇教授（沿岸災害）に聞いた。（聞き手・林勝）

●今回の震災では巨大な防波堤がありながら大勢が犠牲となった。

防波堤は見た目が立派なので大丈夫と思いがちだが、津波は想定を上回ることがあり過信はいけない。津波警報が出たら早く高台へ避難することが最も大切だ。

ただ、避難を言うのは簡単だが、実際は難しい。2010年2月に起きたチリ地震で、気象庁は一時、日本列島の太平洋側全域で大津波と津波警報を発表したが、避難しなかった人の方が多かった。

●津波は予想より小さくて済んだが、「避難して損した」と思った人もいたのでは。

それでは防災意識が根付いたことにならない。「なぜ避難しなかったのか」を振り返って対策を考える反省会や防災の勉強会を各地域で開き、学習の場として生かす工夫が求められる。

●海辺の人々に普段から気にかけてほしいことは。

もし、大きな津波が来たらどこへ避難したらいいか、あらかじめ家族で決めておいてほしい。私は旅行で海を訪れる時でも、高台や強度のある建物など避難に適した場所をその都度見つけるようにしている。自分で身を守る意識の習慣化が大切だ。

●防波堤については、どんな課題が浮かび上がったか。

津波が想定を超えて襲っても、壊れにくい防波堤にすることが必要だろう。破壊されなければ、浸水量が抑えられて被害を少なくできる。防波堤が破壊された地域では被害が甚大になった。

●弱点があったのか。

海側の基礎は波の浸食に耐えるため強く造ってあるが、陸側の基礎の強度の確保はそれに比べて重視されてこなかった。そのため、防波堤を越えた大量の海水が陸側の基礎部分をえぐり、破壊につながったとみられるケースがある。大津波を防ぐ防波堤の新規の建設や既存の施設の補強に、この教訓を生かすべきだ。

2011年8月22日 掲載

第5回
今こそ「阪神」❶

10万4000棟が全壊　犠牲者の8割圧死

木造補強していれば

思い出そう！「耐震化の大切さ」

中部地方を大地震が襲った場合、恐ろしいのは津波だけではない。震度7の地域を中心に建物が倒壊し、その範囲はむしろ津波の被害予想地域より広い。一九九五年の阪神大震災では、古い木造住宅を中心に十万四千棟が全壊。発生直後の犠牲者五千五百人の八割は圧死だった。研究者の間では、津波の恐ろしさを実感させた東日本大震災は「一時間目の授業」という。一時間目の授業・阪神大震災が教えた「耐震化の大切さ」を今こそ思い出したい。

父親の上岡房治さん＝当時（81）＝は多くの遺体が並ぶ薄暗い高校の体育館に横たわっていた。ほこりで白くなっていたが、穏やかな表情に感じた。室田千江子さん（75）は顔のほこりを拭こうとほっぺに触れる。

手に伝わったのはゴツという感覚。その瞬間、胸がドキンと鳴ったことが今も忘れられない。もがき苦しみ父が死んでいったことを悟ったからだ。口の中はがれきで埋まっていた。

「決して安らかな最期じゃない。動けない中、力いっぱいがれきを吸い込んだんやな。つらかったやろな」。父は神戸市長田区の木造平屋に住んでいた。戦前の建物は阪神大震災で倒壊。生き埋めになり、運び出された時には息がなかった。

室田さんの実家は父と母とみよさん

その時

（98）の二人暮らし。建物は父が一九五八年に買った。父は若いころに宮大工を経験。家の手入れを欠かさなかった。

シロアリが出ると軒下に潜り込み、柱を直した。「この家は石の上に柱が載っているだけ。地震が来たらひとたまりもないな」。冗談っぽく笑っていた。

震災を境に、父の白い顔が寝ていてもまぶたに浮かび、目が覚めた。「地震」と聞くたび、積み木を崩したような自宅に埋められた父を思った。

当時は神戸に地震が来るなんて想像もしていなかった。震災は「想定外」だった。室田さんは結婚し、神戸市北区に両親とは別の家を建て、現在もそこで暮らす。住宅メーカーの営業担当者が「壁に筋交いが入っていますから」と言っていた気がする。

関心がなかったから「ふーん」と聞き流していた。震災後、担当者の話を思い出す。結果的に、両親を「危険な家」に住まわせ続けた。「恥ずかしい」。失われた命は戻ってこない。

荻野恵三さん（70）と妻君子さん（70）は一階で寝ていた。ゴーという音とともに天井は落ちてきた。建物は崩れ、あおむけの二人のうえに屋根がかぶさった。

暗闇の中、身動きが取れない。何が起こったのか、分からない。はじめは「自宅に自動車が飛び込んできたかと思った」。恵三さんは言う。

二人が住んでいたのは、一九七五年に建てられた神戸市東灘区の木造二階建て中古住宅。耐震など考えたこともなかった。どこに何があるのかも分からない状況で、君子さんは「助けてぇ」と叫び続けた。しかし、声は外に届かない。救急車のサイレンやヘリコプターの音、「誰かいますか」と叫ぶ外の声は聞こえるのに。

阪神大震災で崩れた故上岡房治さん宅。上岡さんは下敷きになり亡くなった＝神戸市長田区で

阪神大震災で各所から火の手が上がる神戸市街地＝1995年1月17日午後4時20分すぎ、本社ヘリ「おおづる」から

君子さんの声で舞い上がったほこりが、恵三さんの鼻やのどに入った。息は徐々に吸いにくくなった。余震も続発。君子さんの手のふるえは止まらない。しばらくすると、ガスの臭いが充満してきた。「引火して火事になったら」。恵三さんは「子どもたちだけは助かってくれている」と信じ、死を覚悟した。

どのくらい時がたったろうか。二人の耳に一緒に住んでいた二十五歳の長男の声が外から飛び込んだ。「生きてるか」。内側からの声は届かない。だから、恵三さんは足元の何かを思い切り蹴った。コンという音は長男の耳に届いた。「生きてる」。長男が大声を上げた。二人が近所の人たちに助け出されたのは、震災発生から七時間後だった。

「生き埋めになったけど、私たちは生かされた」。二人は今、そう確信し、各地で体験を語り続けている。「防災に役立ててほしいから」。阪神から十七年。時は過ぎたが、被災者の言葉からまだ学ばなければならないことは、少なくない。

（中村禎一郎）

中部で遅れる対応　名古屋市は90万円補助

国土交通省のまとめによると、住宅の耐震化率は全国平均で79％（二〇〇八年）。中部七県で平均値を上回るのは愛知県だけだ。最下位は福井県の68％。次に71％の岐阜、長野両県が続く。古くからの木造建築物が残る地方で耐震化が進んでいない傾向が鮮明に表れている。

耐震性が問題視されるのは、主に建築基準法が改正された一九八一年以前に建てられた建物。改正前は震度5強程度で損傷しないことが求められていたが、改正後は震度6強程度でも、生命に危険が及ぶ倒壊や崩壊が起きないことが要求されている。

建築基準法の改正はさかのぼって適用されないため、一九八一年より前の建物は耐震化されないままの例が多い。名古屋市の平均では耐震化に必要な費用は二百四十万円。最大九十万円の市の補助を活用すれば、百五十万円で耐震補強できる計算だ。

一方、名古屋大減災連携研究センター

住宅・建築物の耐震化率の現状（県別）

※国交省資料から作成

	住宅 現状の耐震化率 → 2015年の目標としている耐震化率	小中学校（公立）※10年4月1日現在	病院 ※09年調査	防災拠点となる公共施設など ※10年3月31日現在
愛知県	82%→ 90%	91.9%	55.0%	87.8%
三重県	78 → 90	92.1	56.5	87.5
岐阜県	71 → 90	77.3	50.5	75.4
長野県	71 → 90	82.5	50.7	73.5
福井県	68 → 90	71.5	59.7	68.8
滋賀県	78 → 90	81.1	75.0	75.4
静岡県	79 → 90	94.3	74.7	86.5

の隈本邦彦客員教授によると、仮設住宅の建設には一軒当たり二百万～四百万円もの費用が必要になる。隈本客員教授は「耐震化を急ぐべきだ。国は地震が起こった後に税金を使うのではなく、備えに使うべきだ」と指摘する。

小中学校や防災拠点施設も耐震化率は全国平均で70％台前半（二〇一〇年）。25％以上が耐震化されていないことになる。さらに、病院に至っては耐震化率が56・2％（二〇〇九年）にとどまる。国交省は二〇二〇年に住宅の耐震化率95％を目指しているが、実現にはさらなる努力が求められる。

その時

命を守る

地震による建物の崩壊から命を守る方法には、大きく分けて三つの選択肢がある。Ⓐ建物の耐震化とⒷ一室だけを強くする耐震シェルターⒸ寝床を守る防災（耐震）ベッド。今後の自分の人生や経済状況を考えて方法を選択したい。

Ⓐ木造住宅耐震化の一般的な流れ

1 自治体による耐震診断
1981年5月31日以前の建物が対象
自治体により無料の場合も

2 補強計画の作成

3 耐震補強工事
補助制度のある自治体も

4 耐震化完了

住宅耐震化
耐震診断や耐震工事に補助が出る自治体が多い。補助額も異なるため、住んでいる自治体に問い合わせてみると良い。名古屋市内では耐震化費用が平均240万円。最大90万円を補助する

Ⓑ耐震シェルター

一室だけを強固にすることで、身を守る。建物全体の耐震化よりは費用が抑えられる。補助が出る自治体も。

※一条工務店提供

Ⓒ防災ベッド

最も手軽な方法。各メーカーから多くのベッドが発売されている。やはり、補助のある自治体もある。

2012年4月30日 掲載

第6回

今こそ「阪神」②

長田区5000棟全焼、500人犠牲
遠い現場 消えぬ炎

到着遅れ放水も無力「消防士10倍でも無理だった」

第5回では、中部地方を東海、東南海、南海の三連動地震が襲った時、津波だけでなく家屋倒壊による圧死も警戒する必要があると伝えた。さらに、家屋が倒壊すれば、街をのみ込む大火災が命を奪う。一九九五年一月十七日の阪神大震災では、住宅や工場が密集する神戸市長田区で五千棟近くが全焼。死者九百二十一人のうち焼死は約五百人を占めた。三連動地震が起きれば、その被害は「阪神プラス東日本」といわれる。阪神の教訓から、火災への備えを考えたい。

■住民から罵声

髪の毛が燃え、肉の焼ける臭いが今も脳裏によみがえる。「どこの家で助けられなかったか、全部覚えとるよ」。神戸市垂水消防署に勤務していた元消防士野村勝さん（73）が振り返る。

午前五時四十六分の地震発生後、本部の要請で長田区へ向かった。長田消防署のポンプ車は四、五台だけ。通常なら民家一軒の消火で手いっぱい。火災は二十カ所以上で起きていた。

垂水区から向かう道に倒壊した家が積み重なる。垂れ下がる電線も行く手を阻んだ。午前八時すぎに到着した時、黒い煙が街の上空を覆っていた。

「何しとるんや。遅いやないか」。住民から罵声が浴びせられる。激しい言葉は「消防が何とかしてくれる」という期

その時

待の裏返しと痛いほど分かった。

防火水槽に吸水管を入れて消火を始めると十分後に水流が細くなり、がくぜんとした。一時間使えるはずの水槽は戦後間もなく作られ、ひび割れで水が漏れていた。消火栓も断水で使えない。五百メートル離れた川からホースをつなぎ合わせた。

「家の下におやじがおるんや。助けて」。住民の男性が指さす先に、道路にかぶさった瓦屋根があった。十メートルほど離れた隣家に火が迫る。男性は消火作業をやめさせて救助にあたらせようと、悲壮な表情で野村さんに体当たりしてきた。

震災の火災で景色が一変した神戸市長田区の風景。同じ場所で当時の写真を示す野村勝さん

「救助の時間はない。火を食い止めねば」。必死で水をかけ続けるが、みるみる端から蒸発。火は家をのみ込んだ。

その後も各地で消火作業を続けたが、家族の安否を気遣う住民の車がホースを踏み越えるたび、穴があいて水が漏れた。交換する間に火は勢いを増し、消防車の横に破れたホースが積み上がる。ようやく火が消えた時、家はすべて燃え尽きていた。「なんの効果もない放水やった」

阪神大震災で燃え上がる市街地＝1995年1月17日、神戸市長田区で

震災から一カ月が過ぎ、長田区の焼け跡を訪ねた。トタン板やブロック、灰の間に白い粒がいくつも散らばる。すぐに骨と分かり、目を背けた。

「当時の十倍の消防士がいても消せんかったと思う。でも地震から三十分以内に来られたら、助けられた人もおるかもしれん。後悔ばっかりやね」。どうすれば良かったか今も答えは見つからない。

■地域を知る

長田区の会社員小林克郎さん（68）は、家の前の公園で五十年住んだ長屋が燃えるのを見つめていた。「何も考えられんかった。ただ、自分の家だけ燃えるのに時間がかかっている気がしてね」。パジャマにスラックス、会社の制服を着込んだまま。寒さは感じなかった。

前日に長女が結婚式をあげたばかり。ほろ酔いで床に就いた四時間後、贈られた祝儀やアルバム、新婚旅行から帰ったら渡そうと用意した着物は灰になった。

長屋は築五十年の木造二階建て。地震でもほとんど壊れず家族は無事だった。辺りが薄明るくなった午前六時ごろ、約五十メートル南で倒壊した民家から上がる煙に気がついた。家で片付けをしていた妻裕子さん（64）に「火が出てるぞ。貴重品を持って、スリッパでも履いて逃げろ」と声をかけた。

火の出た民家は幅八メートルの道路の向かい。「燃え広がらないし、消防が来れば消してくれる」と、どこかで安心もしていた。

だが、いつまでたっても消防車のサイレンが聞こえてこない。その間に火災は上昇気流を生み、海風にもあおられた火が道路を越える。「来るな。止まってくれ」。道路に倒れかかった家が火の通り道になると、一気に燃え広がった。

「それまで地区の火災は消防任せ。防火訓練なんてしたことはなかった」。消火器を備えた家も、猛烈な火勢の前に気休めにもならなかった。近くの井戸から水を住民約五十人でバケツリレーして燃え上がる家にかけたが、効果はなかった。

火災が集中した長田区。会社の倉庫六棟のうち五棟が全焼した自動車部品会社経営、田中保三さん（71）は「合成繊維や自動車部品、機械油など燃えやすい物を扱う会社が集まっていた」と指摘する。「住民自身が地域のことを知って、工場の多さや火災の広がりやすさを知っとく必要がある。火事の怖さが分かるし、地震の時の心構えにもなる」と教訓を話す。（竹田佳彦、中村禎一郎）

中部の緊急車両　1万人超で1台

大火災が起きれば消防はすぐ到着できないし、着いたとしても消火できない。阪神大震災で明確になった問題は、現在の中部地方でも全く変わっていない。

ポンプ車や救急車は消防庁の基準に沿って人口規模により配備されている。あくまで通常の火災時に不足がないよう設定した台数。中部各県では、ポンプ車や救急車一台当たりの人口はいずれも一万人を超える。非常時には他の地域から応援が駆けつけるが、その時に道路が使えるかは分からない。

例えば、名古屋市消防局では通常、火災が一件発生すると十一台が出動する。消防局が保有するポンプ車は非常用も含めて百六台。十件で手いっぱいの計算となる。このため、阪神大震災のような大災害時には、火災一件に一台のポンプ車

中部地方の消防力

	ポンプ車数	ポンプ車1台当たりの人口	救急車数	救急車1台当たりの人口	人口
愛知	319台	23400人	219台	34000人	746万人
岐阜	162台	13000人	126台	16800人	211万人
三重	141台	13400人	104台	18200人	188万人
静岡	174台	22000人	137台	28000人	383万人
長野	160台	13500人	117台	18400人	218万人
福井	75台	10900人	48台	17000人	81万人
滋賀	67台	21100人	58台	24400人	141万人

※全国消防長会の資料から作成。人口は千人以下切り捨て

を出す計画だ。
消防局は「一台では限界があるので、住民の避難誘導や延焼阻止で精いっぱいになるだろう」と万全の態勢でないことを認める。

救急車も四十三台しかなく「動ける人は自分で病院や避難所の救護所に行ってほしい」（消防局）。そもそも一一九番通報の受け手は十三人で、大災害時は混雑して電話がつながらない恐れがある。

消防局は「財政の緊縮が進む中、消防は現状を維持させてもらっている。それだけでも例外扱い。今以上に増える予定はない」と説明する。消防に頼りきる姿勢では、大災害を生き残れない。

その時

地震避難の仕方

※文科省作業部会の報告書から作成

❶大きな揺れの到達前

緊急地震速報だ！周りに声かけ、安全な場所へ

震度５の揺れで行動が困難に。震度６弱、６強では机の下に隠れることも難しい。震度５程度までは冷静さを保てるが、それ以上は大きな恐怖心を感じる

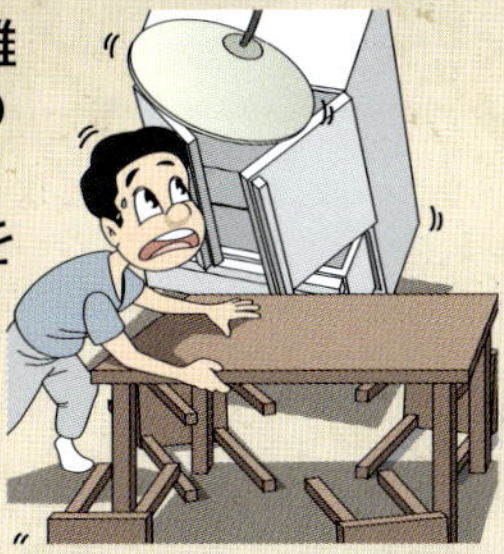

丈夫な家具に身を寄せれば安心?

阪神では家具が倒れて死亡した人が多い。安全な場所へ避難を

❷揺れの最中

動けなければ、姿勢を下げて、頭を守る
動けるならば、落ち着いて、身近な安全な場所へ

台所などの火はすぐ消すべき?

やけどやけがを誘発する恐れがあり、推奨できない。最近は自動消火装置が付いた機器が多い

建物の倒壊前にすぐ外へ飛び出すべき?

耐震基準を満たしている建物なら飛び出す行動に伴う危険の方が大きい。揺れの最中は静止していることでけがを免れる例が多い

❸揺れが収まった直後

靴をはき、ドアをあける。ブレーカーを落とす

阪神ではあわててはだしで飛び出し、足をけがした人が多い

揺れが止まった後も建物が傾き、ドアが変形して開かなくなる例も

地震による停電から復旧した後、通電したブレーカーから出火する恐れ

2012年5月14日 掲載

第7回
その時社協は

被災者が被災者介護

家族不明の職員疲弊 岩手・大槌

お年寄りは症状悪化も 避難できたが…試練はその後

津波が来る前に、お年寄りは避難できた。本当の試練はそれからだった。認知症のお年寄りらを日中預かっていた岩手県大槌町の社会福祉協議会は、東日本大震災で会長ら幹部三人と施設を失った。窮屈な避難所で認知症の症状は悪化。職員は休息も家族の安否確認もできないまま介護に追われ、疲労は極限に達した。

■「車は危ない」

海沿いの街に並んだ社協事務所と多機能ケアセンター「ほっと大町」。三月十一日、大きな揺れが起きると、職員は認知症のある六十～九十代の十人をすぐ福祉車両に乗せ、内陸にある社協のデイサービスセンターに向かった。数人の職員は「もう少し余裕がある」と重要資料の整理や片付けを続けたが、「津波が来るぞ！」と消防団員の叫び声を聞き、慌てて逃げだした。

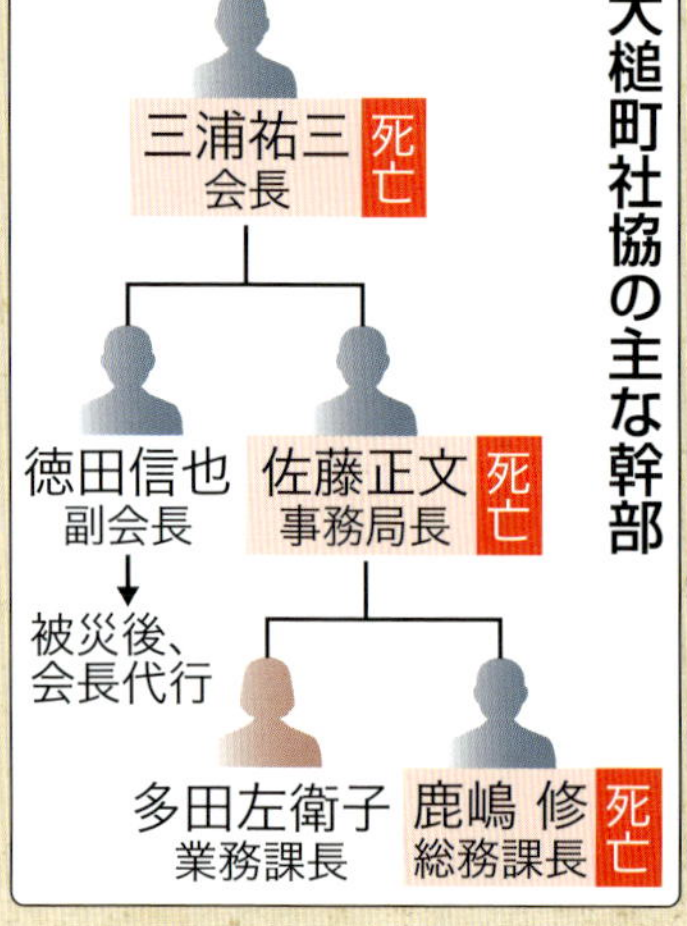

その時

震災で帰る場所を失い、社協の職員と避難生活を続ける利用者のお年寄りら＝いずれも岩手県大槌町で

津波で多くの建物が流失し、土煙が上がる「ほっと大町」付近の市街地（江岸寺の裏山から渡辺賢也さん撮影）

介護職員の渡辺賢也さん（25）は、佐藤正文事務局長＝当時（61）＝と鹿嶋修総務課長＝同（56）＝に「車で一緒に逃げよう」と声をかけられたが、「車は危ない」と考え、腰まで水につかり裏山へよじ登った。振り向くと家々が津波で砕け散り、巨大な土煙が上がった。佐藤さんと鹿嶋さんが乗った車は濁流にのみ込まれた。

■認知症が悪化

避難先のデイサービスセンターも天井のはりが崩れ、危険な状態だった。職員とお年寄り十八人は、さらに内陸へ。福祉避難所に指定されていた老人保健施設に移った。

お年寄りの多くは施設から日帰りの予定だった。認知症に伴う睡眠障害や興奮、不安を抑える薬は当日分だけ。家族も連絡が付かない。症状の重い十人が十畳の和室で、軽い八人が廊下で寝た。十五、六人の職員が交代で二十四時間介護したが、症状は日を追うごとに悪化した。

妻と娘を津波で失った若年性認知症の六十代男性は一日中、施設内を歩き回った。夜中に一般の被災者が寝る広間に入ることも。職員が「止まってくれ」と強い口調で言うと、興奮して手がつけられなくなる。一週間ほどたつとベッドの上に立って絶叫した。止めようとした男性ケアマネジャーが突き飛ばされた。渡辺さんが男性に飛びかかり、首に腕を回して後ろから押さえ付けた。先輩職員に「犯罪者になってしまうぞ！」と止められ、われに返った。

過酷な環境での介護に加え、職員たちも被災者だった。渡辺さんは自宅が流され、父親や弟と連絡が取れなかった。実際は避難所で無事だったが、当時は「亡くなったんだろう」とあきらめ仕事に没頭した。職員の一人、川端伸哉さん（31）は震災翌日から一週間、自宅にいる妊娠九カ月の妻と四人の子どものため仕事を休んだ。「仕事よりも家族を選ぶしかなかった」と振り返る。

社会福祉協議会

1908年に実業家の渋沢栄一ら民間の篤志家が設立した「中央慈善協会」が起源。行政が抱えきれない福祉事業を担うため、戦後は社会福祉法に基づき、全国の都道府県、市町村に社協が設置された。民間の非営利団体ながら、行政から委託事業や補助金、職員派遣を受ける「半官半民」の性格が強い。地域の実情に合わせ、高齢者や障害者の在宅支援、訪問介護、配食、デイサービスなど多様な事業を手掛ける。大都市と離れた過疎地など、営利の福祉事業者が参入しにくい地域ほど社協の需要は高い。

■体一つで逃げる

社協の幹部も苦しんでいた。

「トップがいなくなってしまった」。佐藤さん、鹿嶋さんに三浦祐三会長＝当時（75）＝も自宅で亡くなり、唯一の常勤管理職となった業務課長の多田左衛子さん（60）は悩んでいた。

デイサービスや訪問介護の事業はいつ復旧できるか。通帳や会長の印鑑は流出し、毎月十五日に支払う職員の給料はどうすればいいか。組織的な意思決定ができなかった。

三月下旬、元事務局長の徳田信也さん（73）が会長代行となった。当時は無報酬で決裁権のない副会長だったが、多田さんのSOSを受け入れ、避難所に駆け付けた。

「社協を再建する。基本給だけで我慢して働いてくれる人だけ残ってくれ」と最初に職員に伝えた。公印を作り直し、社協の基金を取り崩し三月分の給料を支給した。お年寄りを家族に引き渡したり、家族や家を失った人は盛岡市の高齢者施設に入所させるなどして、極限状態を脱していった。

今は仮設事務所で運営する大槌町社協。ケアセンターの再建場所も決まり、少しずつ機能を回復させている。会長に正式に就任した徳田さんは「犠牲になった幹部は給与や人事の書類を事務所から持ち出そうとして避難が遅れた。資料のバックアップを外部に預けるなどして、もしものときは体一つで逃げられる体制を整えたい」と話す。

多田さんも教訓を語る。「普段から万一に備えて、他地域の社協と相互受け入れ協定を用意しておくべきだった。県や国が広域でお年寄りの移転先を探す制度も充実させてほしい」

（相坂穣）

中部でも進む対策
「近」「中」「遠」で広域協定

震災を教訓に、中部各地の社協は新たな対策を進めている。

三重県松阪市社協は、職員三人を大槌町社協に長期派遣していた経験を生かし、他県の社協と協定を結ぼうと考えている。相手は距離が「近い」「少し遠い」「遠い」と三団体を想定。近くだけでは一緒に被災する危険性があり、遠くだけだと支援が遅くなる恐れがあるためだ。

二〇一一年四月から計一カ月にわたり大槌町に派遣された職員長井一浩さん（38）は「視察などで普段から交流している社協と、災害時にどんな活動ができるかを一から聞きたい」と今後の目標を語る。

また、震災時に市内の住民に応援を頼む「人材バンク制度」も二〇一一年度から始めた。介護の有資格者や看護師、重機の免許所持者らが登録。災害時にどこの誰がどんな役割で動けるかを把握する。海に近いデイサービスセンターなどでは避難マニュアルを作り、車で高台の施設に移送することに。二〇一一年夏には避難訓練をした。

岐阜県白川村や白川町などの社協は避難に役立てる目的で、要介護者のリストをデータベース化。愛知県尾張旭市では、職員が死亡した場合に備え、職員以外の人が見てもボランティアセンターを開設できるマニュアル作りに着手している。

長野県でも松本市と塩尻市、安曇野市など地理的に近い社協が、被災時にボランティアを派遣し合う協定を検討。福井県美浜町社協は三年以内に五人の職員に防災士の資格を取らせる。

一方で「災害対策マニュアルは作っていない」（滋賀県野洲市、竜王町など）という社協も。関西電力の原発事故が起きた場合、影響が懸念される滋賀県高島市社協は「原子力災害対策では社協単独で動けない。市の防災計画を練る検討委員会に社協から委員を出している」と説明する。

課題 専門家に聞く

全社協の事務局次長
渋谷 篤男さん

「押しつけ」支援には限界

近い将来起きるといわれる東海・東南海・南海地震に向け、中部地方の社会福祉協議会はどう備えるべきか。東日本大震災で浮かび上がった問題について、全国社会福祉協議会の渋谷篤男事務局次長に聞いた。（聞き手・中村禎一郎）

●震災から見えた課題は。

大災害時、全国から1000人単位で支援員を送り込む体制ができていたが、被災地の社協や民間の福祉施設から支援を断られた例が目立った。現地の職員は自力で頑張ろうとしたが、災害時は施設の周りからも高齢者や障害者が入ってくる。結局、多くの職員が疲弊した。

●なぜ断られたのか。

考えられる理由として、外からの支援を受けずに我慢する気質があったかもしれない。そういう意味で「支援するから受け入れなさい」という「押しつけ」には限界がある。通常時に施設同士で協定を結んで交流を深め、顔見知りになっていれば、災害時も受け入れやすくなる。そうした対策を考えているところだ。

●お金の問題もあったと聞く。

各施設が支援者を受け入れた場合、人件費をいったん引き受けなければならない。最終的には国から補填《ほてん》されるのだが、すでに厳しい運営を強いられていたり、被災して今後の存続が分からなかったりすると、抵抗感があるのかもしれない。いずれにせよ、支援を断られたことは大きな反省材料。効果的な方法を探したい。

●被災地の高齢者や障害者を、他地域に受け入れてほしいとの意見もあるが。

その方法は否定はしないが、「地元に残りたい」という抵抗感は強い。一時的には可能でも、最終的にうまくいかないと思っている。地震や津波で施設が使えなくなったときは別だが、あくまで地元でと思っている。

もちろん、施設同士の交流を深める対策を進めたとしても、大規模な支援体制も維持していく。各施設は職員が疲弊する前に、外からの支援を受け入れてほしい。

2012年6月25日 掲載

第8回
どう逃げる

避難経路選び抜く

坂道避け、橋崩落も想定

民家通り近道　訓練で時間短縮

一万九千人近い死者・行方不明者が出た東日本大震災でも、周到な準備や訓練を生かして避難し、命を守った人々がいる。東海、東南海、南海の三連動地震が起きた場合、私たちはどう逃げるべきなのだろうか。東日本の被災地からヒントを探った。

岩手県北東の沿岸部にある野田村。大震災で三百棟以上が全壊、三十七人が死亡した。湾岸から西に五百メートルの野田村保育所も、木造平屋の建物は津波に流され、今は石碑と門柱が残るだけだ。しかし綿密な避難計画が零～六歳児九十四人全員の命を救った。

保育所は、四～五年前に避難地域に指定され、消防署に提出する避難訓練計画を作成した。取りあえず高台の中学校を避難所に設定し、一・五キロの公道を使うことにしたが、所長の玉川久美子さん(53)は「坂道や回り道があり、逃げ切れないかもしれない」と不安だった。そこでひそかに計画を練り直した。

まず、乳児十人が乗れる大型乳母車「避難車」を購入。ほかの子どもはおんぶひもで背負ったり、手を引いたりすることにし、保育士が誰を担当するかもきちっと決めた。

悩んだのは、避難ルート。あぜ道を通ることを検討したが、「うまく避難車が押せず、子どもも歩きづらい」と断念。中学校より近い役場への避難も「途中の橋の崩落や増水で川を渡れないかもしれない」と、リスクが大きかった。

逃げる

野田村保育所からの避難ルート

❸ 園児は畑を横切って逃げた

❷ 一時避難所になった辻鼻さん宅

❶ 野田村保育所の様子（6月16日撮影）

目をつけたのは、保育所から六百メートル離れたやや高台に立つ農業辻鼻久さん（44）の自宅。そこを一時避難所にして、さらに逃げる必要があれば、辻鼻さんの畑を横切り近道して中学校にたどり着ける。当時、保育所側が辻鼻さんの父に避難時の使用を頼むと、快く引き受けてくれた。保育所は辻鼻さん宅まで十三分で逃げる目標をたてた。数カ月に一度訓練し、十五分で行けるようになった。そして、三月十一日が来た。

　地震発生後、子どもたちは机の下に隠れ、保育士は避難路を確保するため玄関の戸と窓を開け放った後、ガラスが飛散しないようにカーテンを閉めた。すぐ避難を始め、辻鼻さん宅に到着。津波を確認すると予定通り、畑を横切って中学校に向かった。園児の姿を見て逃げだし、命拾いした住民もいたという。

　「夢中だったので、何分かかったかはよく分からない。でも、三十分後に街は津波にのまれてしまった」。主任保育士の広内裕子さん（54）は言う。

　二〇一一年六月十六日、現在は新山児

童館に入っている保育所で、震災後初の訓練があった。「『もし津波が来たら』といつも自分に問い掛けていた。だから真剣に避難路を考えた」。玉川さんはそう振り返り、熱心に訓練する子どもたちを見守った。

（中村禎一郎）

釜石東中の機転

危険感じ高台目指す　率先行動 周囲も続く

津波から避難する釜石東中と鵜住居小の子どもたち＝2011年3月11日、岩手県釜石市で（片田敏孝さん提供）

海岸から五百メートル離れた岩手県釜石市鵜住居《うのずまい》町の釜石東中学校は、大震災で校舎の三階まで津波が押し寄せた。地震発生時は終礼の時間帯。校内にいた生徒二百十二人は、機転を利かせて一・五キロ先の高台に逃れた。

釜石市は、各教科で津波の話題を扱うなど防災教育が盛んだ。同校も、年七十時間の総合学習の三分の一を充てる。生徒たちは、地域の人と防災マップをつくり、災害時の炊き出しも体験。文化祭では、先人たちの津波の教訓をヒーロー戦隊仕立ての寸劇で披露するクラスもあった。

寸劇の主人公を演じた三年生の佐野凌太君（15）は、体育館で激しい揺れに襲われた。「ただごとじゃない。授業で習った大津波が頭によぎった」。靴を履き替えずに運動場へ飛び出し、決めごとの点呼も省いて仲間と避難場所に駆け出した。

隣接する鵜住居小学校では、児童たちが校舎三階へ避難を始めていた。ところが窓の外では、中学生が一斉に校外へ逃げ出し、「津波が来るぞー」の叫び声も。間もなく校内放送で「外へ避難してください」と流れ、児童らも後に続いた。

小中学生が向かった避難場所は、学校から五百メートル離れたグループホーム。十分ほどでたどり着くと、裏山から小石が次々転がり落ちていた。土砂崩れの危険を察知し、誰ともなくさらに高台へと走りだした。

中学一年の佐藤桃香さん（12）は、避難の途中で周囲に人が増えていったことを覚えている。たどり着いた高台から町を見下ろすと白煙が上がり、学校や最初の避難場所は津波にのまれていた。

釜石市で防災教育を指導してきた群馬大の片田敏孝教授（災害社会工学）は❶想定にとらわれない❷状況下で最善を尽くす❸率先避難者になる―という避難に重要な「三原則」を、生徒らが体現したとみる。

つまり、最善を尽くして素早く逃げ、率先避難者となって周囲を巻き込み、想定にとらわれず最初の避難場所から離れた。この行為が命を守ったという片田教授は「日ごろの訓練でも、あらゆる場面を想定して主体的に考え、行動することが大切だ」と話した。

（加藤弘二）

逃げる

公的保障 Q&A

安否不明でも遺族給付の支給も

Q　震災で家族を失った場合、どのような公的保障があるか。

A　災害弔慰金として、生計維持者が死亡した場合に500万円、それ以外の家族が亡くなった場合は250万円が支払われる。支給される遺族は配偶者、子、父母、孫、祖父母の順。いずれも生存していない場合、兄弟姉妹も条件付きで対象に。被災から3カ月たって安否が分からない場合も支払われる。東日本大震災では、年金や労災保険などの遺族給付も「3カ月推定」を適用し、申請があれば、死亡とみなして支給する。

Q　障害を負った場合は。

A　両目が失明するなど、災害によるけがや病気で身体、精神に重い障害を受けた場合、生計維持者に250万円、その他の人には125万円が支払われる。ほかに世帯主が負傷、または住居や家財に損害を受けると、所得によって生活再建に必要な災害援護資金の貸し付けが受けられる。

Q　住宅が壊れたら。

A　阪神大震災以降にできた被災者生活再建支援制度によって、居住していた住宅が全壊、大規模半壊した世帯に50万～300万円が給付される。金額は被害程度と建設や補修などの再建方法によって違い、一人暮らしの場合は金額が4分の3になる。原則として、市町村が発行する罹災《りさい》証明書が必要。罹災証明書の被害区分は全壊、大規模半壊、半壊、一部損壊で、地震保険の査定とは基準が異なり、区分も違う。東日本大震災では、罹災証明書の代わりに全壊と確認できる写真の添付で可とするなど、運用が緩和されている。　（構成・境田未緒）

第9回
帰宅困難

都内600万人徒歩
「人の渋滞」進めない

鉄道まひ　260万人「断念」

三月十一日の東日本大震災は首都圏の鉄道をまひさせ、大量の帰宅困難者を生んだ。ある分析では、都内と近郊で当日、約六百万人が徒歩で帰り、帰宅を断念した人も二百六十万人に上ったという。近い将来に三連動地震が起きた場合、中部地方でも同様の事態が想定される。

東京・原宿の洋品会社に勤める女性(26)は今も「長い夜」の記憶が鮮明だ。

午後二時四十六分の地震発生後、「早く帰るように」と会社に指示された。東京都町田市の自宅まで三十キロ弱。「明るいうちなら」と四時半に同僚と職場を出た。

歩道を黙々と歩く人の群れが異様に感じた。「人の渋滞」で思うように歩けない。同僚とはぐれかけ、足も痛くなる。四時間後にタクシーを拾えたが道路は大渋滞。いつもは四十分の距離に四時間半かかった。二万円超のタクシー代を払い、帰宅は午前一時。「無理するんじゃなかった」。心身の疲労だけが残った。

一体、どのくらいの人が歩いたのか。名古屋大減災連携研究センターの広井悠准教授(都市防災)らが東京、神奈川、埼玉、千葉の一都三県の二千二十六人から回収したアンケートを基に、三菱総合研究所が二〇一一年六月中旬、全体像を分析した。

震災時、自宅から遠距離に外出していたのは千三百九十七万人。地震直後の午後三時から一部鉄道で運行が再開する前の午後八時までに、四百八十八万人が徒

逃げる

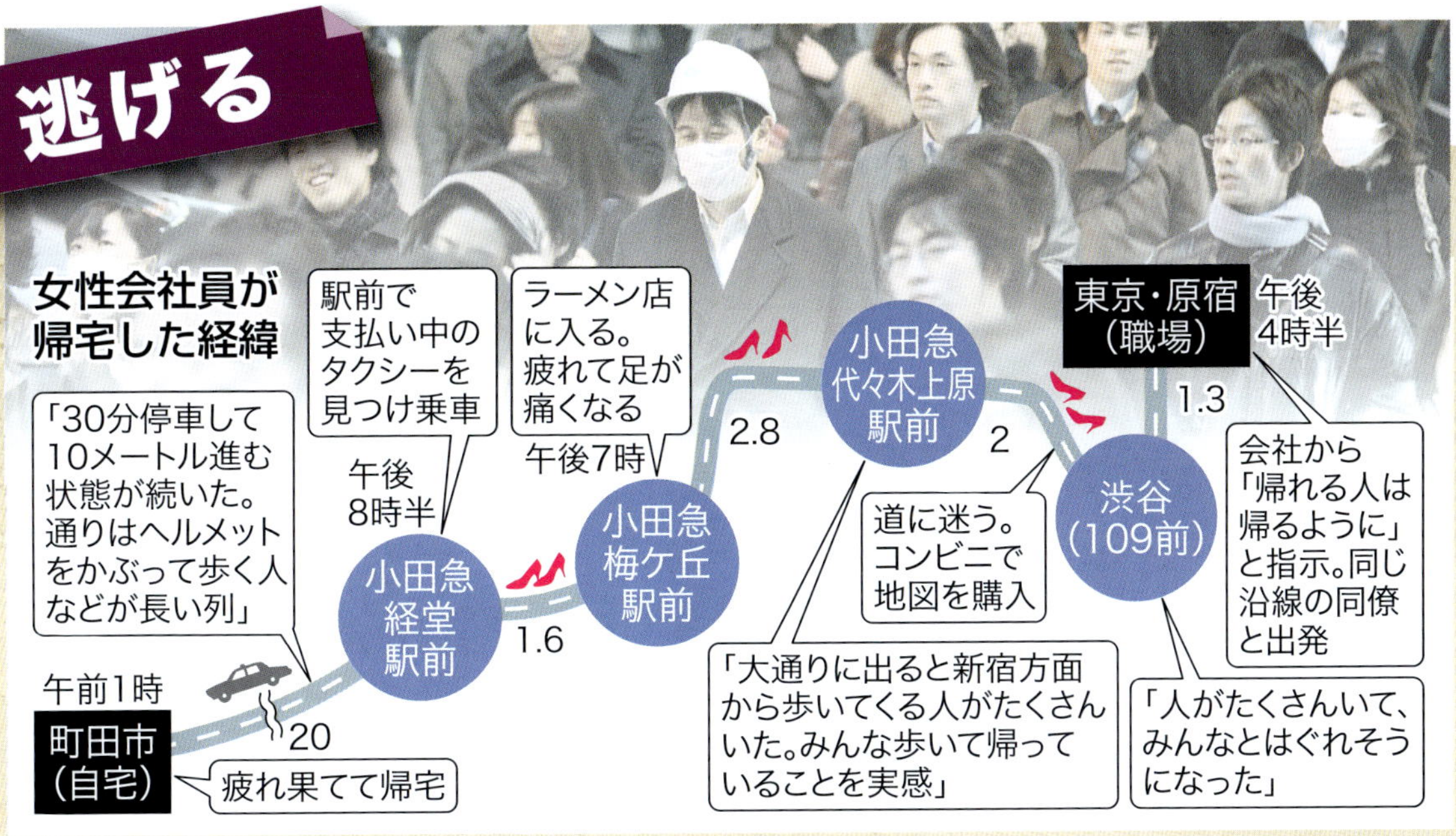
女性会社員が帰宅した経緯
東京・原宿（職場）
午後4時半
1.3
会社から「帰れる人は帰るように」と指示。同じ沿線の同僚と出発
渋谷（109前）
「人がたくさんいて、みんなとはぐれそうになった」
2
道に迷う。コンビニで地図を購入
小田急代々木上原駅前
「大通りに出ると新宿方面から歩いてくる人がたくさんいた。みんな歩いて帰っていることを実感」
2.8
ラーメン店に入る。疲れて足が痛くなる
午後7時
小田急梅ケ丘駅前
1.6
駅前で支払い中のタクシーを見つけ乗車
午後8時半
小田急経堂駅前
「30分停車して10メートル進む状態が続いた。通りはヘルメットをかぶって歩く人などが長い列」
20
午前1時
町田市（自宅）
疲れ果てて帰宅

3月11日の帰宅手段

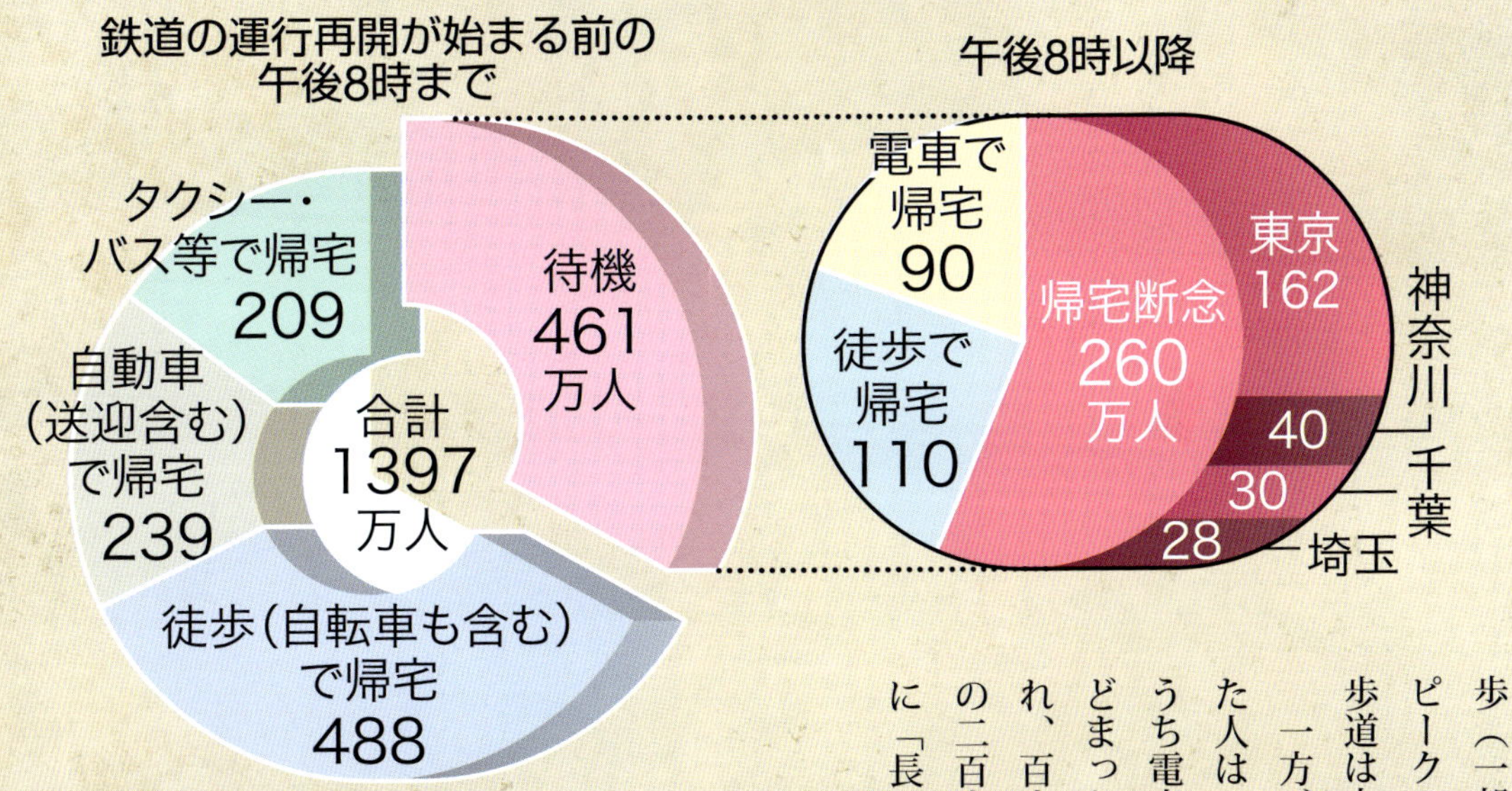
鉄道の運行再開が始まる前の午後8時まで
待機 461万人
タクシー・バス等で帰宅 209
自動車（送迎含む）で帰宅 239
徒歩（自転車も含む）で帰宅 488
合計 1397 万人
午後8時以降
電車で帰宅 90
徒歩で帰宅 110
帰宅断念 260 万人
東京 162
神奈川 40
千葉 30
埼玉 28

※千人以下切り捨て。1都3県分の外出者（自宅近くを除く）の内訳。三菱総研によるシミュレーション

帰宅困難者とは

国の中央防災会議は、災害時に鉄道など公共交通機関が停止した際に「自宅が遠距離にあって帰宅できない人」と「遠距離を徒歩で帰宅する人」を合わせて帰宅困難者と定義している。

歩（一部自転車含む）で帰宅を始めた。ピークの午後七時は、都心の幹線道路の歩道は人であふれた。

一方、午後八時まで職場などに待機した人は一都三県で四百六十一万人。このうち電車で帰宅できたのは九十万人にとどまった。JRなど一部鉄道で復旧が遅れ、百十万人が歩いて家路へ。半数以上の二百六十万人は帰宅を断念。それぞれに「長い夜」を過ごした。（比護正史）

愛知県なら影響98万人「帰らない」も選択肢

2次災害や転倒事故の恐れ

東海地震が発生すれば、公共交通機関が集中する名古屋市を中心に、多くの帰宅困難者が見込まれる。愛知県の試算では、昼間に東海地震の警戒宣言が出されて公共交通機関がストップしたり、実際に地震が起きたりすれば、県内で九十八万人に支障が出るという。

名古屋市は、帰宅困難者対策の一環として、ホームページ上に「徒歩帰宅支援マップ」を掲載している。道幅が広く市外へつながる幹線道路を使った帰宅ルートを紹介。「震災時にトイレや水を提供する」と、行政と防災協定を結んでいるコンビニエンスストアやガソリンスタンドの場所も示している。

震災発生時には、名古屋駅や栄に近いノリタケの森、白川公園や中村公園など、幹線道路に近い六カ所に、帰路に就く市民のための「案内場所」を設置。市職員が現場に詰め、帰宅支援マップの配布や道案内をすることになっている。

市消防局の担当者は、通勤・通学で公共交通機関を利用する人に対し、「災害時をイメージし、日ごろから家までのルートを確認してほしい」と呼びかける。さらに、職場に歩きやすい靴や簡単に食べられる食料、携帯ラジオなどを置いておくことを勧める。

ただ、今回の首都圏と同じイメージで歩くと危険な場合もある。都市防災に詳しい名古屋工業大の山本幸司教授は「すぐに帰宅しないのも選択肢の一つ」と話す。

地震直後は各地で火災が起きたり、余震によって建物の倒壊する二次災害に遭う恐れがある。道路に人があふれることで転倒事故が起きやすくなり、緊急車両の通行の妨げにもなる。

「建物の安全や周囲の状況を確認した上で、職場にとどまることも考えるべき

避難場所や帰宅ルートを紹介している名古屋市消防局のホームページ。地図を拡大すると、トイレや水を被災者に提供するコンビニやガソリンスタンドの位置も書かれている

だ」と山本教授。そのためには、建物内で二～三日しのげるように、会社ぐるみで水や食料を備蓄することが求められるという。一人一人の日ごろからの心構えと、役所や企業のバックアップがそれぞれ必要だ。（加藤弘二）

逃げる

会社の対策

情報収集・安否確認
役割分担を明確に

震災に備え、社員の安全を管理する会社はどのような対策を取っておけばいいのか。愛知県防災局が作成した「事業所のための防災マニュアル作成の手引」から、災害時に対応する組織体制や情報収集の方法などを紹介する。あなたや家族、知人の勤めている企業は、どれぐらい当てはまりますか？

●組織体制

非常事態に速やかに対応する本部機構のメンバー、設置基準、設置場所を決めておく。最高方針を決定できるトップの下に担当者を配置。交通機関や自動車を使わずに来社できる人をメンバーに含める。本部機構の任務内容も想定＝表＝して、だれが何をするか明確にしておく。

●緊急連絡網

安否情報が一元化できるよう整備する。早く連絡を完了するため1つのグループの社員数は5人以内に。各社員は自宅と親など、離れた地域の2カ所以上の連絡先を登録する。電話が使えない場合を想定してメールなど、連絡手段を多く確保しておき、常に最新のものに更新する。

●情報収集と提供

被災状況、従業員の安否、交通機関の状況などの情報をだれが収集し、提供するか明確にする。情報を一元化し、伝達する体制を組んでおく。ラジオやカメラ、ビデオカメラ、トランシーバー、電池、発電機などの機材も用意。連絡が必要な関係業者、災害情報やライフラインの確保に必要な機関の連絡先は一覧表にしておく。

●備品

救急医療セットや携帯ラジオ、懐中電灯、社員名簿、軍手、マスク、電池などを入れた非常用バックパックを職場に保管する。重要書類は耐火金庫に保管し、非常時に持ち出す書類は最小限に。3日間ほどは自力で対応できるよう食料、炊事用具、衣料、救急器材、生活用品などの非常用品を被害が受けにくい場所に確保する。

本部機構の任務例

- **社員、家族の安否確認**
- **被災状況の把握、提供**
- **救出、救助の応援指示必要機器材、資金などの調達**
- **広報、近隣事業所や関連会社との情報交換、支援要請**

2011年8月8日 掲載

第10回
車で逃げるか

避難渋滞 進めない

「早く遠く」4割頼る 気仙沼

東日本大震災では、避難中の車が渋滞で動けなくなり、津波にのみ込まれて亡くなった人が多い。地震の際は車で逃げないのが原則だが、いざとなると頼ってしまう人は多い。近い将来に起きるとされる三連動地震。あなたはその時、車を使いますか?

宮城県気仙沼市の米店経営鈴木政恵さん(50)は震災発生後、津波を警戒して車にすぐ飛び乗った。近所に住む八十六歳と八十八歳の一人暮らしの女性を車に乗せて逃げるため。だが、道路は「お祭りの時以上」に渋滞し、前に進まない。

「このままでは無理」。近くにあった高さ十メートル以上の魚市場屋上の駐車場に上がった。

「何で車で山に逃げねえ。孤立してしまう」「寂しい」。駐車場で二人に責められた。それでも結局、津波は駐車場まで上がってこなかった。「車は波に背を向けてまっすぐ逃げるのが難しい。あのまんま山まで逃げてたら、死んでたな」

気仙沼市の大工小野寺勇一さん(61)も車で逃げた一人。やはり道路が渋滞し、進まない。非常手段として車で歩道を走り、波を逃れた。「また津波にあったら、車で逃げるだろうな。一人なら車で逃げないが、八十六歳の年寄りがいるもの」

東日本大震災では、地震発生から津波が海岸に到達するまでの時間は、おおむね二十分から一時間だった。名古屋大大学院工学研究科の川崎浩司准教授(海岸

逃げる

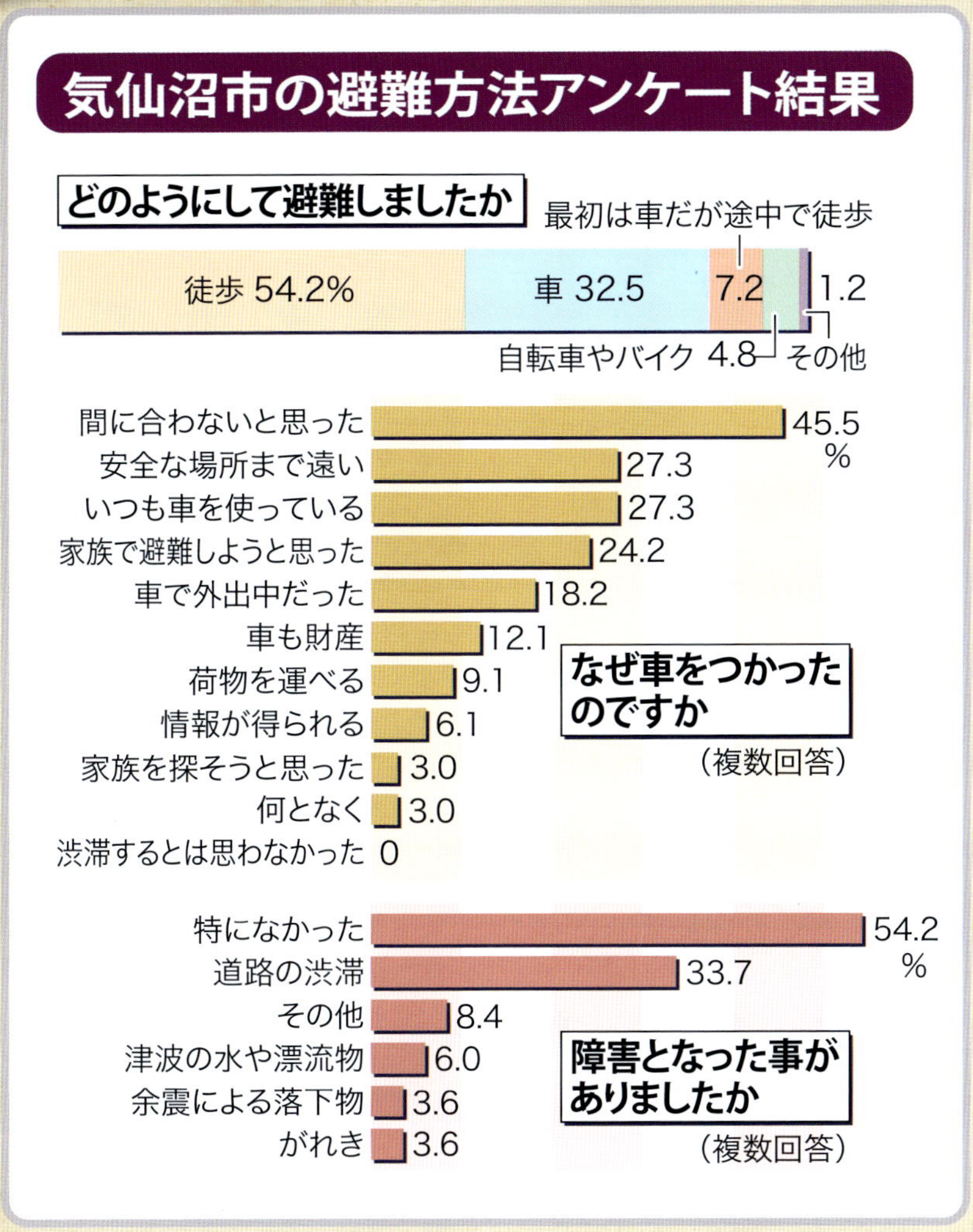

工学）は「安全な高台や高い建造物まで最短距離の道を徒歩で向かう方が、車で逃げるより助かる確率が高い地域は多かった」とみている。避難車両が殺到して渋滞すれば、高齢者や幼児、けが人など、どうしても車でしか逃げられない人の妨げにもなる。

東洋大社会学部の関谷直也准教授らのグループが気仙沼市の百人に尋ねた調査では、避難した人のうち車で逃げたのは32・5%。最初は車で避難したが、途中で車を捨てて歩いた人も7・2%いた。

車で逃げた理由（複数回答）は45・5%が「車でないと間に合わないと思った」と回答。「安全な場所まで遠く、車でないと行けないから」「いつも車を使っているから」が続いた。一方で避難の障害になったことは33・7%が「渋滞」を挙げた。半数強は「障害は特になかった」と答えているが、これは「生き残った人」だけの調査だからともいえる。

気仙沼市危機管理課の課長佐藤健一さん（58）は説明する。「市としては各行政区で地震対策の講座を開き、車で避難しないよう訴えてきた。回数は年間五十回以上。それでも車の避難はこんなに多かった」

市は今回の現実を踏まえ、道路や駐車場を広げるなど車でも避難しやすい街づくりを検討する方針だ。表示をつけ、緊急時に使用できる車を指定する対策も考えている。「ただ、これは気仙沼の人口が七万人程度で、街も既に津波で流されてしまったから検討できること」と佐藤さん。「既存の大きな街では難しいと思う」
渋滞以外にも車の危険性を指摘する声が上がる。自身も車で逃げた気仙沼市の菅野早苗さん（47）は「窓を閉めていると、迫ってくる津波の音や危険を知らせる周りの声が届かなかった。やはり車は危ない」と振り返る。地震の被害は津波ばかりではない。人口密集地か過疎地か、住んでいる場所でも事情は異なる。「大震災の時、自分たちはどう逃げるか」と日ごろ考えておくことが重要だ。

（中村禎一郎）

防災計画に想定なし

自治体　運転中止や徒歩推奨

大地震後、市民が運転する車でどれほど渋滞が起きるか、愛知県や名古屋市はその想定をしていない。防災計画では、住民が車で避難することを前提としていないためだ。

愛知県警も「避難のため車を使用しない」と呼びかけ、運転中に震災が発生すれば「道路左側に駐車し、エンジンキーはつけたままドアはロックしない」としている。

災害時に備えて県が定めている交通施策は、緊急車両の交通網の確保だ。救急や物資輸送の車両を円滑に通す「緊急輸送道路」を指定。名古屋市中心部と港湾、空港を結ぶ高速道路など千二百五十七キロメートルを一次道路とし、一次道路と各地域を結ぶ国道、県道など千四百六十九キロメートルを二次道路に位置づける。

ただ、渋滞が起きてはその機能を果たせない。県警は災害対策基本法に基づき、被災状況に応じて高速道路や国道入り口に「通行止め」の表示を出し、車両の進入を規制。県警交通規制課は「市民は車で移動しないことが前提であり、規制区間への車の殺到は想定していない」という。

津波への警戒が強い三重県も徒歩の避難を推奨。県地震対策室の担当者は「今回の震災では避難車両で渋滞した一方、車で逃げたから助かったケースもあった。津波の速度との兼ね合いもあるが、原則徒歩での避難を指導したい」と話

す。
しかし、国の中央防災会議が二〇一一年八月中旬に発表した岩手、宮城、福島三県の被災者八百七十人への面接調査結果で、半数以上が車を使って避難し、うち三人に一人は渋滞に巻き込まれていたことが判明した。調査した河田恵昭座長（関西大教授）は「高齢化が進み、徒歩の避難が困難な人が増えている。現実を無視できない。車を使うルール作りが必要」と指摘。市民が車を使わないことを前提にした防災計画は、いざという時に「絵に描いたもち」になる恐れがある。被災地の現実に即した見直しが求められる。

（沢田千秋）

車の使用
識者に聞く

ＪＡＦ愛知支部
寺本 浩さん

選択肢を増やそう

津波が押し寄せて来たときに車で避難して大丈夫か。どうしても車を使う場合は。日本自動車連盟（ＪＡＦ）愛知支部事業課交通環境係の寺本浩さんに聞いた。　（聞き手・林勝）

●東日本大震災では大勢が車で避難した。

被災者を対象にした政府の調査で、半数以上が車で避難したことが公表され、驚いた。今回はモータリゼーションが発達した社会が巨大津波に遭遇した初のケースと思う。震災の避難に車を使わないことは交通の教則にも明記してあるが、今後は車の避難も想定せざるを得ないだろう。

ただ、車があると「家族を捜したい」「家に荷物を取りに戻りたい」と、あれもこれも考えてしまう。かえって避難が遅れては何にもならない。命を守るために車が本当に必要か考えてほしい。

●自分の身はさておき、家族を守るために車で行動したい人もいる。

実際に車が役立つのかが問題。政府の調査でも、車の利用者で３分の１が渋滞に巻き込まれた。建物や道路の損壊で走行できない場所も多数あった。あまり表には出ていないが、被災地では相当の数の交通事故が起こったという情報がある。非常事態なので、道路に人が一斉に出てくるような混乱が各地であった。加害者になった人も大勢いたはず。「それでも車で逃げますか」と言いたい。

●車を使うメリットは限られるのか。

津波なら到達までに時間があるが、住んでいる場所で一概にいえない。病気で歩けない家族がいたり、近くに高い建物や高台がない場合はやむを得ないかもしれない。でも、普通の住宅地でも渋滞が起きやすくなるので、あてにできない。最悪の事態を想定して車に頼らない避難の選択肢を日ごろから増やしておくべきだ。

●運転中に被災した場合の注意点は。

異変を感じたらすぐに他の通行を邪魔しない場所に停車し、ラジオをつけて情報収集を。車を置いて避難するなら、エンジンを止めて窓を閉め、キーは付けたままで、ドアをロックせずに離れてほしい。

２０１１年８月29日 掲載

第11回
外国人はどう逃げたか

「タカダイ」理解できず

周囲の誘導が頼り

「高台に避難してください」。被災地で防災無線が呼び掛けたその言葉を、理解できない外国人は多かった。東日本大震災で死亡した外国人は三十二人。言葉が理解できたかどうか、そして彼らを助けようとする日本人が身近にいたかどうかが、生死を分ける要因となった。

「ヒナンって何？　タカダイって分からないよ」。日本に来て九年になる宮城県南三陸町のフィリピン人、熊谷サリーさん（38）が震災当日を振り返る。

激しい揺れが襲ったのは、海岸に近い作業場でエリンギのパック詰めを終え、昼食を取った直後だった。防災無線が何かを叫び始めたが、聞き取れない。漁師の夫は港にいる。「怖くてどうしたらいいか分からなかった」。とにかく二人の娘を守ろうと、二キロ離れた保育園へ車で急いだ。

娘たちと合流できたが、どこへ逃げればいいのか。その場にとどまっていると、園の職員から「裏山へ逃げて」と言われ、娘二人の手を握り締めた。山道を歩いた直後、目の前で保育園に津波が押し寄せた。

エリンギの作業場も流され、直前まで一緒にいた社長は亡くなった。

東日本大震災で死亡した外国人

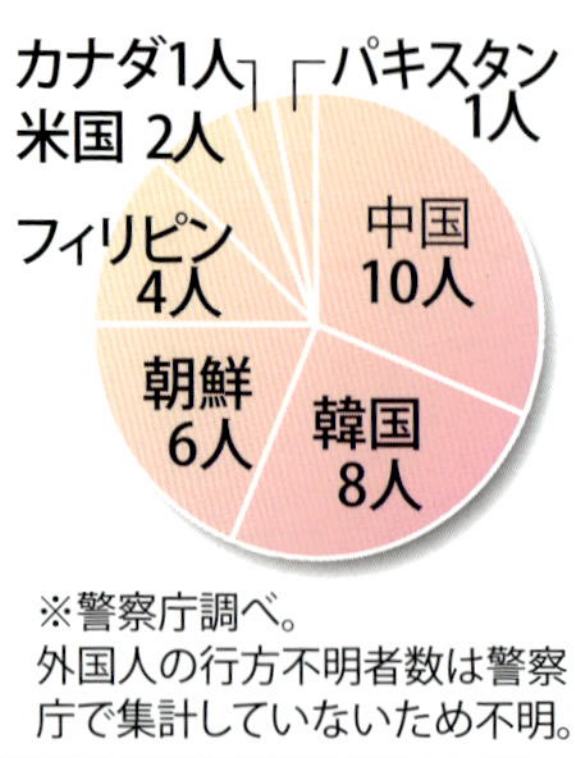

※警察庁調べ。
外国人の行方不明者数は警察庁で集計していないため不明。

逃げる

自宅が津波で流され、何もなくなった場所に立ち尽くす佐々木アメリアさん＝宮城県南三陸町で

同じくフィリピン人の斎藤ジュリエットさん(44)は町内の漁港近くでワカメの選別作業中、地震に遭い、気が動転した。「何分もすごく揺れた。『この世の終わり。イエス・キリストが降臨する』と思った」

その日はたまたま夫の孝司さん(50)もいたため、車で高台へ逃れた。作業場と自宅は跡形もなくなった。「ダンナは前日、仕事で仙台にいた。一日ずれていたら一人では逃げられなかったよ」

日本暮らしが三十年を超える小中学校講師、佐々木アメリアさん(57)は日本語が理解できて一命をとりとめた。

地震後、宮城県気仙沼市から南三陸町の自宅に車で向かったが、車内のテレビで「津波が来る。避難を」と聞き、高台にある夫の実家へ行き先を変えた。自宅は津波に流された。

地元でフィリピン人のまとめ役をするアメリアさんは「『タカダイにヒナン』と言われても、右の耳から左の耳に通り抜けるだけ。『高い所に逃げて』なら、理解できる人が多い」と指摘する。

町内では、フィリピン人の村上メイビリンさん(28)が亡くなった。

来日して二年。宮城県石巻市のスナックで働いており、地元の付き合いは少なく、日本語も日常会話ができる程度だった。

「メイちゃんは、逃げる場所も分からなかったと思う。携帯電話もつながらず、連絡が取れなかった」。アメリアさんは同胞の死を悔やむ。

一方、勤務先の会社の誘導で助かった外国人もいる。

宮城県女川町の女川港近くにある佐藤水産では、佐藤充専務(55)が中国人実習生二十人を裏山の神社へ誘導した。全員が避難したか確かめるため会社へ戻り、津波にのまれて帰らぬ人に。佐藤さんの行動は中国でも称賛され、二〇一一年五月に来日した温家宝首相が謝意を述べた。

中国人実習生は町内の水産加工会社十九社に百六十二人いたが、全員が無事だった。

実習生を受け入れる窓口の女川魚市場買受人協同組合の遠藤貢参事(52)は「私

たちにとって、彼らは『外国からの預かりもの』。何かあれば優先して助けなければ、という考えが日ごろからあった」と説明する。

来日時には津波の恐ろしさや避難方法を教えているが、実際に津波が押し寄せた時は「実習生だけでは判断できず、逃げられない」と各社の日本人従業員が素早く誘導に入った。「勤務中でなかったら、犠牲者が出ていたでしょう」。外国人の生死は、周囲の日本人の意識と行動にもよることを表している。（後藤孝好）

人材育成、訓練　対策　道半ば

内閣府は外国人を高齢者や障害者、乳幼児とともに「災害時要援護者」と位置付け、各自治体に避難支援の取り組みを求めている。中部地方の自治体もそれぞれ計画を練っているが、対策が浸透しない課題もある。

中部六県と名古屋市に取材すると、外国語の防災ガイドの作成、避難ルートの標識の多言語化、ホームページ（ＨＰ）で外国語の防災情報を掲載するなどの対策が多い。

分かりやすい日本語で避難情報の発信を検討するのは長野県。例えば、余震を「後から来る地震」、避難所を「みんなが逃げるところ」と置き換え、防災無線やＨＰで呼びかける考えだ。

三重県は、外国人向け防災セミナー開催のほか、避難所生活の決まりごとを外国語とイラストで示した「外国人支援キット」を作成している。岐阜県は災害時には外国人向けのミニＦＭ局も開設する計画だ。

外国人を助ける人材を育成しようと、福井県は二〇〇九年度から年一回、災害時通訳ボランティア養成講座を開催。新潟県中越沖地震の体験者から災害時に使う外国語を学び、二〇一一年は東日本大震災でボランティアが外国人を助けた実例を学ぶ。

ただ、外国人の避難対策全体が進んでいるとは言い難い。

愛知県は「市町村に災害時要援護者の避難計画をつくるよう呼びかけている

中部6県と名古屋市の外国人向け避難対策例

愛知	英語、中国語など5カ国語で「防災・減災お役立ちガイド」を配布
岐阜	災害時にミニFM局を開設し外国語の放送で避難所や支援物資の情報を伝達
三重	外国人を対象にした防災セミナーを年2回実施
長野	分かりやすい日本語による災害情報の提供を検討
福井	災害時通訳ボランティア養成講座を開催
滋賀	災害時外国人サポーター養成講座を開催
名古屋	HPに英語や中国語など7カ国語の避難所マップを掲載

が、高齢者や障害者が中心」と実情を説明。内閣府は、外国人も防災訓練に参加するよう各自治体に呼びかけているが、「外国人は独自のコミュニティーをつくり、地域に溶け込めない面もあり、訓練への参加が十分とは言えない」（名古屋市）という。

滋賀県は二〇〇八年度から「災害時外国人サポーター養成講座」を開催。二日間かけて外国人支援センターの設立や避難所巡回の準備などをグループワークで学ぶ試みだ。二〇一一年十月までに百二十人が受講したが、実際に「災害時に活動する」と登録したのは約四十人と低迷。人材育成の難しさを物語っている。

外国人への支援 NGOに聞く

被災フィリピン人支援団体
ネストール・プノ代表

防災用語を簡単に

被災地の外国人が直面する言葉の壁をどう克服したらいいのか。被災地のフィリピン人の生活支援を続ける非政府組織（NGO）「フィリピン・ソサエティ・ジャパン」のネストール・プノ代表（45）に聞いた。（聞き手・林勝）

●被災地では、言葉の壁に不安を募らせた外国人が多数いた。

日本人に意思が伝わらず、つらい目に遭った人がいる。福島県沿岸で被災した貨物船のフィリピン人船員20人は、海上保安庁に救助されて一時的に同県いわき市のホテルに避難した。しかし、周りの日本人被災者とのコミュニケーションがうまくいかず、食料や水を受け取る機会を逃してしまった。結果的に数日間を飲まず食わずで過ごし、病気になる人もいた。

●その後、どうなったのか。

船員の一人が携帯電話で本国の家族に連絡を取った。家族はフィリピン人の安否確認を始めていた私たちの団体にインターネットで情報を送った。それを基に大使館を通して居場所を確認し、全員を外国人被災者の避難所となった都内の教会に移すことができた。

●食料ぐらい簡単に受け取れそうな気がするが。

ホテルで日本人から「食べ物がどれだけほしいか」と呼びかけはあったようだ。でも、英語ができる彼らでさえ理解できず、そのことがきっかけで遠慮がちになってしまった。日本人も自分のことで精いっぱいだったこともあるだろう。差別があるわけでもないのに、ちょっとした意思疎通の行き違いが悲劇を生むことがある。

●日本で何年も生活している外国人なら大丈夫か。

災害時は言葉の壁が高くなる。私は日本で13年間暮らし、日本語が話せる方だが、今回のフィリピン人支援活動では「支援物資」や仮設住宅の「仮設」「被災証明書」「一時金」などの知らない単語がたくさん出てきて苦労した。実際に、支援物資や一時金の情報を言葉の壁で入手できずにいる人が大勢いたため、私たちが翻訳してインターネットや携帯電話で配信した。

●「避難勧告」など、日本人が聞いてもとっさの行動に移しにくい防災用語もある。

行政やメディアには、もっと分かりやすい日本語を使う配慮や、簡単に説明できる伝え方を工夫してほしい。被災地の外国人は孤立しがちなので、通訳の大切さを多くの人に知ってもらいたい。

2011年10月17日 掲載

第12回
答えなき「てんでんこ」

避難 救助 究極の選択

東北の伝承 生死分ける

大津波が迫る中、被災者は究極の選択を迫られた。独りで逃げられない人を共倒れ覚悟で助けるか、ともかく自分だけは避難するか。津波が来たら家族も構わず、てんでんばらばらに逃げろという東北地方の伝承「津波てんでんこ」と現実のはざまで、人々はどう動いたか。

雪が降りそうで洗濯物を取り込んだ時だった。三月十一日、宮城県南三陸町の及川時子さん（70）は自宅庭で大きな揺れに襲われた。「姉さん、津波が来んべ。早く起きていくべ」。同居していた義姉の鈴木をしんさん（90）の部屋へはってたどり、声をかけた。

鈴木さんは認知症で足腰も不自由。パジャマ姿でベッドに寝ていた。外は雪。厚手の胴着を羽織らせ、靴下を二足重ね、毛糸の帽子をかぶせるまで二十分ほどかかった。

「波、来たぞ。早く逃げろ、逃げろ！」。鈴木さんの体を起こし、手を引いて外へ出ようとした時、近所の人が大慌てで駆け出す姿が目に入った。玄関先を見ると、ひざ元の高さまで津波が達していた。「助けてけろ！」。声を上げても手助けしてくれる人はいない。独りで歩けない鈴木さんを連れては逃げ切れない。

「子どもんころから津波が来たら『てんでんこ』と聞いでた」。とっさに「姉さん、悪いね」と言いながら、はだしで外へ飛び出した。振り返ると、鈴木さんが顔をしかめて見つめていた。

津波が流れる道路を走り、家の向かい

逃げる

の山をはって三十メートルほど登った。直後に濁流が集落をのみ込んだ。「姉さんも家も流してしまった！　どうすっぺ」。たどり着いた水産加工場で泣き叫んだ。周りにいた近所の人たちも「仕方ねえべ」「あんたは悪くねえ」と涙を流した。

家は丸ごと百メートルほど流され、鈴木さんの遺体は翌日、ベッド脇で見つかった。及川さんを責める人は誰もいなかったが、命を救えなかった無念さと自責の念から、食べ物が四日間のどを通らなかった。「命ほしいと思ったべ。でも、今も割り切れねえ」。自宅のあった場所で、そう振り返る。

国の調査では、今回の震災で地震後すぐ避難した人は57％で、ほとんどは津波に遭わずに済んだ。一方で四割以上が「てんでんこ」を実践せず、家族を捜しに行くなどした結果、津波に巻き込まれた人も多い＝グラフ参照。亡くなった人を含めれば、すぐ避難しなかった割合はさらに高くなると思われる。

岩手県陸前高田市の小野田高志さん（74）もすぐ避難しなかった一人だ。「ただ事でねえべ。津波が来っから早く逃げれ」。四年前まで自治会長として自主防災組織で活動した経験から、地震後すぐ家を飛び出し、大声を出して近所を回った。

自宅のある集落は海岸から二キロ離

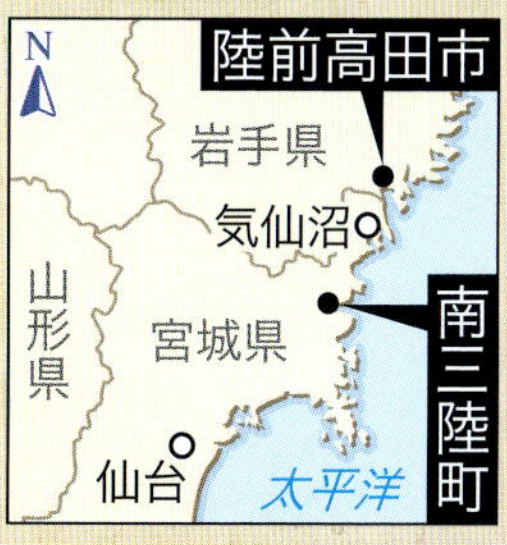

（右上）腰上まで津波に入って救助した様子を再現する小野田高志さん＝岩手県陸前高田市で
（左上）鈴木をしんさんが流された自宅跡に立ち尽くす及川時子さん。背後は及川さんが逃げた山＝宮城県南三陸町で

地震発生後から津波が来るまでの行動

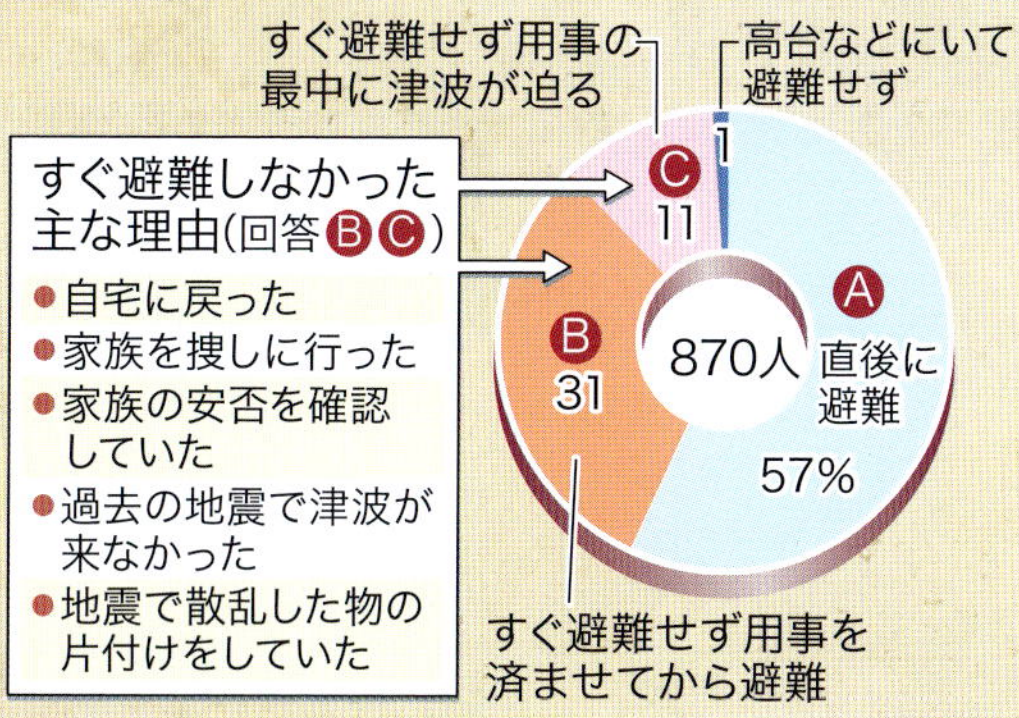

避難パターンと津波との関係（回答ABC）

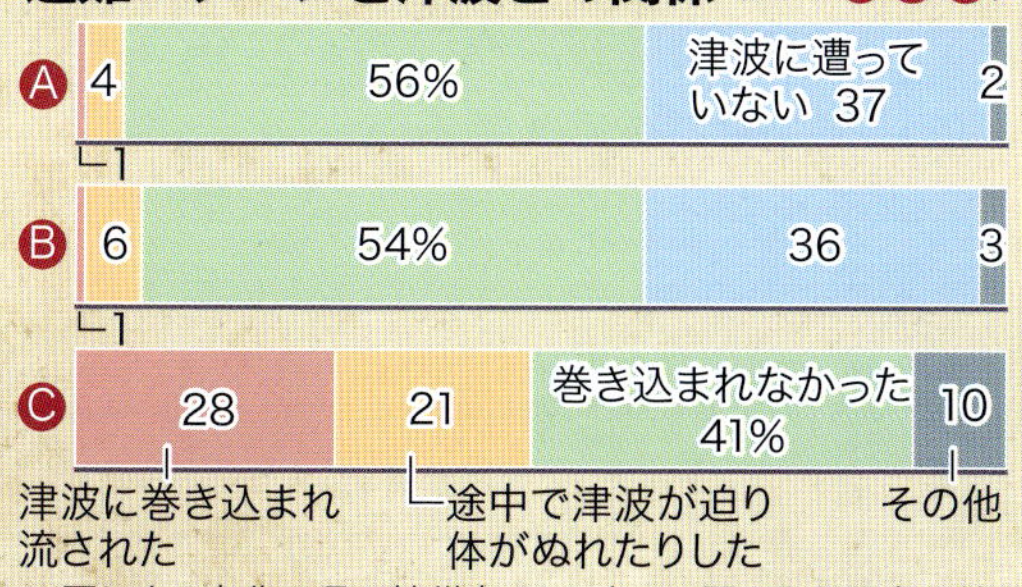

※国による東北三県の被災者870人への聞き取り調査の結果

れ、住民の多くは津波が来ないと思っていた。台所で割れた食器を片付ける姿を見つけ、「そんなの後でえっから」と手を引いて高台の茶畑へ向かった。

自宅近くにある一時避難所の気仙小学校の校庭には、児童九十人と住民が集まり始めていた。「ここも危ねえ。高いとこさ逃げれ！」と叫び、裏山へ避難させた。

近所の住民が逃げたか、さらに確認して回っているところへ津波が押し寄せた。急いで高台の茶畑へ向かったが、後ろにいた斉藤カツ子さん（72）が押していたシルバーカーごと波に流された。

「助けて」。悲鳴に気づいた小野田さんは腰上まで津波に入り、おぼれかかった斉藤さんを引き上げた。「おらも死ぬかもしれんかったけんど、何も考えんと手を出した」

紙一重で助かった命。地元では寝たきりの母を避難させられず、自宅で一緒に亡くなった女性もいた。「助かるにはてんでんこが一番。でも、いざとなれば必死で助けるべ」。小野田さんはそう言って頭を抱える。

「どうするのがいいか、分からねえな」

（後藤孝好）

災害弱者 どう守る

国の中央防災会議専門調査会は、東日本大震災に関する報告書で、津波が来たら親子も構わず、ばらばらに逃げる「津波てんでんこ」の意識徹底を提言した。津波対策を進める自治体はその意義を認めつつも、手助けが必要な高齢者や障害者らの避難対策との両立に頭を悩ませる。

東海・東南海・南海の三連動地震が想定される愛知、岐阜、三重、静岡の四県などは二〇一一年十一月、津波てんでんこを学ぶ講演会を開催。NPOや大学准教授らを招き、犠牲者を減らすため、先人の教えを防災対策にどう生かすか議論を始めた。

愛知県災害対策課の担当者は「震災直後に行政ができることは限られる。自力で生き残る教えは重要だ」と話す。各家族が事前に「津波が来たら家に戻らず避難し、あそこの高台の避難所で合流しよう」というような綿密な打ち合わせをするよう求める。

三重県は、伝承を学んだ子どもが無事に避難した岩手県釜石市の教訓などから、二〇一一年十月作成の緊急地震対策行動計画で「生きるために逃げろ！」をスローガンに掲げた。東海地震の想定震源域に近く、津波の第一波が五～十分で到達する静岡県の危機情報課も「家に帰ったり、家族を捜していたら避難が間に合わない」と訴える。

一方で、独りで逃げられない人の救助をどうするかが課題だ。

「素早く逃げる必要がある中、誰が要援護者を助けるか地域の自主防災組織などで詰めていく必要がある」と愛知県。

三重県も「自助と共助をどう両立させるかが難しい」。

静岡県は「救助する人が命を落とす危険もあり、非常に深刻な問題。高齢者や障害者の社会福祉施設は将来的に高台移転も含めて検討していく」と説明。結局、自宅や施設から離れた場所にいる災害弱者をどう守るか、どの自治体も明確な答えは出せないのが現状だ。

逃げる

教訓をどう生かす 識者に聞く

兵庫県立大
木村 玲欧 准教授

危険性の認識必要

津波多発地域に昔から伝わる「てんでんこ」の教訓をどう受け止めたらいいのか。災害時の人間の心理や行動を基に防災を研究している兵庫県立大の木村玲《れ》欧《お》准教授に聞いた。　（聞き手・林勝）

●一目散に逃げよという「てんでんこ」は正しい行動ですか。

現代においても、とても有効な考え方。自分の命を守らなければ、ほかの人も救えない。

●でも、多くの人が助けを求める人を残して逃げられなかった。

救われた命もあったが、失われた命もあったことを忘れてはいけない。岩手県宮古市では消防団員が逃げ遅れた人のため、いったん閉めた堤防の水門を開けたことで時間をとられ、救助側の十数人が亡くなった。

●緊急時に一人で動けない高齢者や障害者の問題をどう考えたらいいのか。

もしものときに自分一人で命を守れない人が、災害の危険が高い場所に住むこと自体が大きなリスク。実際には弱者を見捨てられない人も多く、周りの人の命を危険にさらしているともいえる。とはいえ住む場所は自助努力では難しい面もあるので、このような状況を許している社会の認識を変えていくことが必要だ。

●日本は災害多発国なのにリスクを適切に認識していないのか。

人は未知のものや発生確率の低いリスクを低く評価してしまう。しかし、巨大地震は取り返しのつかない被害を与えるので、その危険性を継続的に伝え、学ばなければならない。個人個人では、健康診断で病気のリスクを判断するように、防災訓練に参加したり、行政のハザードマップを確認したりしてリスクを認識してほしい。その上で自分の命を自分で守る行動について、家族で話し合うのもいいだろう。

●防災訓練に参加しない人は多い。

大人の認識を変えるのは難しいが、子どもは違う。「助けられる人から助ける人へ」という意識を育てる防災学習に取り組んできた岩手県釜石市の釜石東中学の生徒らは、津波の危険を的確に察知して高台に避難。校舎は最上階まで津波にのまれたが全員無事だった。生徒らはその後、被災者の安否確認のため、避難所で名簿づくりをするなど地域のために活動した。社会に防災意識を根付かせるには、子どもへの教育が最も大切だ。

2011年11月28日 掲載

第13回

自分で守る!

津波の教訓 生死左右

釜石の町内会長「絶対戻るな」第2波回避

「災害時に命を守る力は、自力7割・地域の力2割・行政1割」。東日本大震災を受け、防災関係者の間でそんな指摘が出ている。行政機能がまひする大震災では、個人個人と地域がどれだけ「備える力」を持っているかが生死を左右する。岩手県釜石市両石町《りょういしちょう》は町内会長を中心にした活動で、被害を最小限に食い止めようとした。

■三角の波

三月十一日午後二時四十六分、町内会長の瀬戸元さん(66)は両石湾の桟橋で腹ばいになり、潮位計を設置していた。二日前に震度4の地震があり、「そろそろ大地震が来る」と感じていた。

強い揺れが起きたのはその時。海面を見ると、とがった波がいくつもできていた。「見たこともねえ三角の波。大津波が来ると確信した」

町内会の事務所から拡声器を持ち出し、ミニバイクで町内を走り回った。高齢者や体の不自由な住民の家を巡り、「津波さ来っから避難しろ」と呼びかけた。

自分で避難できない人たちを誰が連れて行くか、町内会で日ごろから打ち合わせ済みだ。声を掛けた人全員の避難を確認し、自分も高台の公園へ向かった。

■悲劇の歴史

「地元の津波は地元の人が語り継ぐべきだ」が瀬戸さんの信条。これまで四十年間、史料を調べ、古老らへの聞き取りを続け、小中学校で被害の歴史を伝えて

逃げる

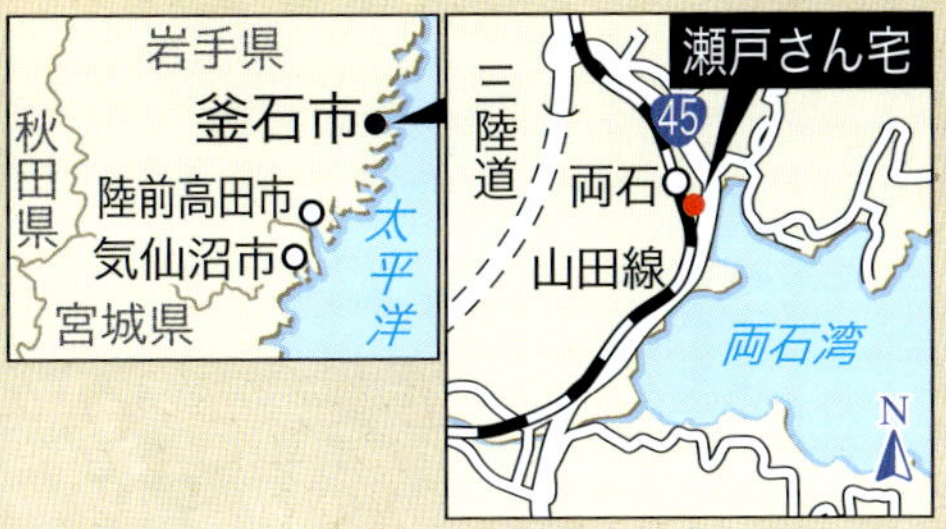

（上）2011年3月11日、高さ25メートル以上の第2波が押し寄せた後、引き波で海底がむき出しになった両石湾。左の写真と比べると、潮が引いた異常な様子が分かる＝瀬戸さん撮影
（下）避難した高台で、津波が押し寄せた状況を語る瀬戸さん＝いずれも岩手県釜石市両石町で

きた。

両石湾は湾口が狭く、津波が押し寄せるほど高さと勢いを増す地形だ。

一八九六（明治二十九）年六月の明治三陸地震では、震度2～3で津波は二〇メートル超に。旧暦の端午の節句の夜で酒を飲んだ人も多く、町民の86％にあたる八百二十四人が死亡した。一九三三（昭和八）年も震度5の地震で一三・五メートルの津波が襲ったといわれる。

町の悲劇を深く知っていたから、今回も大津波が来ると予測できた。釜石市では震度6弱の地震後、約三十分で第一波が押し寄せ、十二メートルの防潮堤を越えて住宅を襲った。

■鬼の心

第一波が過ぎ、海が落ち着いたと勘違いして車や貴重品を取りに自宅に戻ろうとした人もいた。だが、引き波のないまま二五メートル以上の第二波が押し寄せていた。

「絶対に戻るな！」。瀬戸さんの声を聞き、高台にとどまった女性は助かった。脇をすり抜けて行った男性はその後、第一波を上回る大波にのまれた。

町内の建築士、久保英夫さん（68）は地震直後、日ごろの訓練通り、山の上のJR両石駅まで駆け上った。「瀬戸さんが拡声器で叫び、町に危険を促せた。津波まで時間はあったけど、物を取りに行こうとも思わなかったね」

両石町は、町内六百八十五人のうち四十四人が犠牲となった。その大半は、過去に津波が到達したことがない造成地の町民。「津波はいつでも来る」と危機意識を持っていた湾に近い町民の方が被害は少なかった。

　明治、昭和、平成といずれも津波は地震の約三十分後に町を襲ってきた。瀬戸さんは強く訴える。

　「最初の十五分は町内会長としての活動分、残りの十五分はとにかく自分の逃げる分。最後は、人を蹴落としても自分が助かる鬼の心を持たねばならねえ」

（柚木まり）

率先避難者　養成進む

東海3県　課題は人材確保

　自分だけ避難するか、周りにも呼びかけるか。そのジレンマを解消しようと、「津波が来る。逃げるぞ！」と呼びかけながら先頭になって避難する「率先避難者」の取り組みが進んでいる。

　三重県尾鷲市は、避難行動の研究で知られる群馬大の片田敏孝教授の発案で、率先避難者の指定を進めている。自主防災会幹部を中心に五人が指定され、二〇一一年十一月には「大津波が来るぞ！」とハンドマイクで呼びかけて一斉に高台に逃げる訓練をした。

　市防災危機管理室の川口明則室長（58）は「避難は住民の意識に頼る部分が大きい。人望のある人を率先避難者に決め、住民の背中を押すことは効果的」と説明。ただ、沿岸部は過疎化が進み、高齢者に頼んでも「自分の避難で精いっぱい」と断られる例が多い。人材の確保がかぎだ。

　三重県も東日本大震災後、各市町に率先避難者の選定を急ぐよう助言。県の防災コーディネーター育成講座の修了生を担い手に期待する。

　愛知県は、町内会や学区単位の自主防災組織は九千七百団体。町内会長など地域の役員になると自動的に自主防災組織にも入る自治体が多く、地域のカバー率は98・3％で、昨年まで三年連続で全国一位だ。防災リーダーは四万三千人。東日本大震災後、連絡体制や本人の危険確認などを見直している。課題は参加者の高齢化。県防災危機管理課の職員は「なかなか新しい人が入らない。震災後に関心を持つ人も増えたので、今後期待したい」と話す。

　名古屋市は町内会単位で四千六百の自主防災組織がある。今回の震災後は災害ボランティア団体や福祉施設などとの連携を進め、障害者の誘導や避難所の運営など、実践的な訓練を進める。

　ただ、組織によって温度差があり、事実上、休眠状態のところも。市消防局防災室は「大災害時は地域の隅々まで行政が入り込むのは難しい。共助の精神を養う地域組織は不可欠で、支援を進めていきたい」。

岐阜県は、地図上に危険個所や避難ルートなどを書き込み、避難のイメージトレーニングや安全意識の向上に努める「災害図上訓練」（DIG）の指導者養成に力を入れる。

県防災課によると、研修を受けた町内会の役員が交代すると、訓練が引き継がれず定着していない地域もある。担当者は「個人の意識に左右されることが多いため、ノウハウをいかに地域で引き継いでもらうかが難しい」と打ち明ける。

地域の防災力 識者に聞く

山口大大学院
滝本 浩一 准教授

継続が地域の力に

地域の防災力を高めるにはどうすればいいか。防災アドバイザーとして全国で活躍している滝本浩一・山口大大学院准教授に聞いた。

（聞き手・林勝）

●地域の防災力の現状は。

阪神・淡路大震災以降も防災教育が浸透していない。「震災は人ごと」という意識が抜けきれない地域がほとんど。住民が地域の特徴を知らないと、何に備えたらいいかも分からない。結局、被災後に地域に潜んでいたリスクを初めて自覚するのが実情だ。

●地域の事情を理解することで防災がうまくいったケースは。

仙台市内のある老人ホームは海辺にあり、三陸沖地震の津波を想定した際、歩けない高齢者の避難が問題になった。地理的条件を事前に調べ、津波を受けにくい避難ルートを車で避難する態勢を整えていたため、今回の震災で全員避難させられた。

●身近に潜む災害リスクを把握するには。

津波の想定や洪水時の浸水域など、行政が出すハザードマップを見るだけでは不十分。実際にハザードマップを手にしながら、避難所までのルートを歩いてみる。「ここは地震に弱い地盤」「この道路は河川に近く水害に遭いやすい」と確認していけば、浸水や土砂崩れで道が使えない、家屋の密集地で火災が起こると通れない、などの課題が見えてくる。

災害の発生が昼か夜かによっても課題は大きく変わる。先を読んで事前にどうするかという視点を養ってほしい。

●防災意識の高いリーダーがいる地域は少なく、地域防災活動を続けていくのも難しい。

防災活動だけ無理にやろうとすると、モチベーションの高い時期はいいが、そのうち負担感が広がって続かなくなる。防災を一時のブームにしないよう、地域で無理なくできる工夫が必要だ。

例えば、祭りで炊き出し訓練をしたり、草刈りや清掃作業に合わせて危険な場所を点検して情報を集めたり。運動会に搬送訓練や防災知識を問う種目を組み込めば、地域防災に協力的でない住民も巻き込める。地域行事とマッチングさせて継続することが大切だ。

2011年12月26日 掲載

第14回
ペットと逃げる

離れられぬ「家族」

「明るい気持ちに」避難所冷たい視線も

全国で飼われている犬、猫の数は、今や十五歳未満の子ども人口を上回る。東日本大震災では、ペットを抱えながら避難する被災者も多かった。災害では人命の救助・保護が最優先だが、ペットを「家族」と考える人も増えている。飼い主の日ごろの備えや支援団体との連携が必要となる。

■立ち入り禁止

宮城県石巻市の無職斉藤栄子さん（73）は、自宅に一人でいる時に猛烈な揺れを感じた。その瞬間、愛犬のミニチュアダックスフントの「パル」が胸に飛び付いてきた。

「津波にやられる。早く逃げるよ」。娘の会社員久仁子さん（40）も会社から車で戻ってきた。栄子さんは二年前に病死した夫が孫のようにかわいがっていたパルを抱え、車に飛び乗った。

避難所の体育館受付に着くと「ペットは立ち入り禁止」と告げられた。パルを車に置きに行ったが、不安でほえ続ける。高齢の栄子さんが体育館に戻り、久仁子さんは車内に残った。ガソリンが切れ、避難所で配られた毛布で寒さに耐え、一夜を明かした。

避難所に救援物資が届いた翌朝、栄子さんが飲料水をパルに与えようとすると、住民に「人間が困っているのに、おかしい」と注意された。ドッグフードを調達するため、運良く開いていた薬局に六時間並んで買った。

室内犬のパルは寒さに慣れていない。

逃げる

一緒に避難した愛犬のパルと仮設住宅で身を寄せ合う斉藤栄子さん＝宮城県石巻市で

避難所の生活をあきらめ、親戚宅を転々とした。パルは慣れない環境にトイレが遠くなり、獣医師にストレスによるぼうこう炎と診断された。

■苦労しても「感謝」

　五月末に石巻市内の仮設住宅に転居し、ようやく自分たちの空間が戻った。ただ、津波に奪われた一軒家のようにパルは自由に走り回れない。壁が薄く、近所の住民が鳴き声をどう思っているか不安だ。転居先のアパートも「ペット禁止」の条件が壁になり、見つかっていない。

　愛犬との避難生活に苦労を重ねてきた斉藤さん親子だが「パルがいて良かったと思うことの方が多い」と口をそろえる。震災で失った友人を思って落ち込んだり、親子げんかになるとき、「パルが寄ってくると気が紛れ、明るい気持ちになる」と感謝する。

　栄子さんの知人は愛犬を置いて避難したことを後悔し、うつの症状になり、「周りに迷惑を掛けてでも連れて行くべきだった」と涙ながらに語ったという。久仁子さんは「ペットを家族同然と考える人は多いけど、周りから冷たい目で見られることもある。飲料水やドッグフードなどの備えをしておけばよかった」と振り返る。

■周囲が理解も

　「ペットと離れられない」という飼い主は多い。

　岩手県釜石市の新里悦子さん（60）は自宅を流され、シーズーとパピヨンの雑種「クウ」と裏山の神社で三日間、避難生活を送った。六部屋ほどに約百人がすし詰めの状態で過ごしたが周囲の理解があり、三、四匹の小型犬も「同居」。新里さんは他の避難者に配慮し昼間は極力クウを境内で散歩させたが、夜は同じ布団で眠れた。「クウちゃんは『イヌ』じゃなく家族。置いていくことなんて、できん。ほかの避難所だったら一緒にいられなかったかも」

　岩手県大槌町で一人暮らしの田中広子さん（57）は雑種犬の親子を飼っていた。二〇一〇年のチリ地震で津波が来た時は「避難所では犬が迷惑になる」と自宅にとどまった。愛犬は二〇一一年二月までに親子とも死に、三月の震災では避難所に移った。自宅を失い仮設住宅で暮らすが、「あの子たちが生きていたら今回も逃げなかった。私を逃がすために亡くなったと思っている」と感謝しているという。（鈴木龍司、蜘手美鶴、加藤美喜）

第15回

明暗❶

生死分けた津波避難

遠くへ高所へ 奇跡

わずか六百メートルの間で、奇跡と悲劇が起きた。東日本大震災で大津波が押し寄せた岩手県釜石市鵜住居《うのすまい》地区。釜石東中学校の生徒らは日ごろの訓練の成果で一人の犠牲者も出さず、「釜石の奇跡」とたたえられた。小さな長内川を挟んだ対岸では、多くの住民が防災センターを避難所と誤解して逃げ込み、百人以上が津波にのみ込まれた。

■上履きのまま

学校を強い揺れが襲った時、釜石東中の一、二年生は部活動、三年生は帰宅準備をしていた。校庭の生徒は揺れが収まらぬうちに走り出した。「逃げろー。走れー」。村上洋子副校長（54）が生徒二百十二人と教諭十六人を誘導した。校舎にいた生徒も上履きのまま飛び出す。隣接する鵜住居小の児童に「津波が来るぞー」と叫び、一次避難所の福祉施設「ございしょの里」を目指した。

釜石東中は四年前から防災教育に取り組んできた。避難訓練だけでなく津波のメカニズムを学び、通学路の防災マップを作製するなど、年七十時間の総合学習の三分の一を費やしていた。

一方、津波を知らせるサイレンが地域に鳴り響くと、鵜住居地区防災センターには周辺の住民らが避難し始めた。菊池通幸さん（64）の長男の妻琴美さん＝当

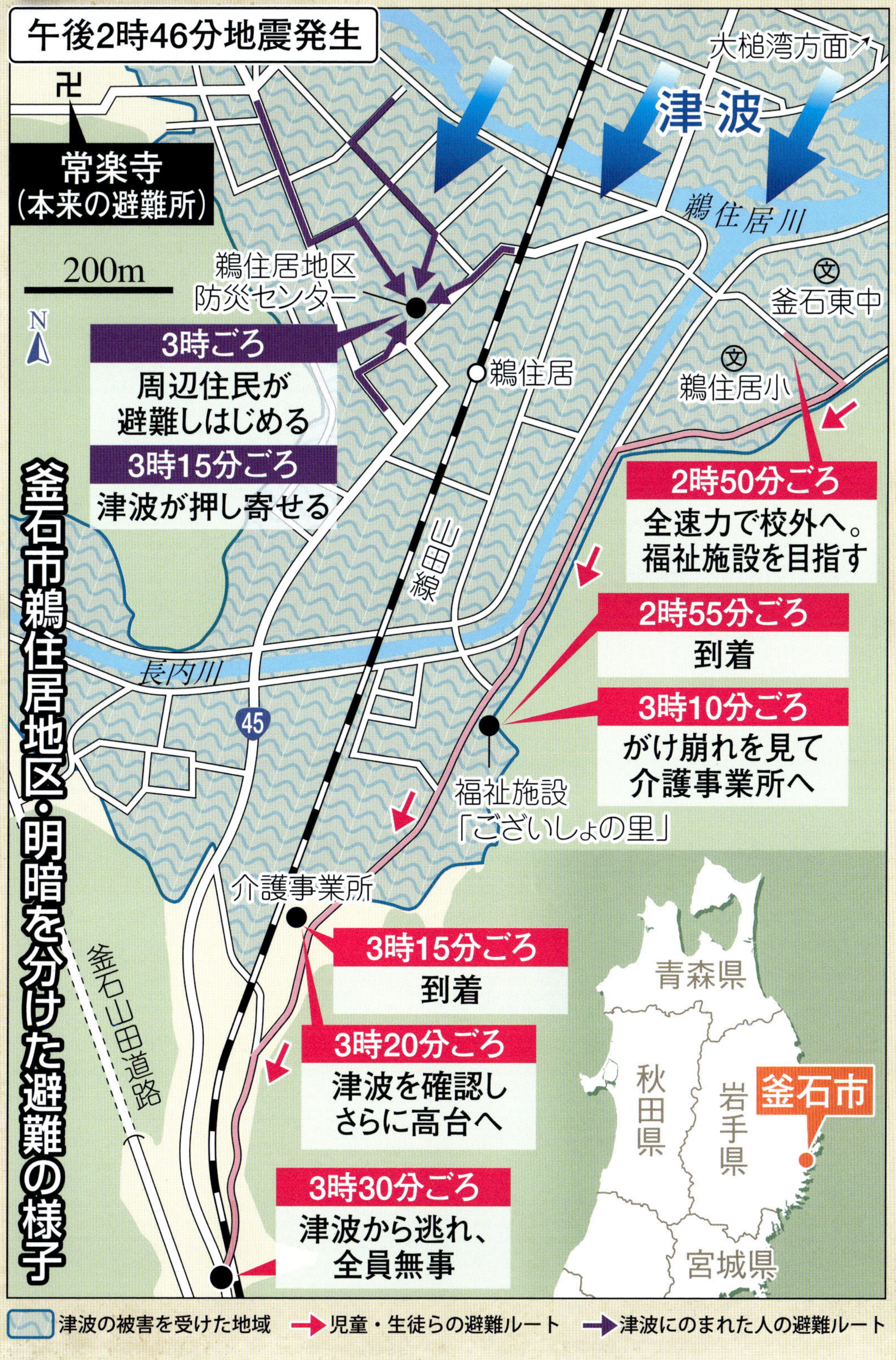

時（35）、孫の涼斗《すずと》君＝当時（6つ）＝もそうだった。この日実家にいた二人は、消防団員の実父に車で送られてきた。

震災の八日前、市職員も参加した津波避難訓練で防災センターは避難所に使われた。「万が一の時には、ここに避難するっていう感覚になってたよね」と菊池さん。だが実際は、防災センターは大雨

昨年3月11日、日ごろの訓練を生かし、津波が到来する前に逃げる釜石東中と鵜住居小の児童、生徒たち。鵜住居地区の住民が撮影＝片田敏孝・群馬大工学研究科教授提供

や土砂災害の際に身を寄せる避難所だった。

■「止まるな！」

地震から約十分後の午後二時五十五分ごろ、釜石東中の生徒らは七百メートル先のございしょの里に到着した。訓練通りクラスごとに整列、初めて点呼を取る。大きな余震が続き、裏山の岩肌が崩れた。「ここでは駄目だ」。より高台の介護事業所へ再び走り出した。

当時三年の菊池のどかさん（16）は、鵜住居小の男子児童と手をつないで逃げた。「大丈夫だよ」。不安そうな男の子を励ましたが、自分も恐怖で後ろを振り返ることができなかった。

三時十五分ごろに介護事業所に到着。再び点呼を始めると、「津波が来た！」と教諭が叫んだ。最後尾の村上副校長は「逃げろ、止まるな。自分の命は自分で守れ」と大声を上げ、さらに高台へ向かった。

いつもの所へ 悲劇

なれ合い訓練裏目

■2階天井まで

そのころ防災センターは百五十〜二百人の住民でいっぱいとなり市職員は受け入れに追われていた。突然、女性が「きゃー」と叫んだ。目の前の家が生き物のように動きだした。「中央さ集まれ」。誰かが呼びかけた直後、津波が飛び込んできた。

海側の窓ガラスは突き破られ、二階の天井近くまで黒波が襲った。カーテンにしがみつき、顔だけを突き上げて助かった人らが二十六人。建物内部で六十三人が遺体で見つかり、今も全体の犠牲者は分からない。菊池琴美さんは二階で、涼斗君は一階エレベーター前のがれきの下で亡くなっていた。

三時三十分ごろ、高台に着いた生徒らは町を見下ろした。町は津波にのまれ、

孫の涼斗君の遺体が見つかった鵜住居地区防災センター１階で線香を供える菊池通幸さん＝岩手県釜石市で

白煙が上がっていた。釜石東中は三階まで浸水し、最初に避難した「ございしょの里」も津波が押し寄せていた。

当時三年の山本真爾君（16）は「夢中で何も覚えてない。小学生と一緒に逃げたかも記憶がない」。菊池のどかさんは「初めて津波を見た時、死ぬと思った。真面目に訓練して、いつも早く逃げるように工夫していたから、生き残れたと思う」と振り返る。

■市は周知不足

鵜住居地区の津波避難所は本来、五百メートル離れた寺や神社の裏山だった。三年前に防災センターが開設すると、「避難訓練の参加率を上げたい」という住民の要望で、市は住宅地に近いセンターを仮の避難所に設定した。

市が当日の住民の行動を地図上で再現すると、海側からセンターへ避難の流れができた。山崎義勝市民生活部長（58）は「一番の問題は避難訓練のあり方にあった。顔見知りがいれば安心する群集心理も作用した。住民に混乱を招いたことは間違いない」と話す。

千四十七人が犠牲となった釜石市。鵜住居地区の住民がその55％を占める。野田武則市長は「本来の避難所ではないと強く周知すべき市の責任があった」と繰り返し陳謝している。

あれから一年となる二〇一二年三月十一日午後二時四十六分、菊池さんは市の合同慰霊祭には行かず、琴美さんと涼斗君が最後にいた防災センターで両手を合わせた。「悔しくてなんない。助けてやれなくって、ごめんねって」

震災後の建物内部はがれきだらけで、涼斗君が見つかったのは四月に入ってからだった。「市は地域の防災活動になれ合い感覚で指導してきた。もっと避難訓練に真剣に取り組むべきだった」という思いは消えない。

「じいちゃん、じいちゃん」と肩に乗ってくるのが好きだった涼斗君。「その感触も最近、薄れてきた」

（柚木まり、日下部弘太）

2012年3月12日 掲載

第16回
明暗②

高齢者誘導
生死分けた判断

南三陸の病院「3階は大丈夫」

■「津波6メートル」と情報

道路を挟んでわずか二十メートル。二棟の建物で明暗が分かれた。高さ一五メートルの津波に襲われた宮城県南三陸町で、町立志津川病院は高齢の入院患者百六人のうち七十人が犠牲になった。向かいの結婚式場「高野会館」では、約三百人の高齢客に被害はなかった。災害弱者の生死を分けたのは職員のとっさの判断だった。

天井が落ちてくると思ったほどの強い揺れが起きた午後二時四十六分、志津川病院の横山孝明事務長（58）は議会で町役場にいた。「津波が必ず来る」。すぐ病院に戻った。

病院は東西の二棟とも一、二階が外来、三、四階は寝たきりか歩くのが困難なお年寄りが入院している。病院の防災マニュアルでは、地震の際は入院患者を屋上か五階に上げることになっている。

三時ごろ、防災無線で「高さ六メートルの津波が来ます」と流れた。「三階は大丈夫だ。一、二階が危ない」。外来患者や近所から逃れてきた計百三十人の避難を優先させた。「院内の誰もが同じ認識だったと思う」と星愛子看護部長（56）。車いすや脚の弱い高齢者が五階

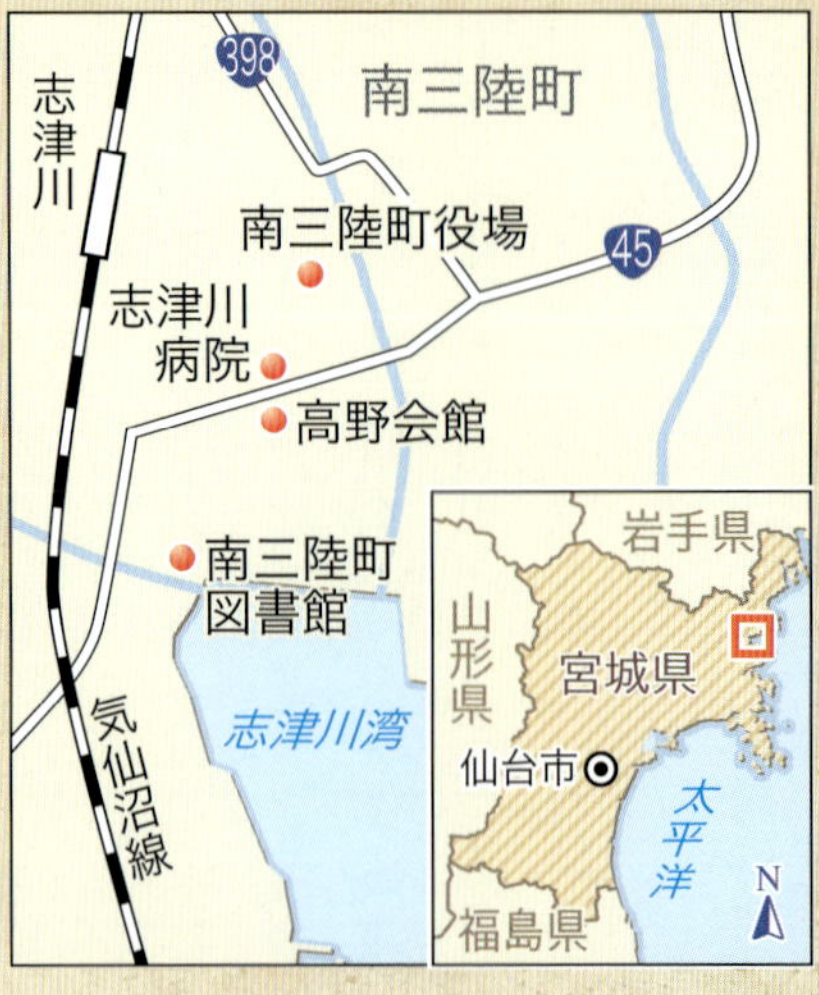

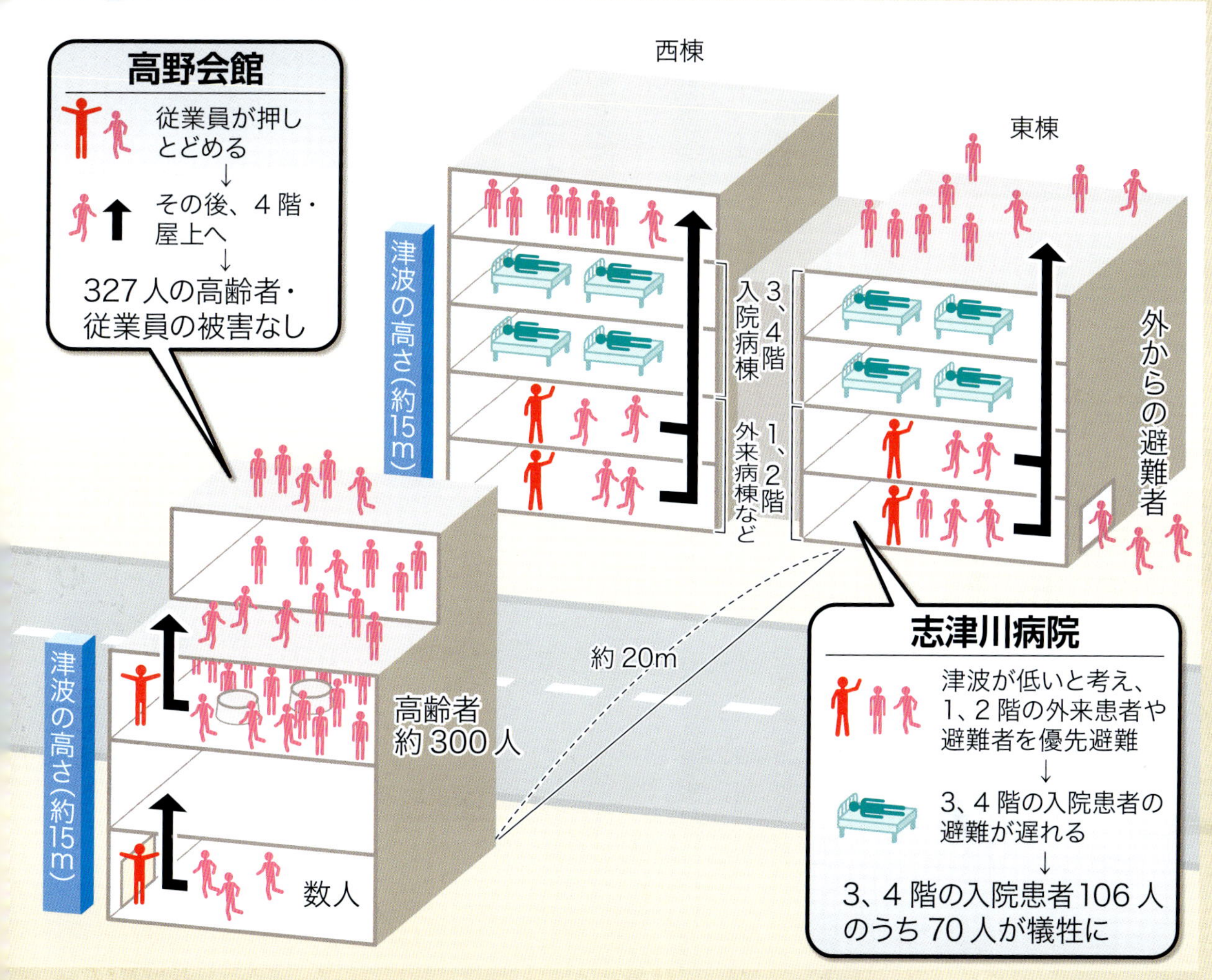
高野会館
従業員が押しとどめる
↓
その後、4階・屋上へ
↓
327人の高齢者・従業員の被害なし
津波の高さ(約15m)
高齢者約300人
数人
津波の高さ(約15m)
西棟
東棟
3、4階 入院病棟
1、2階 外来病棟など
外からの避難者
約20m
志津川病院
津波が低いと考え、1、2階の外来患者や避難者を優先避難
↓
3、4階の入院患者の避難が遅れる
↓
3、4階の入院患者106人のうち70人が犠牲に

や屋上に上がるのを手助けした。また、気持ちに余裕があった。

地震が起きた時、向かいの高野会館では、三階の披露宴会場で町の高齢者芸能発表会が開かれていた。閉会のあいさつ中、強い揺れに見舞われた。

結婚式場「家に帰してはダメ」

■帰宅望んだ高齢者

地震が収まると、客たちは「家がつけえ（近い）から」「ばば（妻）がいっから」と自宅に帰ろうとした。多くは男性だった。「津波が来る。帰してはいけない。スタッフみんながそう思った」と従業員の橋本共子さん（44）。伝わった情報は志津川病院と同じ「高さ六メートル」の誤った内容だったが、高齢客を帰せば、確実に津波に流されると考えた。

見送りのため階段近くにいた十人ほどの従業員が立ちはだかった。「けえんねで（帰らないで）、けえんねで」。誰かが階段を下りたら、みんな行ってしまいそうだった。自然に「けえってだめ！」と命令口調になった。

一階にいたマネジャーの高野志つ子さん(68)も「帰しちゃいけない」と直感し、数人の客を上階に誘導した。津波は、すぐそこまで来ていた。

歩けぬ患者 運びきれず

■濁流あっという間

三時半ごろ、志津川病院の横山事務長は二階まで人がいないことを確かめ、最後に五階へ上がった。そして、言葉を失った。海の方で家が浮き、流されていた。初めて事態の深刻さに気付いた。波はさらに膨れ上がった。「高さ一〇メートル」の防災無線が響いた直後、三階、続いて四階が黒い水にのみ込まれた。

「最初に見てから一分か、三分か。あっという間だった」

三、四階では、看護師らがシーツの四隅を持ち、寝たきりの患者らを順番に運んでいた。黒波が窓を突き破り、患者がベッドごと流された。百六人の患者のうち六十三人が死亡・行方不明となる。

高野会館の三階では、全員で三百二十七人がとどまっていた。動揺を鎮めるため、「水でも飲んで落ぢづがいん（落ちついて）」と従業員が手分けして水やお茶を配った。防災無線が「一〇メートル」と告げ、従業員は四階に客を誘導した。しばらくして「津波が来た！」。三階に残っていた数十人も防潮堤を越える大波に気付き、四階へ向かった。

会館の三階は病院の四階とほぼ同じ高さ。水は三階天井まで達した。狭い四階に全員は入れず、廊下や機械室も使った。従業員や元気な人は立ったまま一晩過ごした。「明日になれば絶対助けが来るから、頑張っぺし」と言い合った。

屋上で一夜明かし 無事

■医療器具も水没

病院では悲劇が続いていた。助けられた入院患者四十三人のうち、翌朝までに七人が死亡した。六人は低体温症、一人は慢性呼吸器不全だった。

一階の非常用発電機をはじめ、薬や医療器具はほぼ水没。酸素ボンベがあっても、吸引機材や点滴がない。「あったのは聴診器くらい。薬や機材があれば救えたかもしれない」と横山事務長。毛布が足りず、ガスが漏れる臭いがしたため、ファンヒーターも使えなかった。津波をかぶった患者が寒さの中、次々と息を引き取った。

夜が明けて、高野会館では、一人の女性が体調を崩していた。高野さんらは病院の屋上に人を見つけ、「どうすればいいですかー」と大声で助言を求めた。だが、返事は「こっちも大変で、手いっぱいですー」。医師や看護師のいる病院で多くの犠牲者が出たことは、後で知った。

■上階の患者が犠牲

結局、志津川病院では外から一階へ逃げ込んだ人は全員助かり、上階の入院患者ばかりが帰らぬ人となった。患者を助けようとした看護師ら三人も亡くなっ

逃げる

2011年3月11日午後3時40分ごろ、屋上まで水が押し寄せながら、従業員の誘導で犠牲者はいなかった高野会館。右奥に見える志津川病院では、寝たきりの患者が３階の窓からベッドごと流された＝高野会館提供

た。

病院入り口には、町民四十一人が死亡した一九六〇（昭和三十五）年のチリ地震で「津波水位　２・８メートル」という碑が立てられていた。戒めのはずの碑は「これ以上の津波は来ない」という意識を生んでいた。

横山事務長は悔やむ。「最初から高い津波を想定していれば、避難してきた人に患者の移動を手伝ってもらうこともできた。もっとスピード感を持つべきだった」

高野会館では、従業員の制止を振り切って外へ出た数人の客のうち、少なくとも一人が亡くなった。高野さんは「高齢の客がいなければ、従業員全員を家に帰していたかもしれない」と振り返る。

病院のすぐ北には、町役場と防災庁舎がある。ここでも職員四十一人が死亡・行方不明となった。「教訓」と言うには、あまりに多すぎる犠牲だった。

（日下部弘太、吉野淳一）

2012年3月19日 掲載

第17回

命を救う道路

盛り土高速 避難所に

階段なく登れぬ人も 宮城

東日本大震災で、仙台市や宮城県名取市を南北に走る高速道路・仙台東部道路は人工の「高台」の役割を果たし、のり面を駆け登った二百三十人が助かった。だが、震災前から東部道路を避難場所に活用できるよう求めていた住民は「避難用階段があれば、もっと多くの命が救われた」と指摘する。それは、次の震災に備え、各地の道路会社や行政が取り組むべき課題でもある。

「避難所ではなく、最初から高速道路へ逃げるつもりだったので助かった」。仙台東部道路の方向を指さし、当時を振り返る大友文男さん＝仙台市若林区で

大友文男さん・ひさよさん夫婦の避難経路
500m
今泉IC
54
仙台若林JCT
避難所に行かず、高速道路へ。周囲の人に押し上げてもらい、1.7mの壁を越えた
大友さん宅
ひさよさん
東六郷小
本来の避難所。安全と信じて避難した多くの人が津波にのまれ犠牲となった
津波を警戒し、走って高速道路へ。のり面をよじ登り助かる
❸
仙台東部道路
10
警察官に止められ車を降りて橋を渡る
❷
名取IC
129
閖上小
閖上中
名取川
文男さん
❶
県道を軽トラックで走行中、強い揺れを感じる
津波
太平洋
N
※地図内はすべて浸水
津波被害が多かった地域

逃げる

（上）2011年3月11日、高速道路の仙台東部道路へのり面からよじ登り、津波を逃れた人たち。右側の人は、道路下に押し寄せた津波を見つめている＝仙台市内で（東日本高速道路提供）（下）東日本大震災後、仙台東部道路ののり面に建設された階段。震災の犠牲を教訓に、津波が来た際に避難しやすくした＝仙台市若林区で

■「何もできず」

　農家の大友文男さん（80）は肥料を軽トラックに積み、名取市から仙台市の自宅へ帰る途中に強い揺れを感じた。閖上《ゆりあげ》大橋の手前で警察官に「津波が来る」と止められた。「家に妻がいる」。制止を振り切り、車を降りて五キロ離れた自宅へ走った。

　橋を渡ると、誰かが「津波が来るぞー」と叫んだ。海を背に仙台東部道路へ向かう。盛り土で造られた道路ののり面をよじ登り、下を見た。「がれきから、人から、車から…。何もかもが流れてきた」。黒い波から「助けてーっ」と悲鳴が聞こえた。「何もできんかった」

　自宅にいた妻のひさよさん（78）も、市が避難所に指定していた東六郷小学校に行かず、反対方向の東部道路を目指した。自宅から百メートル。のり面手前に高さ一・七メートルのコンクリート壁があり、登れずもがいていると、周囲の人が押し上げてくれた。インターチェンジを歩いて逃げてくる人もいた。

　一方、四百四十五人が避難した東六郷小は体育館や校舎二階まで津波が押し寄せ、多くの人が流された。正確な犠牲者は不明だが、大友さんの知人だけで八人が死亡・行方不明となった。

■署名集めても

　大友さん夫婦は普段から「万一のときは東部道路へ」と話し合っていた。

　自宅は一九六〇（昭和三十五）年、チリ地震津波で高さ三十センチまで水が来た。当時から「もっと高い津波が押し寄せたらどうしよう」と思っていた。「近い将来、高い確率で東北地方に大地震が来る」という報道が増え、不安はふくらんだ。

　東部道路は高さ五～十メートル。大友さんら地元住民は二〇〇八年ごろから、道路を管理する東日本高速道路へ「避難所に利用させてほしい」と求め、一万五千人の署名も提出した。ただ、関係者以外の自動車専用道路への立ち入りは道路法で禁じられている。同社からは「命がかかった状況で逃げ込むのは止められないが、避難所は難しい。何ができるか検討したい」との回答しか得られなかった。

　二〇一〇年十月には、東北を襲った推定マグニチュード（M）8・3の貞観地

震（八六九年）を研究する東北大の今村文彦教授を招き、講演会を開催。「同規模の地震なら津波は東部道路を越えない」と教わった。その五カ月後、震災は起きる。

■改善されても

東日本高速道路は震災後から二〇一二年二月までに、東部道路と隣接の常磐自動車道の十三カ所に避難用階段を取り付けた。交通事故に遭わないよう、道路わきに避難用ゾーンもつくった。

関係者以外の立ち入りを禁じる道路法と矛盾しないよう、「職員が管理・点検に使う階段」と名目をひねり出した。住民は管理の一環として清掃を手伝う「関係者」扱いで利用を可能にした。設置費用は一カ所で二百万～三百万円。同社は「本来は市や県が設置費を負担すべきだとの思いはあったが、仙台市からの強い要請に折れた」と説明する。

仙台市は東部道路の階段を避難地図に載せ、全四十万世帯へ配布した。それでも大友さんの心は晴れない。「もっと早めにしていれば、犠牲者は少なかったはずだ」。高速道路で命が救われ、その周囲で命が奪われた事実は「悲劇がなければ対策は進まないのか」という命題を突きつけている。　（伊藤隆平）

東海でも活用計画
のり面は進展　階段設置は停滞

津波の避難場所に高速道路を活用する計画は愛知、三重、静岡県でも広がっている。のり面を避難場所にする動きは進んでいるが、避難用階段の設置は安全面や費用面から停滞。震災の教訓を生かしきれていない。

愛知県西部の海抜ゼロメートル地帯にある弥富市、蟹江町、飛島村は二〇一一年七月、東名阪自動車道と伊勢湾岸自動車道へインターチェンジ（ＩＣ）から歩いて避難する許可を中日本高速道路へ依頼した。名古屋第二環状が走る大治町も九月に要望。中日本は「交通事故の危険性があるが、緊急時の利用は止めない」と回答した。

この四市町村を含む県内の沿岸三十一市町村と県でつくる津波対策推進協議会は、のり面の使用を中日本へ依頼。弥

高速道路への避難を求めている
愛知・三重・静岡3県の市町村

富、蟹江両ＩＣ付近のみ許可を得た。伊勢湾に面した三重県桑名市は東名阪自動車道でのり面利用を求め、長島、桑名東両ＩＣ付近などで使用を認められた。静岡県では静岡市と焼津市が東名高速道路ののり面を利用する許可を受けた。

愛知県の四市町村と愛西市、あま市は中日本と国土交通省に、盛り土部分ののり面や高架へ上る階段の設置も要望。中日本の回答は「現時点でその考えはない」。震災前の東日本高速道路と似た対応だ。蟹江ＩＣののり面で階段取り付けを求める蟹江町は「早期実現のため、町の費用負担も検討中」という。国民の共有財産である高速道路を「命を守る道」とするよう、関係者の取り組みが必要となっている。

逃げる

高速道路の活用法
識者に聞く

三菱総研　社会システム研究本部
古明地　哲夫　主任研究員

救急搬送にもメリット
住民への周知不可欠

高速道路へ避難するには、どのような課題があるのか。東日本大震災後に研究を進めている三菱総合研究所社会システム研究本部（東京都）の主任研究員、古明地《こめいじ》哲夫さん（44）に聞いた。

（聞き手・伊藤隆平）

●東日本大震災で高速道路へ避難して助かった例は

仙台東部道路に登った230人のほか、同じ盛り土型の三陸道宮古道路で岩手県宮古市の住民60人がのり面を登り助かった。

●周囲に高い建物がない地域では、高速道路が有効

避難ビルを新たに建設するのは時間と費用がかかる。阪神大震災で高速道路が倒れたイメージが残っているが、その後に耐震強化され、揺れに強い道路が増えた。緊急車両による避難者の移送もしやすい。

●高架へ上る階段の設置を求める自治体もある

インターチェンジから上る方法もあるが、階段の方が安全だ。住民も日ごろから避難先を認識できる。設置費は道路管理者が一部を払ってもいいが、第一には責任を持って市町村が負担すべきだろう。その上で両者が相談し、道路上にゼブラゾーンを設け避難者の集合場所を決めた方がいい。

●避難用階段があるだけで、多くの命が救われる

ただ、住民が速やかに逃げられるよう、日ごろの避難訓練は必要。車いす利用者や高齢者のためのスロープの設置や、地元以外の人も分かる看板もあるのが望ましい。平常時に人が入るのを抑止するため、柵を建て、ブザーの鳴る開閉ボタンをつけるのを勧める。

●逆に、高速道路を避難場所に使う問題点は

高速道路は津波を想定して造られていない。場所によっては高さが足りず、がれきや船などの浮遊物が橋脚を壊す恐れもある。横からの力にどれだけ耐えられるか、土木技術者や学識経験者が本格的な研究を進める必要はあるだろう。

2011年11月28日 掲載

第18回
避難所の誕生 ①

極限のリーダーシップ
宮城・石巻の7日間

食料調達や分配奔走

「地球が壊れると思った」という揺れと津波の後、被災者は着の身着のまま避難所に駆け込んだ。飢えと先行きの見えない不安。知らない人間同士が肩を寄せ合い、生き抜くため、避難所はいかにして立ち上がり、どう運営されたのか。

三月十一日、沿岸の製氷工場に勤める宮城県石巻市の西野嘉一さん（58）は、JR渡波《わたのは》駅で津波に遭遇。車ごと駅まで流されてきた市民ら約百人と夜を明かした。十二日未明、避難所に指定されている近くの渡波小学校へ水につかりながら歩いた。

学校でわずかな乾パンを渡され、ほっとしたが、備蓄食料はそれだけだった。避難者は千人以上。携帯電話は通じず、役所へ連絡も取れない。「先生は児童や保護者の対応で精いっぱい。自分たちで食料を確保するしかなかった」

一人でがれきの街を歩き、スーパーなどで食料の無償提供を求めた。店主の承諾を得ると、学校に避難する高校生や女

▌リーダー西野さんの震災から7日間

3月11日	•JR渡波駅で津波に遭遇
	•約100人と一夜を明かす
	•消防署にトランシーバーを探しに行くが入手できず
12日	•渡波小へ100人の受け入れ要請
	•付近の店を回り食料を集める
13日	•食料を探しに来た近くの高校の避難者に菓子を分ける
	•家族の無事を確認
14日	•大型スーパーの食料を独占した学校に交渉へ
	•1トントラック1台分の食料を提供してもらう
15日	•渡波小に給水車到着。市職員も訪れ市主導の避難所運営開始
16日	•食料をくれた学校に礼に行く
17日	•帰宅

性らにも協力を求め、浸水していない棚の品物をかき集めた。十二日昼の食事は一教室二十数人につき、菓子パン十個、せんべい袋とチョコレート袋が各二袋、二リットルの飲料水二本だった。

極限状態の集団生活で、不平等はいさかいのもと。食料を配る時はスーパーの買い物かごに入れ、「今日の分はこれだけです」と全員に見せるようにした。食料を持参してきた人には「他の人に分けてとは言わない。でも、食べる時は全員に食料を配った時にしてほしい」と求めた。

津波が襲った直後の渡波小学校。避難者はがれきの山を縫うように歩いて食料を集めた＝吉野百代さん提供

十三日になって各教室の班長が決まる。食料は一つの教室に保管。学校職員とリーダー、班長以外は立ち入り禁止にした。西野さんは「目の前のしなくちゃいけないことをしていたら、いつの間にかリーダーになっていた」と振り返る。

そんな中、近くの別の学校が大型スーパーとの間で、物資供給の独占契約を結んでいると情報が入った。「私に校長代理の肩書をください」。十四日、西野さんは渡波小の校長に頼み、その学校へ交渉に出かけた。校長代理の証明者として寺の住職も同伴した。相手の学校はすぐに食料の分配を快諾。ただ、食料を運ぶ間は「ここにいてください」と教室で待たされた。保管量は見せようとしない慎重さだった。

持病で薬が必要な被災者のため、薬局も訪れた。「処方箋がないと出せない」と言う薬剤師と交渉し、被災者の名前や薬の種類を書いて記録することで薬をもらった。

食料は充実していると言えない日々が続いたが、それでも「渡波小は食料があるらしい」とうわさになり、近くの避難所から次々に「食べ物を分けて」と要請が来た。どの避難所も必死だった。そして十五日、学校へ給水車が到着。市主導の避難所運営が始まり、ようやくサバイバル状態を乗り越えた。

西野さんは十三日まで母と連絡が取れない状態だったが、避難所運営を優先し奔走した。「最初に乾パンをくれた渡波小の恩に報いたかった。母もきっと『目の前にいる人を大事にしなさい』と言っただろうから」

西野さんが勤めていた製氷工場は壊滅し、現在は求職中。渡波小の事務職員の吉野百代さん（44）は振り返る。「西野さんは交渉能力があり、創意工夫ができる人。災害時のリーダーと平時の社会的地位とは違うと感じました」

（沢田千秋）

「生き延びる」規範生む
物資充実で感情噴出も

未曽有の大災害に直面した人々は、身体だけでなく心理面も激しいダメージを受けた。災害心理学が専門の広瀬弘忠・東京女子大名誉教授によると、人は生き抜くために負の感情を抑圧する本能を身に付けているという。避難所内でも、サバイバルのための規範意識が自然と生まれ、運営に役立っていた。

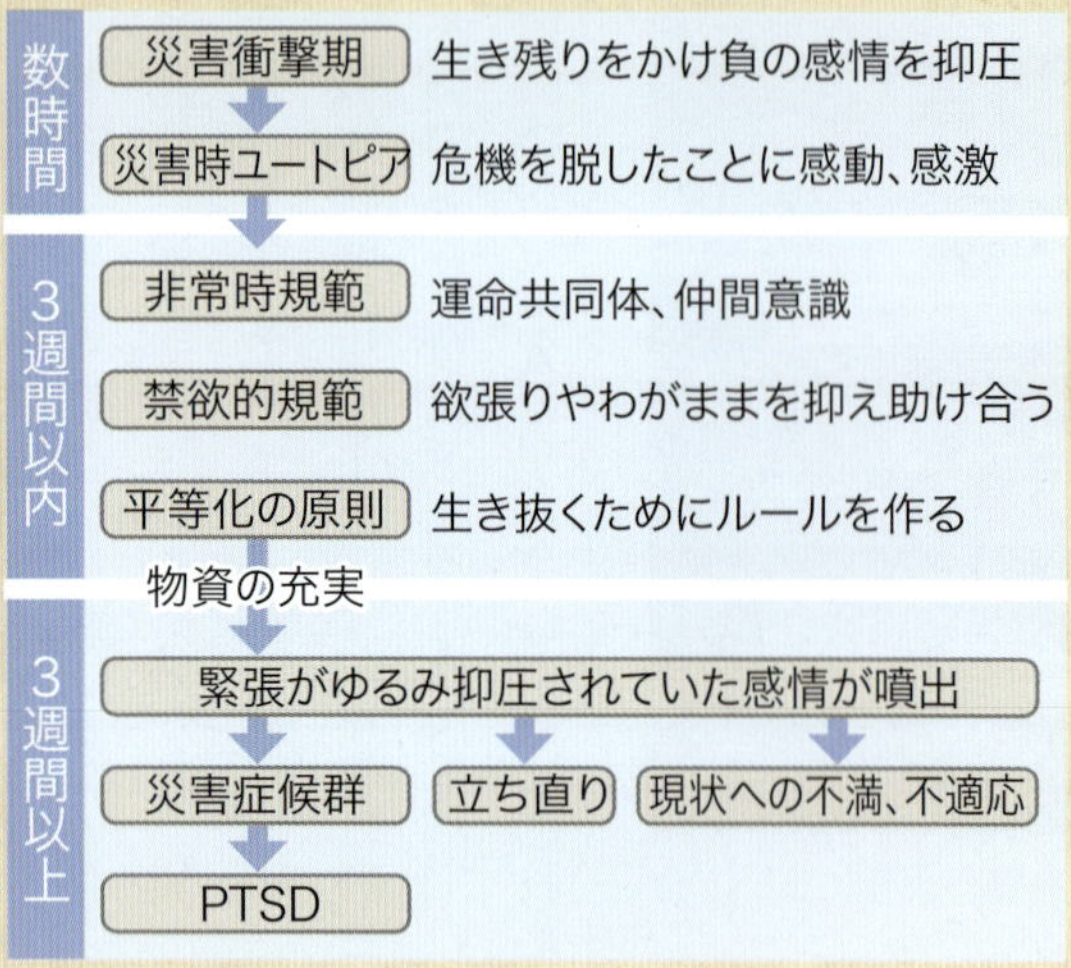

東日本大震災での被災者の心境変化
※広瀬弘忠・東京女子大名誉教授の分析

広瀬氏は東日本大震災で、地震発生から津波の最終波がひくまでの数時間を「災害衝撃期」と呼ぶ。この間、人間は元来持つサバイバル能力を発揮する。がれきが渦巻く津波を泳ぎ切ったり、重い家具を持ち上げ、下敷きの人を助けたり。「火事場のばか力」が出る間、恐怖や悲嘆など、生きる妨げとなる感情は抑え込まれる。

衝撃期の直後は「災害時ユートピア」という意識になる傾向がある。「助かってよかった」と周囲と一緒に多幸感、至福感に浸る。「自分がこの先も生きていくと確認し、ある種の感動や感激を覚える」という。

命の危機は脱したものの、その後の避難所生活では食料や燃料が不足し、飢えと寒さが続いた。いつ物資が届くか分からない中、被災者の間で生まれたのが「非常時規範」。運命共同体という意識が互いに助け合い、足らざるを補う心を生んだ。「大変なのは自分だけではない」と自我を抑制する「禁欲的規範」も広まる。初期の避難所では、生き延びる共通の目標のもと、平等化の原則が働いたという。

しかし、物資が一人一人に十分に行き渡ると規範意識は緩んでくる。「『生き延びよう』が『生き延びた』になった時、抑えられた感情は解放される」と広瀬氏。今回の震災で最も規範が維持されたのは最初の二、三週間とみる。

避難所運営をめぐって不満が噴出し、被災者間の争いが起きやすいのもこの時期。恐怖や悲しみもよみがえり、不眠や持病の悪化、頭痛などを患い、心的外傷後ストレス障害（ＰＴＳＤ）を発症する人も出る。

広瀬氏は「例えば、親を亡くした人が『自分が死ねば親は助かった』と考えてしまうとＰＴＳＤの前兆。カウンセリングを受けるべきだ」と指摘。さらに「物資が行き届いても、せっかく築いた絆を分断するのではなく、街の復興にその絆を生かしてほしい。嘆いても街や人の命は戻らない。災害を新たなスタートととらえ、前を向いてくれれば」と提言する。

避難所の医療
医師に聞く

名古屋第一赤十字病院
花木 芳洋さん

衣食住 役割分担を

東日本大震災で各地に設けられた避難所では、医師らはどのような救護活動を展開したのか。宮城県の被災地などに3度赴いた名古屋第一赤十字病院（名古屋市中村区）の救急部長・花木芳洋医師に聞いた。

（聞き手・林勝）

●現地の活動で感じたことは。

私たち初動班は3月12日に被災地に入った。今回の震災は津波にのまれて亡くなった人が多く、地震で大けがをするなど救急医療が必要な患者は少なかった。

その代わり、避難した人たちは「今後、医療を受けられるか」を心配していた。糖尿病の治療などで通院が必要な人もいたが、地元の多くの病院が被災した。宮城県白石市では、市内の医療機関の被災状況を調べるよう市に依頼し、診療可能な病院などの案内を市役所玄関に掲示すると、安心する方がたくさんいた。そういう医療情報の重要性を感じた。

●避難所で救護班が気に掛けたことは。

避難所によっては人の密度がとても高いところがあった。そうすると、体を動かすことが極端に少なくなるので、血管内に血栓ができて肺塞栓《そくせん》症（いわゆるエコノミークラス症候群）などの病気になりやすくなる。私は救護班として指示し続けたのは、体が弱くても動ける人にはできるだけ食事の場所まで歩いてもらうこと。支援しすぎることで病気の原因をつくっては復興の妨げになってしまう。

●震災直後、避難所を支える人手は不足していたのでは。

本来なら医療の役割でない多種多様な要望があった。食料や毛布の提供、手洗いの水の用意、足腰の弱いお年寄りに段ボールで簡易ベッドを作った医師らもいた。確かに、衣食住を整えることは病気の発生や悪化を抑える。しかし、そうした役割まで医療側が引き受けることになると、専門性が発揮できなくなることがある。

行政職員や被災者を含め、住民がそれぞれ役割を果たそうとすれば、医療態勢も整いやすく、質の高い活動ができる。もし、大都市が被災した時に地域のコミュニティーが機能しなかったら、おそらく医療活動もままならなくなる。災害時に医療がすべき役割をあらためて多くの人に考えてほしい。

2011年9月5日 掲載

第19回
避難所の誕生 ②

難題みなで知恵絞る

宮城・石巻の洞源院

約束事守り深めた絆

東日本大震災では避難所に指定されていない施設にも被災者が詰め掛け、臨時の避難所が数多く生まれた。宮城県石巻市の古刹《こさつ》「洞源《どうげん》院」もその一つ。災害を想定した備蓄はなく、行政の支援も滞る中、住職と被災者が一体となって苦難を乗り越えた。

「地震の夜は底冷えし、星がよく輝いてました」。曹洞宗洞源院の住職小野崎秀通さん（63）が振り返る。寺院にはすでに二百人以上が詰め掛けていた。震える人々に約百枚の毛布、十台ほどの灯油ストーブを出した。寺が中高校生の部活動の合宿に使われていたことが幸いした。

食料は三十キロの玄米が六袋。一日目はおにぎり、二日目は水で極力薄めたおかゆ。避難者は三日目には四百人に膨れ上がり、玄米も底をついた。

洞源院の八カ条

一、みんなで元気よくあいさつをしよう。
二、履き物を整え、常に整理・整頓・清潔に心がけましょう。
三、何事もお互いに譲り合い協力しマナーを守りましょう。
四、天気の良い日は日光浴と散歩をしましょう。
五、わずかな物でも分け合いましょう。
六、自分のできることは何でも手伝いましょう。
七、神仏を敬い、感謝の心を常に忘れないようにしましょう。
八、生活に必要な規則を作り皆で守りましょう。

近くの市役所支所へ歩いていったが、職員の返答は「本庁と連絡が取れず、何もできない」。長期戦を覚悟し、食料の調達係、調理係、トイレ係、洗濯管理係などを決めた。

避難者らは被災していない民家を回り、「お米を分けてほしい」と〝托鉢《たくはつ》〟のように食料を求めた。飲み水は片道六キロの簡易水道まで歩いてくみ、洗濯や洗い物は沢の水を使い、ドラム缶で沸かした湯で体を流した。

洞源院の住職・小野崎秀通さん

避難者も一緒にお経を唱えた朝のお勤め＝2011年5月、洞源院で

難題の一つがトイレ。大便だけ少量の水で流していたが、寺のタンクはすぐ満杯になった。震災から三日目、知人を通じて仮設トイレ調達のめどがたった。あとはし尿の処理。回収業者は「車は燃料不足だし、道路の寸断で処理場へ運搬できない」と渋った。

小野崎さんは「一度の回収につき、ガソリン二十リットルを渡す」と条件を提示。「し尿は海に流して」と独断で頼んだ。背に腹は代えられなかった。ガソリンは避難者が自分の車などから集めた。

震災五日目。道路が復旧し、約七キロ離れた市役所に向かった。「誰が何の担当かも分からず、たらい回しにされた」。災害本部の体をなしていないと失望して帰宅した。

初めての食料配給は震災から一週間後。三月下旬にはようやく、市がプロパンガスを提供してくれた。一カ月後に補給を頼んだ時、市が「担当が代わったので、そんな話は知らない」と拒絶すると、電話口で怒った。「こっちは三百人以上の命を預かってるんだ。市長に、住職が『首を洗って待ってなさい』と言ってたと、必ず伝えなさい」。驚いた市はガスの提供を続けた。

毎朝のミーティングでは自ら作った「約束八カ条」を徹底。ボランティアに個人的なお願い事をした人には「約束を

避難所となった洞源院の1日

時刻	内容
0:00	消灯・就寝
6:00	起床
6:30	ラジオ体操、散歩、薪拾い
8:00	朝食
8:30	ミーティング
9:00	各係の仕事、自宅やその周辺の片づけ
12:00	昼食
12:30	各係の仕事、自宅やその周辺の片づけ
16:30	夕食
17:30	津波の体験、家族の安否など語り合う
21:00	消灯・就寝
0:00	

守れない人は出て行ってくれ」としかった。ラジオ体操や日光浴も取り入れ、動けない高齢者に「他人と接する時は笑顔でいて」と頼んだ。訪れるボランティアからは「ここの避難所は明るいですね」と言われた。

四月に入り、避難者でいっぱいだった本堂に少し余裕ができ、朝のお勤めを再開した。すると、周囲で寝起きする避難者も読経を覚え、いつしか全員が唱えるように。本堂で誰かの葬儀があれば、避難者もみな手を合わせた。「寺の生活で生死《しょうじ》を共にする中で、避難者は生きていることを実感し、前を向く気になったのでは」

八月七日、洞源院の避難所は解散した。その後も避難者と寺の互助組織「洞源院叢林《そうりん》舎」をつくり、避難生活で築いた絆を地域で引き継いでいる。

「約束事を守り、みんなができることを少しずつやることで、絆を深め合えた」と小野崎さん。がらんとした本堂で、つぶやいた。「もう二度とあってはならないが、再び震災が起きたならば、また、みなさんを受け入れるでしょうな」

（沢田千秋）

増える「下水道式トイレ」

東海地方の各自治体も災害に備え、避難所に食料を備蓄しているが、手法は異なる。

名古屋市は学校や公民館など七百九十五カ所を避難所に指定し、一律に乾パン二百五十六食を備蓄。区と市の倉庫にある非常食のアルファ米を合わせると、四十万食を保管する。ただ、避難所と倉庫を結ぶ道路が寸断された場合、各避難所の食料は十分とは言えない。市の担当者は「施設の保管量に限界があり、倉庫に置かざるを得ない。名古屋のすべての道路が通れなくなることはないだろう」との見方を示す。

津市は地域の人口や被害想定によって、避難所ごとに乾パン二百四十～三千食を配備。アルファ米二千食を置く施設もある。岐阜市は避難所のうち小学校にだけ乾パンやアルファ米などを備蓄。防災計画で小学校を災害拠点としているた

和式はそのまま、洋式は便座を置いて使う下水道式トイレ
（愛知県豊田市提供）

避難所の支援 NPOに聞く

NPO法人ユースビジョン
赤沢 清孝 代表

災害弱者のケアを

高齢者や障害者など「災害弱者」をどのように支援すればいいのか。2011年3月17日から宮城県内の避難所などで活動したNPO法人「ユースビジョン」（京都市）の赤沢清孝代表（37）に聞いた。

（聞き手・林勝）

●被災地でどのような支援態勢を組んだか。

高齢者や障害者、子どもの教育などに取り組む各NPOが「被災者をNPOとつないで支える合同プロジェクト」（つなプロ）を2011年3月14日に結成。私は事務局で情報収集や連絡役を務めた。

●つなプロの具体的な活動は。

多様なNPOや公的機関と連携して、被災者の細かなニーズに応えた。多かったのが小麦や卵など食物アレルギーの子どもの問題。弁当や炊き出しが食べられないので、アレルギー対応食の手配をした。人工肛門を失った人のため、地元の高齢者支援団体に連絡を取って現物を用意。被災のショックで手足をかむ自傷行為をする子どもがいれば行政に対応を求め、硬い床の上で動けない高齢者には床ずれを防ぐマットを届けてもらった。

●そうした活動も本来は自治体職員がやるべきことでは。

災害直後の職員は、多くの被災者に共通する支援を提供することが第一。細かな要望に手が回らない。災害弱者も我慢して声に出さない面もある。

●ＮＰＯのスタッフはどうやってニーズを探し出したのか。

避難所の運営者に「食欲のない子どもはいませんか？」と尋ねたり、自分で避難所の状況を確認したりした。専門知識や経験のあるスタッフのほか、大学生ボランティアらがチームを組み、「自分で動けないお年寄りはいるか」「つえや車いすが必要な障害者はいるか」などを書いたチェックシートを基に状況を把握した。

●中部地方で震災があり、私たちが支援するとしたら。

苦しい事情を伝えられない災害弱者は多い。「何か困ったことはありますか？」と漠然と聞くのではなく、困っていることを予測して質問を投げかける。そして自治体や専門団体との連絡役となり、具体的な支援につなげることが大切だ。

2011年9月19日 掲載

めという。

大津波に備える三重県尾鷲市は市役所周辺などを除く大半が、津波や土砂災害の被害想定地域。人口の一割の約二千人が三日間食べられる食料を各避難所に配分している。

トイレでは近年、下水道に直結した穴を開けた「下水道式トイレ」を導入する自治体が増えている。普段はマンホールをかぶせ、非常時はくみ取りの必要もない。愛知県豊田市は三十四の小中学校に約十基ずつ配備。組み立て式便座や間仕切り用テントも保管し、いつでも使える状態にしている。山間部を除く避難所に指定された全小中学校に整備する。

第20回
避難所の誕生
③

もめ事続出 疲弊する心

石巻・門脇中

「声が大きい者」強く

東日本大震災の発生直後、東北三県では多い時で千八百カ所の避難所に五十万人が身を寄せた。見も知らぬ人同士が極限状態で集まる避難所は、必ずしも順調に運営されたわけではなかった。避難者たちは当時を振り返り「恥ずかしい話だけど教訓になるなら」と、避難所の裏側を語ってくれた。

震災当夜、宮城県石巻市の門脇中学校体育館には、千人近い被災者が押し寄せた。ぎゅうぎゅう詰めで、みな、ひざを抱えて座るしかなかった。停電による暗闇で「年寄りはトイレが近いから隅っこへ行け」「足を踏むなあ」と怒号が飛び交う。雪が降る中、体育館に入れなかった人はトイレ内でうずくまった。幼い子の泣き声が一晩中響き、学校中が殺気立っていた。

避難者の一人、山内秀頼さん(52)は「こりゃいられないと思って親戚や知人とこ行った。一カ月も居候すると結局、避難所に戻るしかなかったけど、妹は避

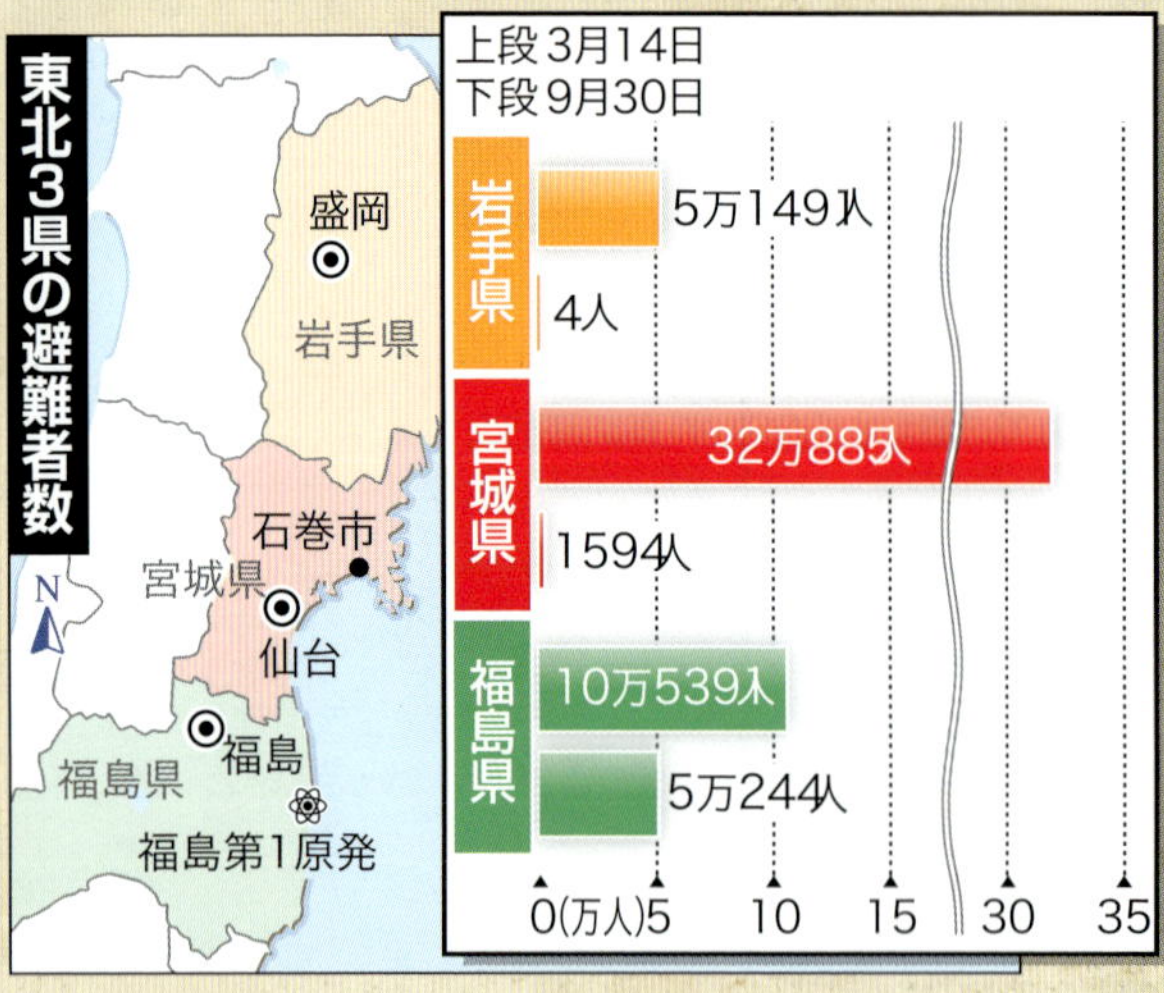

難生活の疲れで心を病んで入院した」と語る。

門脇中の臨時職員、宇都宮雅博さん（54）も「以前はピンピンしていた母が、寒い避難所でずっと身動きが取れず、震災の三日後には一人で歩けなくなった」と打ち明ける。四月七日には敗血症で死亡。せっかく生き延びても、震災のストレスに耐えられなかった人は多かった。

一時は1000人近くが身を寄せ、怒号が飛び交った門脇中学校＝2011年3月、宮城県石巻市で

中学一年の菊地未准《みのり》さん（12）は、津波から逃れてJR仙石線の線路上で一夜を明かし、門脇中に避難した。それから三日間、一度もトイレに行かなかった。

「水が流れず、汚いトイレに行くのがいやだった。飲み物も食べ物もできるだけ取らず、体も動かさないようにして我慢した。めちゃくちゃおなかが痛かった」と、まだあどけない顔をゆがませた。

プールの水をトイレに流すようになって、ようやく行けたという。菊地さん一家は四カ月間、調理室で寝起きする生活を続けた。

門脇中の教室でリーダーを務めた中島洋明さん（61）は「もめ事の一番の要因はスペースの広さと位置の問題。みんな風通しがいいところや温かいところに行きたがった」と振り返る。

教室内にいびきがひどい人がいて、周りの安眠の妨げになったことがあった。中島さんは本人以外の全員を回り、「絶対に面と向かって『うるさい』と言っちゃいけない」と諭した。直接、注意すると「同じ避難者なのに偉そうに」とトラブルが起きやすい。ボランティアや市職員など必ず第三者を通して注意し、避難所の平穏を保つ努力をした。

門脇中では率先してリーダーになる人が少なく、主に年長者が選ばれた。中には、倉庫にある支援物資を自分の好きな人や協力的な人にだけ配るリーダーがいた。見かねた市職員が倉庫の鍵を管理するようになり収まったが、その後もこっそり物資を取り出して分配していた。ある避難者は「人気取りのためにそこまでやるかとあきれた」と憤る。

市内の別の小学校では、学校生活と避難所の共存の難しさが浮き彫りになった。授業が再開すると、子どもたちの声を「うるさい」と怒る避難者がいた。一方、女性教諭は「給食が再開したばかりで、子どもたちは牛乳とパンしか食べられない中、避難所から炊き出しのいい匂いがしてきた」と話す。炊き出しを給食にすることは食品衛生法に抵触する。

「おまけに、余った食事を捨てているのも見せられ、子どもたちには気の毒だった」

「避難所では、声が大きい者、強い者勝ちだった」と中島さん。怒鳴る人がいると、子どもや女性、お年寄りはびっくりしておびえていた。小さい子どもがいる家族は数日間で次々と出ていった。

「極限状態の団体生活という意味では、戦争中とおんなじだよ」と話し、自戒を込めた。「すべてのトラブルは個人のわがままに尽きた。二、三人だけじゃ怖くて言えなくても、みなで団結すれば立ち向かえたかもしれない。その勇気が必要だった」

（沢田千秋）

津、震災後活発に
住民自ら「避難ビル」探し

未曽有の津波被害が起きた東日本大震災を受け、伊勢湾内に面し、津波への危機意識が比較的薄かった津市で、住民が民間ビルを避難所に登録する動きが活発化している。

「今でも東北のような津波は来ないだろうと考えてしまうが、万一に備えることが大切と思うようになった」。津市敬和地区自主防災協議会の中川幹夫会長（82）が震災後の心境の変化を語る。

東海、東南海、南海の三連動地震が起きた場合、国の中央防災会議のマグニチュード（M）8・7の想定では、地区の津波浸水時の深さは防潮堤が倒壊しても一メートル以下。津波の避難訓練はめったに行わなかったが、三月の震災で変わった。

地区は低層住宅が密集し、高齢者が多い。長距離の避難が難しい住民のため、自主防災会がビル所有者に「万一の駆け込み先にさせてほしい」とお願いに回っている。二階建て住宅が浸水すると想定し、三階建て以上の病院やマンション、駐車場など十九棟で同意を得た。「目標の住民千六百人分の避難スペースは整った」と胸を張る。

津市の沿岸部では、自主防災会が競うように避難ビルを探す動きが広がってい

緊急津波避難ビルに指定した病院の前で語る中川さん＝津市乙部で

る。行政は「二十四時間、常に開放できること」など指定条件が厳しいのに対し、自主防災会の要請は「できる範囲での開放」。日ごろの付き合いを生かし、協定書を締結せず口頭の約束にとどめるケースもある。

一方、津市役所の指定は三十六棟で、M8・7を想定した浸水区域の人口六万人を上回る八万千五百人のスペースを確保した。ただ、内閣府の有識者会議が二〇一二年三月末に公表したM9・0の巨大地震を想定した調査では、浸水区域が大幅に広がる恐れがあり、さらに避難ビルが必要となる。市防災室の担当者は「津波はとにかく遠くへ逃げることが大切だが、必ず逃げ遅れる人が出る。住民と連携し、避難ビルを増やしたい」と話している。

（鈴木龍司）

生きる

避難所の生活 識者に聞く

名古屋工業大院
北川 啓介 准教授

適度な自由度必要

被災者が避難所で生活する上で大切なことは何か。災害時の公共空間の状況を調査するため、宮城、福島両県の避難所を訪れた名古屋工業大大学院の北川啓介准教授（建築設計、都市計画）に聞いた。

（聞き手・林勝）

●避難所には被災者同士のトラブルが多々あったようだ。

初期は声の大きい男性の要求が前面に出てしまう。石巻市のある学校の体育館では、乳児を連れた母親や家族を失って落ち込んでいる人たちが、遠慮がちに壁側で小さくなっていた。思春期の女の子は傷つきやすく、嫌気が差して避難所を転々とする家族もいた。

●女性にとって共同生活は不便なことが多い。

被災から数日たつと被災者同士が話し合い、不便を解消しようと努めていた。例えば、体育館の倉庫を着替えや授乳といった女性専用の空間と決めたり、炊き出しや掃除で女性の手が一斉に必要なときは、交代で数人の幼児を見守る託児所を臨時で設けたり。

●良好な人間関係がある避難所の特徴は何か。

被災者にとっては、設備の充実よりも、近所付き合いや仕事上の人間関係を伴った震災前の日常の時間を取り戻すことが大切になっていた。なじみの人と触れ合える憩いの場所を適度に設けている避難所は生き生きとしていた。

テレビの周りには人が集まり、お茶を飲みながら井戸端会議。石巻市内の公民館のロビーはサロンのように使われ、高齢の男性がお酒を飲みながら若者らに昔話をしていた。飲酒は基本的に禁止の避難所が多いが、被災者にある程度の自由度を与えることも大切。住民参加型のまちづくりのような運営が望ましい。

●寝る場所のプライバシーの確保は。

段ボールで作る間仕切りは高さ1メートルほど。立てば隣の人の顔が見える。余震が続いており、被災者らは他の人とすぐに会話ができるように、緩やかなプライバシーを選んでいた。

●今後、大都市が被災したときに向けた教訓は何か。

最も心配なのは、互いの信頼関係の薄い不特定多数の人が大規模施設の避難所に集中すること。女性や高齢者、子どものための空間の使い方を事前に決めておけば、トラブルの回避に役立つだろう。

2011年10月10日 掲載

第21回

燃料がない！

物流停滞 いら立つ市民

「生きるか死ぬかの問題」

東日本大震災の発生直後から、被災地は深刻な燃料不足に陥った。支援物資を運ぶトラックすら軽油が手に入らず、ガソリンスタンドで長蛇の列をつくる市民は殺気立ち、従業員に詰め寄った。競争が激しい石油業界の合理化が燃料不足に拍車をかけた背景もあった。

運送会社「東日運送」（仙台市）の統括本部長、庄司雄大さん（29）にとって、震災発生からの半月は燃料確保との闘いだった。

同社は震災翌日から、「支援物資の運搬に協力してほしい」という仙台市の要請に応じ、各地の避難所に物資を届けた。引っ越し業務などに使う四トントラックを最大で五十五台投入。従業員は避難所で「特に必要な物は？」と尋ね、生理用品や粉ミルクなど個別の要望にも対応した。

自社タンクにあった燃料の軽油は一週間で底をついた。市に軽油の確保を頼み、指定されたガソリンスタンドへ。ところが「緊急車両でない」と給油を断られた。混乱の最中、情報が伝わっていない。わざわざ救急車に先導してもらい、油を手に入れた。

次に目を付けたのは物資輸送の拠点だった宮城県消防学校にある訓練用消防車。「燃料を分けてください」と頭を下げ、訓練車から軽油を抜いた。

それでも軽油の枯渇は時間の問題だった。「人が生きるか死ぬかの問題。燃料がないから物資を運べない、なんて言い訳はできない」。打開策を考えていた時、新聞の取材を受け、窮状を訴えた。数日後の三月二十二日ごろ、状況は変わった。「京都から、大阪から、次々とタンクローリーが来てくれたんです」。新聞記事を見た複数の運送会社がはるばる軽油を運んできた。庄司さんの熱意と支援の思いが結びつき、最も苦しい時期を乗り越えた。

ハンドルを回し、手動で給油するガソリンスタンド店員＝2011年3月13日、宮城県内で

宮城県東松島市では、ガソリンスタンドを経営する「カガク興商」石油販売部長の中川忠彦さん（57）が、ガソリンを求める市民のため奔走していた。

三月十六日、スタンドのがれきを早く取り除くよう市役所に依頼。市は承諾したが、「スタンドを再開したら緊急車両専用としてほしい」と求めた。「市民に油を提供しないと暴動が起きるぞ！」と言い返した。

スタンドは三日後の十九日に再開。開店前から百台以上の車が並び、ガソリンを一台二十リットルに限定しても、午前中に売り切れた。「横入りするな」と客同士のけんかが起き、「本当はもっとあるんだろう」と店に詰め寄る人も。殺気立った雰囲気で、従業員に必ず二人一組で作業させた。

しつこく絡む客には「こっちは商売でやってるんじゃない。それならもう閉めるぞ！」とすごんだ。「遺体安置所を回って身内を捜したい」という人には、法令違反と知りながら、内緒で金属缶にガソリンを入れて渡したこともあった。

「地元のスタンドとして責任を果たしたい。それだけだった」。中川さんは無我夢中だった当時を、そう振り返る。

油槽所被害　在庫石油取り出せず
各社価格競争　タンクローリーも半減

なぜ被災地で燃料が不足したのか。

海外から輸入した原油は通常、製油所で精製した後、各地の油槽所で保管される。資源エネルギー庁によると、震災発生時、大規模停電や揺れを感知した自動停止により、青森県から東京都にかけて太平洋岸の油槽所がほぼ機能を停止。石油が取り出せない状態になった。東北三県に唯一立地する仙台市の製油所も停止した。

同庁は震災翌日の三月十二日朝、大手石油会社でつくる石油連盟に「被災地向けの供給をしっかりしてほしい」と連絡した。

国内の原油処理能力は一日当たり七十七万キロリットル。震災で止まった製油所の製油量は、その二割程度の十六万キロリットルだった。石油連盟の藤井進広報委員は言う。「石油は十分にあった。

石油施設の被害状況

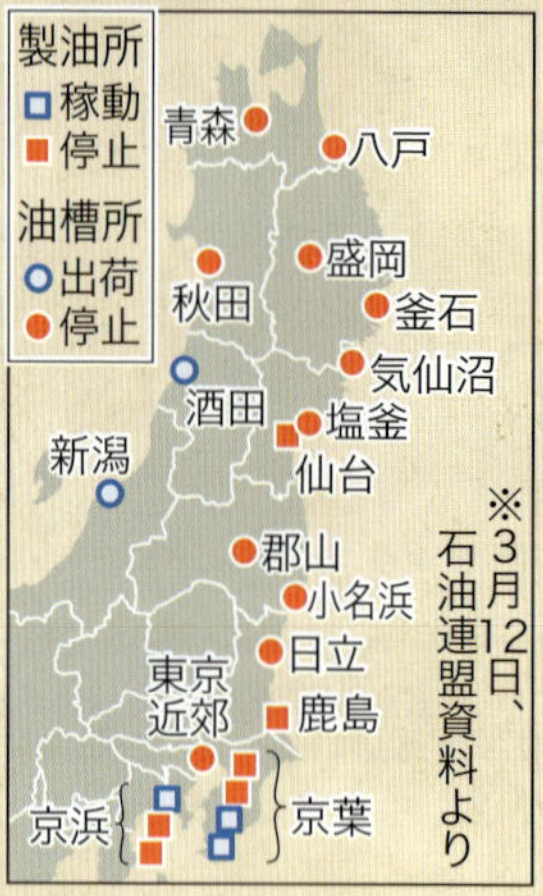

※3月12日、石油連盟資料より

石油業界の供給確保策

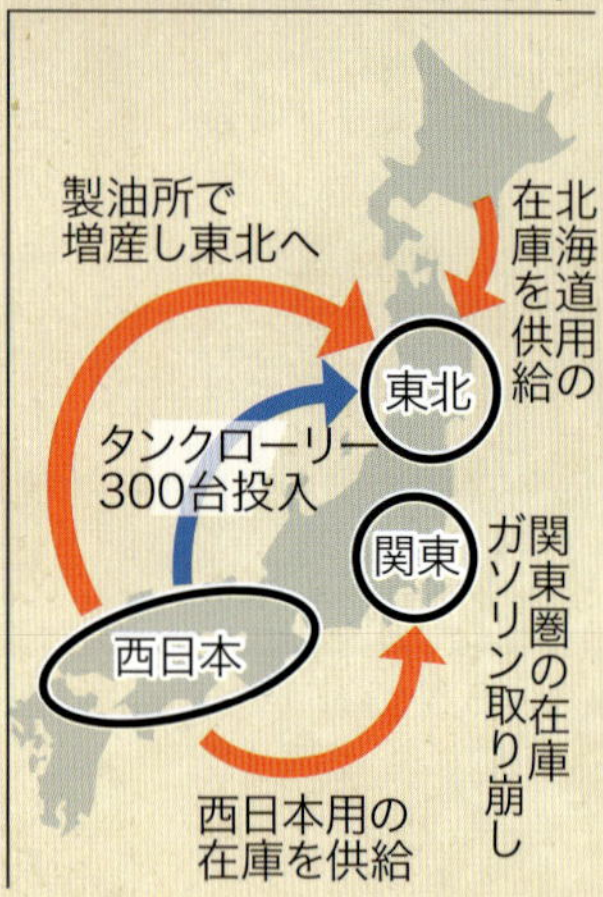

でも、運べなかった」。津波で港湾が破壊され、タンカーが着岸不能に。道路も寸断された。

被災地自体、供給能力を失っていた。

東北三県ではガソリンスタンドの四割、六百八十軒が運営できなくなった。東北地方には七百台のタンクローリーがあったが、津波で流されたり運転手も被害に遭い、実際に稼働していたのは数十台程度といわれる。市民は車で家族を捜せず、暖も取れない事態が続いた。

海江田万里経済産業相は三月十七日、西日本の石油生産量を引き上げ、日本海側ルートで東北に送ると発表。西日本や関東の在庫を取り崩し、東北全体の必要量三・八万キロリットルを確保した。タンクローリー三百台も西日本から送り込み、石油不足は徐々に解消された。

物流が滞った背景には、業界への新規参入に大臣許可を定めていた石油業法を二〇〇一年に廃止したことが挙げられる。商社や農協が参入し、厳しい価格競争にさらされた各石油会社は業務を大幅に効率化した。

給油所とセルフスタンドの推移(年度末)

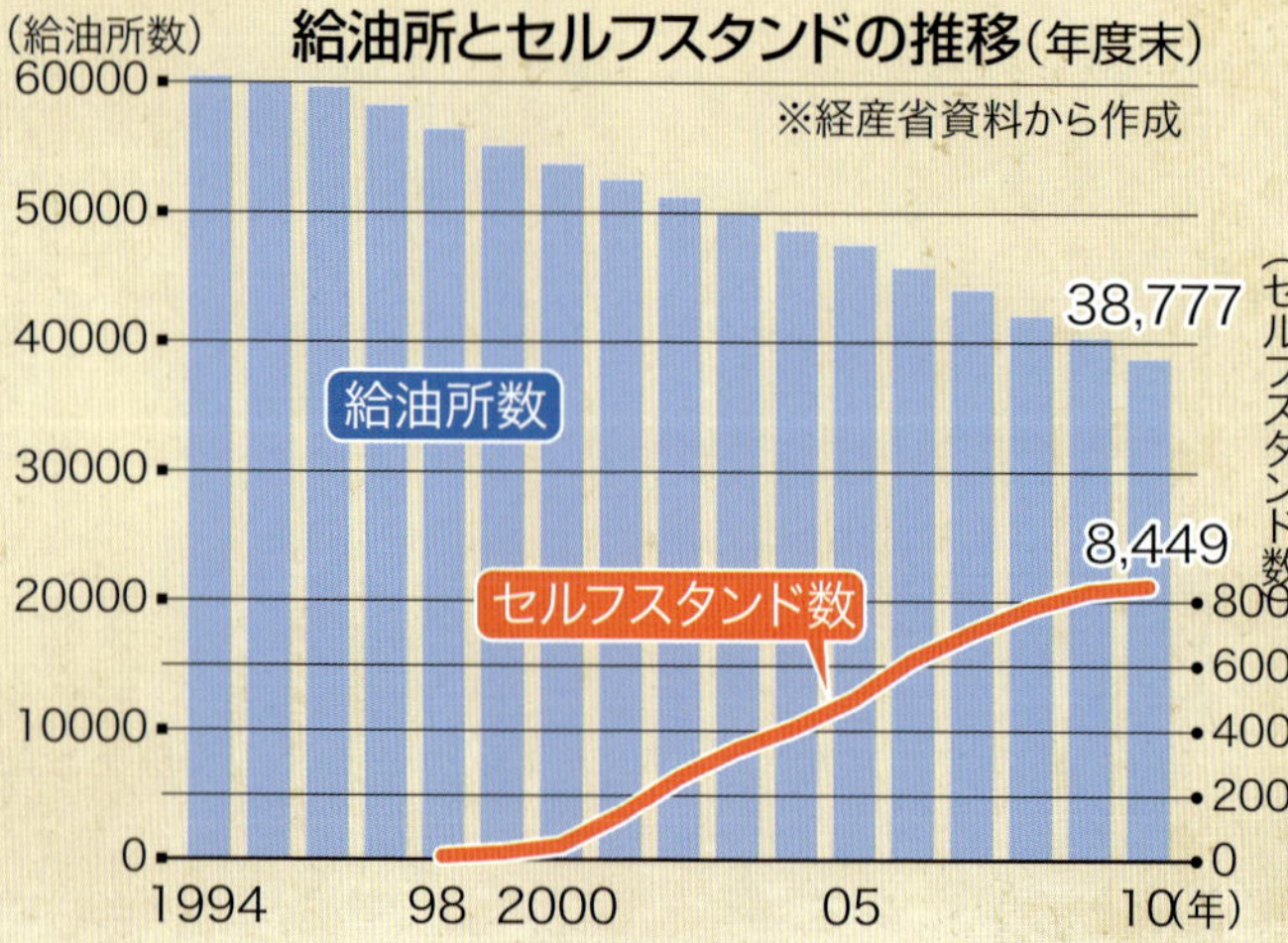

十年前に全国で約一万台あったタンクローリーは震災時、五千台にまで減少。一九九三年に六百カ所あった油槽所は二〇〇四年に百九十カ所になり、スタンド数も十年前の三分の二に減っている。

石油連盟の橋爪吉博広報グループ長は「被災地に三百台のタンクローリーを送れたということは、その分無駄があったということ。いずれ、それも削らざるを得なくなる」と指摘する。
東海、東南海、南海の三連動地震が起きた際、同じ事態は生まれないのか。資源エネルギー庁石油精製備蓄課は「油槽所への非常電源設備の取り付けや必要以上のタンクローリーにかかる経費などを、国で支援する方法を考えている」と説明する。だが、鉄道や高速道路、港湾が壊滅した際、どう燃料を運ぶのか。本格的な対策は示せていない。

（中村禎一郎、後藤孝好）

燃料問題 識者に聞く

流通経済大
矢野　裕児　教授

復旧スピード課題

被災地で起こる燃料不足にどう備えるべきか。資源エネルギー庁の緊急時の石油製品供給調査の委員で、流通経済大の矢野裕児教授（物流）に聞いた。

（聞き手・林勝）

●燃料不足問題をどう見るか。

不足したタンクローリーの手配や西日本からの燃料の大量供給、宮城県塩釜市の油槽所の復旧までに、震災直後から1週間前後かかった。石油元売り各社は、自衛隊や病院、運送会社の緊急要請にそれなりに対応したが、末端まで行き渡るには、さらに時間がかかった。課題は被災者が求めるガソリンや灯油をどれだけ早く届けられるかだ。

●石油業界への規制緩和が競争を加速し、災害時に弱い供給体制を招いたとの見方がある。

市場の規制緩和は行われるべきであり、災害対応と区別しなければならない。ただし、国内の石油使用量は1999年の2億4600万キロリットルをピークに年々減少。2009年は1億9500万キロリットルで、2020年には1億3000万キロリットルまで減る見通し。使用量が減れば、タンクローリーや給油所といったインフラも減るのは当然。こうした現状を踏まえた対策が必要だ。

●設備が少ない状態でどうすればいいのか。

あるコンビニチェーンは各店舗とつながる通信ネットワークを活用し、被災地にある店舗の停電や通信の断絶を震災直後に把握。被災状況を的確につかむことができた。油槽所や給油所にもこうしたネットワークを整備し、石油会社の系列が異なっても被災情報や在庫情報を共有化して、迅速な復旧に役立てるという方法もある。

●石油業界に災害対応に向けた努力が十分にできるか。

リスクに対応するには、設備にある程度の余裕がないと難しい。今回の震災は石油業界に余裕のないところで起きたため、対応が困難となった。災害時の燃料供給は公共性の高いインフラと言える。国は燃料の備蓄や自家発電などのバックアップ施設、代替ルート、情報通信手段の確保などを支援する必要がある。

●大都市圏が被災した場合の燃料問題はどうか。

今回の震災の被害は甚大だったが、オールジャパンで見れば燃料の需要より供給の方が圧倒的に大きい。大都市圏が被災すると、それが逆転する可能性がある。もっと深刻な状況を想定し、国全体で対策を練らないといけない。

2011年10月24日 掲載

第22回
障害者はどう逃げたか①

肩身狭かった避難所

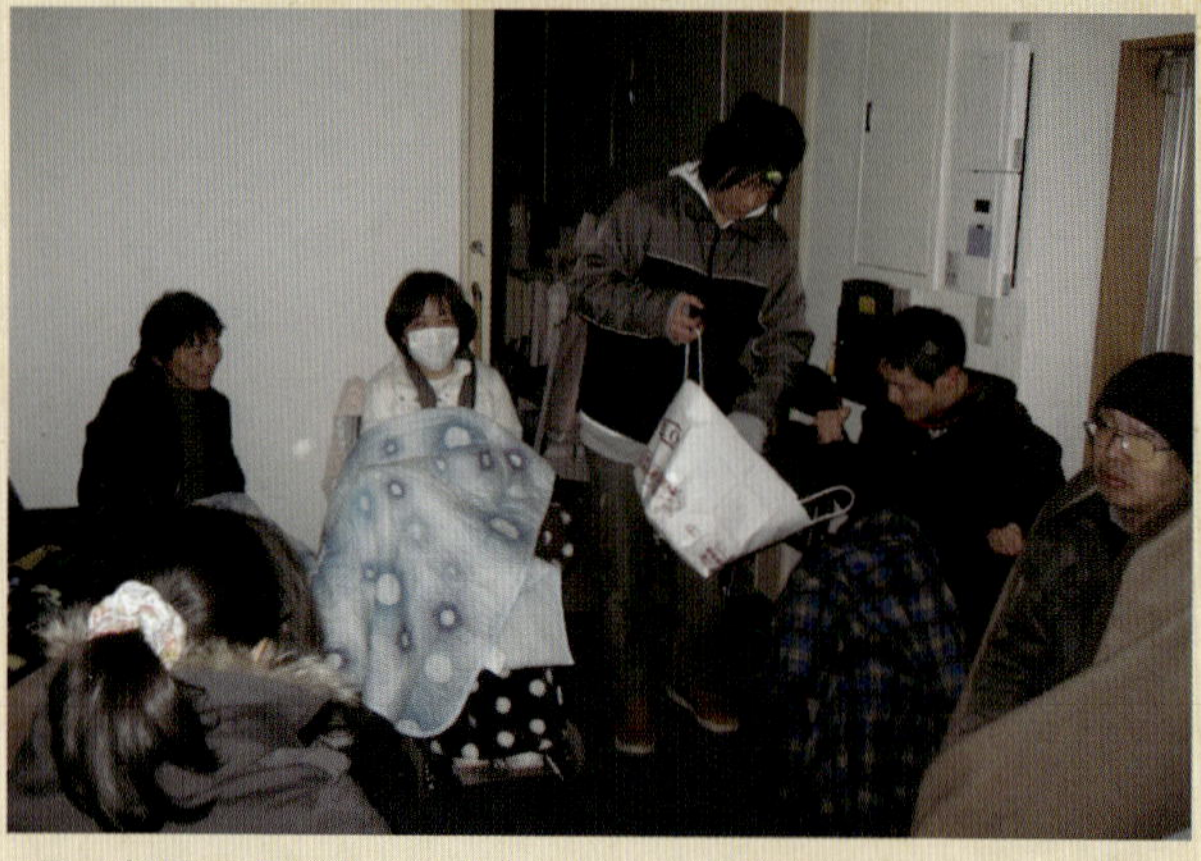

6畳の部屋で車いす５台を含む10人ほどが寝泊まりした＝2011年3月12日、仙台市で（井上さん提供）

車いすではトイレ困難
施設へ逆戻り

東日本大震災は心身に障害がある人々にとりわけ過酷な状況を強いた。避難所に居場所がなく、災害弱者を支えるはずの施設も機能しなかった。震災による障害者の被災者数すら、正確に分からない。誰もが明日にでも事故や病気で障害を負う可能性がある。障害者の支援を考えることは「人ごと」ではない。

脳性まひにより右手だけで電動車いすを操作する井上朝子さん(26)は、勤務先である仙台市太白区の自立生活センターで被災した。激しい揺れで車いすが倒れかけ、スタッフの一人が覆いかぶさってくれた。

停電になり余震が続く中、すがる思いで一キロ離れた避難所の小学校へ。日暮れとともに避難者は膨れ上がった。トイレは長蛇の列。「三つの個室のうち洋式は一つしかなく、車いすが入れる広さもなかった」。満員の体育館では車いすの方向転換もできなくなり、やむなくセンターに引き返した。別の避難所に行った仲間も同じ理由で戻ってきた。

車いすで動けなくなった震災直後の避難所。手前左側が井上さん＝2011年3月11日、仙台市で

　重度の障害がある井上さんは、二十四時間の介助を必要とする。センターの六畳間で、障害者とスタッフの計十人が過ごす生活が始まった。横になるスペースもなく、寝る時も車いすのまま。スタッフの自宅から持ってきた食料を石油ストーブで温めて食べた。

震災直後の井上さん宅。「家にいたらきっとけがをした」と話した＝2011年3月11日、仙台市で

　心強い支えだったのは、近所の住民。発電機の貸与や食料の提供をしてくれた。「もともと近所のつながりがあり、心配してくれた。恵まれていた」

　震災から数日後、同じ苦労をしている障害者を支援しようと、近くの避難所を回った。運営本部は多忙を極め、スタッフらは「見たところ、障害者はいませんねえ」「分かりません」と素っ気なかった。

　市障害者福祉センターにも立ち寄った。ここは大災害が起きると「福祉避難所」として障害者や高齢者を受け入れるはずだった。しかし、暖房設備も人手もなく、何ら受け入れ準備はされていなかった。職員は「毛布だけでよかったら来てもいいけど、寒いですよ」とにべもなかった。

　障害者支援のボランティアをする大薗拓郎さん（34）も、肩身が狭い障害者の様子を見てきた。「知的障害や自閉症の人は、津波で家が流されたことが理解できない。なぜ帰宅できないか分からず、避難所で奇声を上げ徘徊《はいかい》した」

事情を理解する避難所のスタッフが許容しても、他の被災者から「障害者だけ特別扱いしている」と言われる。避難所にいられなくなった障害者は、自家用車や半壊した自宅で寒さをしのいだ。

今は自宅に戻った井上さんは「被災地でいまだ声を上げられない障害者を探し、手を差し伸べたい」と話す。日ごろ家族に介助されている障害者は、ヘルパーの頼み方も分からない。都市部から離れた障害者は特に不便を強いられているはずだ。

井上さんは憤りを隠せない。「日本は地震や水害など何度も災害に見舞われてきたのに、障害者への支援が進んでいるとは言えない。何度も同じことを繰り返している」

（沢田千秋）

一般とは別「福祉避難所」 指定や備蓄 進まず

災害時の避難先には一般避難所とは別に、障害者や高齢者、妊産婦、乳幼児らを対象とした福祉避難所がある。一般避難所での共同生活が困難な人、食料配布などの放送が聞こえない人、容体の急変が予期される人などへの適切な対応が目的で、国が設置を促している。だが、中部地方の自治体でも準備が進んでいるとは言い難い状況だ。

名古屋市は高齢者や障害者など災害時の要援護者を十八万人と試算。老人ホームなどバリアフリー化された施設と協定を結ぶ形で福祉避難所を指定するが、その数は三十二カ所にとどまる。

国のガイドラインでは、備蓄が望ましい物資に洋式ポータブルトイレや担架、収尿器などを挙げる。しかし、市は福祉避難所への備蓄はしておらず、物資、器材は施設頼みなのが現状。市の担当者は「避難した人のニーズに、そのつど対応する」という姿勢だ。

岐阜市はこれまでに高齢者や障害者を対象に、災害時の支援が必要か聞き取り調査を実施。一万千五百人が申し出た。福祉避難所は老人ホームや児童福祉施設など三十九カ所を指定。福祉避難所への備蓄はしておらず、「今後の検討課題」という段階だ。

津市は岐阜市同様の調査で要援護者を一万八百人と割り出したが、福祉避難所の指定はゼロ。老人ホームなどと協定締結へ向けて調整中という。担当者は「いったん一般の避難所に入った後、避難生活で都合が悪くなったり容体が悪くなったりした場合に移ってもらう」としており、福祉避難所は二次避難先という位置付けだ。

日本障害者リハビリテーション協会によると、東日本大震災における障害者の死者、行方不明者、被災者数は分かっていない。協会は「今後の防災対策の基礎となるデータなのに明確な数字を出せていない」として、国に早期の取りまとめを要望している。

障害者への支援 識者に聞く

全日本手をつなぐ育成会
田中　正博　常務理事

家族の負担配慮を

東日本大震災で障害者と家族を襲った悲惨な状況とは。知的障害者と家族を支援する社会福祉法人「全日本手をつなぐ育成会」（東京）の田中正博常務理事に聞いた。　（聞き手・林勝）

●知的障害者や家族が避難所に居づらくなる主なきっかけは。

被災直後は被災者が全員で困難な状況に耐えているが、1～2週間を共に生活していると、知的障害者や家族への風当たりがだんだん強まってくる。

例えば、不安や緊張状態にある被災者らは周りの音に敏感になっている。知的障害のある人は、不安を言葉にうまく表現できないので、代償行為で声を上げたり、物音を繰り返し出したりすることがある。それが周囲の人にとって大きなストレスになる。

●地域の顔見知りであれば、ある程度理解してくれるのでは。

そうとも言えない。理解があると思っていた近所の人から「こんな時ぐらい静かにして」「どこかに連れてってくれ」と言われた家族もいる。誰も通常の精神状態ではないので責められないが、知らない人から言われるよりも、本人や家族は余計に心が傷ついてしまう。

●避難所で生活できなくなり、その後どうしたか。

被災した自宅に戻ることを余儀なくされた障害者や家族は多い。被災を免れた親戚や知り合いの家を転々とする家族も。親戚宅では障害のある子どもを受け入れてもらえなかったため、子どもだけ普段利用している通所施設に避難して、親子別々に避難生活を過ごしたというケースもある。

避難所以外で避難生活を送る人には行政や支援の情報が届きにくく、孤立しがち。私たち支援団体が支援の手を伸ばそうにも、所在の確認が困難になってしまう。

●健常者の側にいる人たちに理解してもらいたいことは何か。

障害者とその家族は平時でも多くの困難に直面している。災害時には、障害者が普段通っている学校や作業所の機能もストップしてしまうので、家族の負担が一層高くなる。こうした弱い立場の人たちの過酷さは普通の人に比べてとても大きくなる、ということを知ってほしい。

2011年10月31日　掲載

第23回
障害者はどう逃げたか②

避難も残るもリスク

ヘルパー、器具…代替困難

障害があり介助を必要とする人は、避難するか否かの選択肢を迫られた時、自分の意思で決断することは難しい。二人三脚であるヘルパーの家庭の事情や、使い慣れた介助器具を手放すリスクも考慮しなければならないからだ。福島第一原発の事故で、障害者はそれぞれ厳しい判断をせざるを得なかった。

三月十一日、福島県いわき市にある「いわき自立生活センター」は大きな揺れに襲われた。スタッフの一人で、先天性の脳性まひで下肢が不自由な小野和佳さん(28)も事務所内にいた。自宅のあるマンションはエレベーターが停止。しばらくセンターに宿泊することになった。翌十二日、福島第一原発1号機で爆発が起き、原発から半径二十キロ圏内に避難指示が出された。

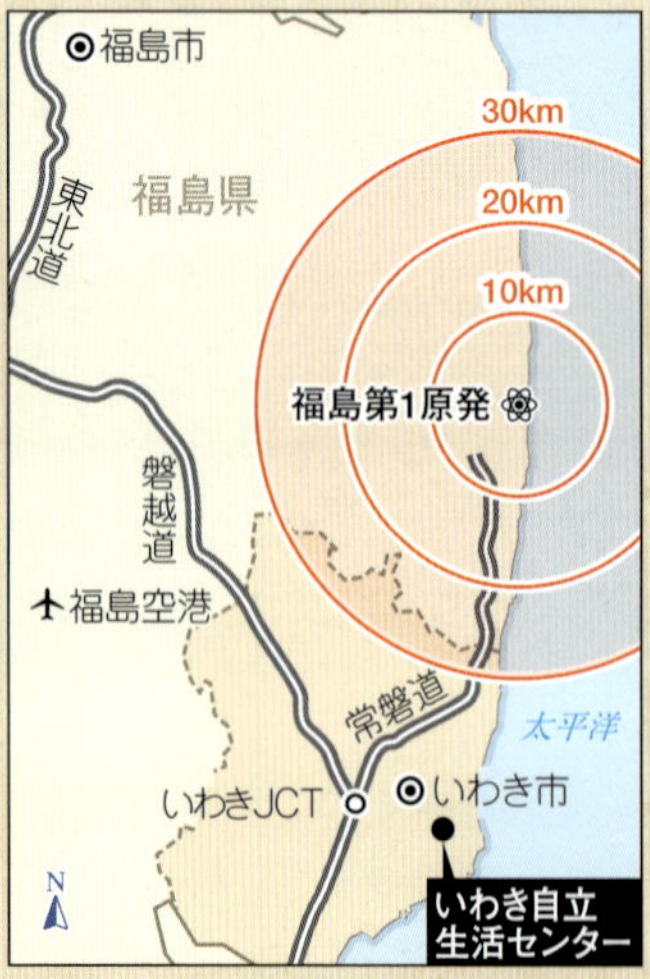

センターは原発から約四十キロ。スタッフがマスクを二重に着け「外気を入れるな。換気扇を回すな」と言うのを聞き、小野さんは「大変なことになった」と実感する。十四日には3号機も爆発。十五日には二十～三十キロ圏内に屋内退避指示が出た。

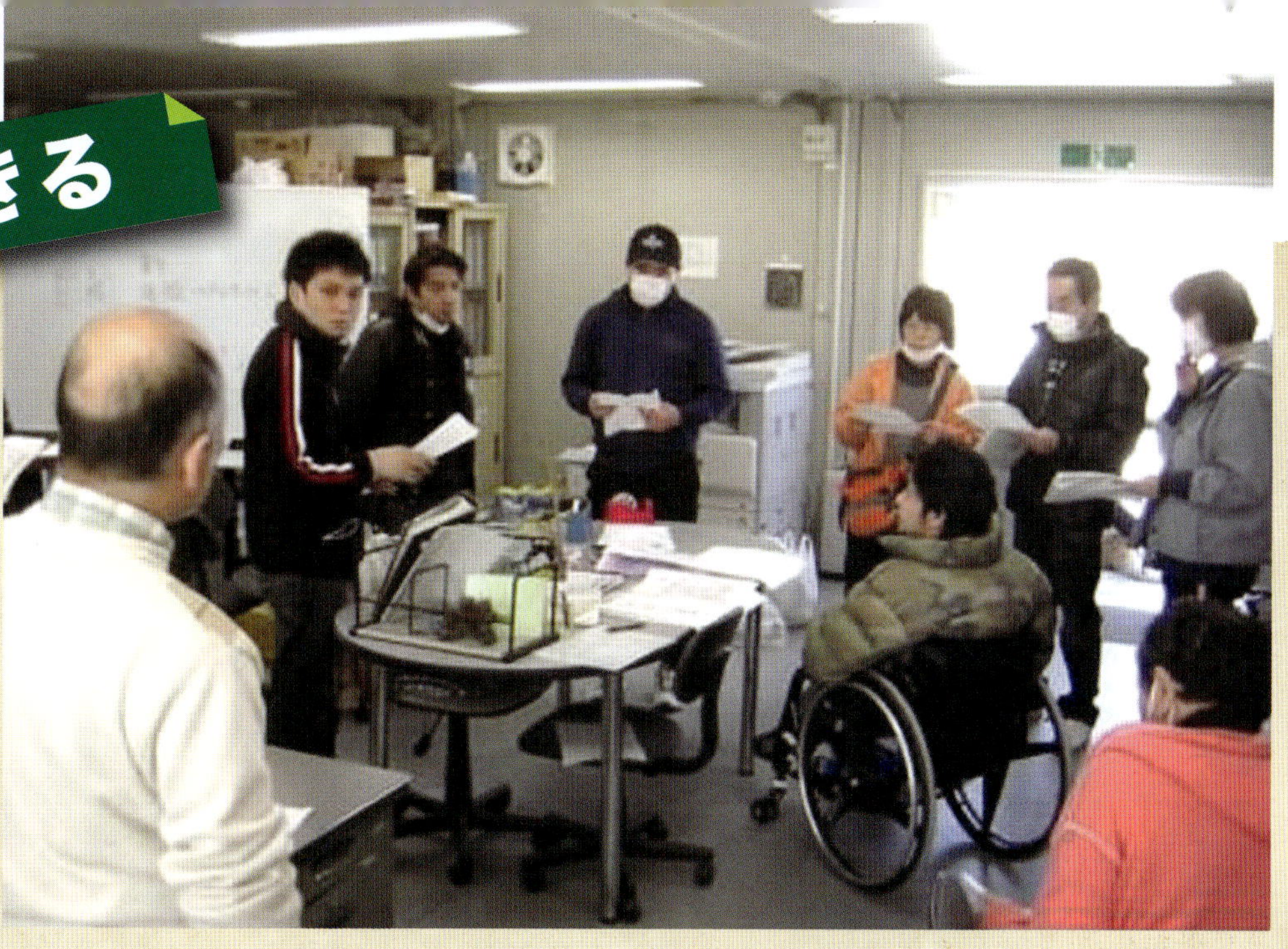

2011年3月19日朝、東京都新宿区への避難を打ち合わせするスタッフら＝福島県いわき市のいわき自立生活センターで（小野和佳さん提供）

「『高濃度の放射能が来た』というデマが飛び交い、市民もどんどん避難し、ひどい渋滞が起きた。震災から一週間ぐらいで人がいなくなり、街はゴーストタウン化した」

ガソリンがない小野さんたちは当初、センターにとどまろうとした。ところが障害者が通っていた医療機関は閉鎖し、介助に来ていた看護師やヘルパーも避難した。「『ごめんなさい』と涙を流して行く人もいれば、黙っていつの間にかいなくなる人もいた」。誰もが自分と家族の身を守るので精いっぱいだった。

移動手段や同伴者をどう確保するか。スタッフは「全国自立生活センター協議会（JIL）」のメーリングリストに助けを求めた。障害者が中心に運営し、同じ障害者を支援している自立生活センターは全国に百二十カ所あり、ガソリンと避難先を求めてメールを発信。三時間後にはJILから「東京都新宿区の施設を確保した」と連絡が入る。ガソリンは広島と静岡のセンターがそれぞれ二百リットル、三百リットルを用意。各地のセンターがリレー形式で引き継ぎながら運搬し、いわきまで届いた。

ヘルパーには「家族を連れて、一緒に来てもらえないか」と頼んだ。あるヘルパーは夫と別行動で、子どもと一緒に避難することに応じてくれた。三月十九日、障害者、ヘルパーとその家族の計三十四人が車七台に分乗して東京へ避難。約一カ月後、いわきでの日常生活が可能になってから帰郷した。

当時を振り返り、小野さんは「避難した障害者は自分以外に八人しかいなかった。本当は二十人は来ると思っていた」と語る。障害者の中には、自分の症状を知らない人に介助を受けたり、使い慣れた電動式ベッドなどが変わることに抵抗感がある人は多い。

「環境の変化によるリスクより、放射能の方が当然、恐ろしい。なのに、目に見えない放射能より目に見える不都合を案じて、危険な場所に残る障害者は必ずいる」と危ぶむ。

いわき自立生活センターでは「放射能から身を守る」と題した障害者向けの冊

子を作成。原発事故を想定した避難訓練も始め、ヘルパーと障害者が非常時にどうやって避難するか、認識を共有するようにしている。小野さんは「介助を受ける障害者は自己決定が難しい。障害者向けの避難基準がない現状では、自分の身は自分たちで守るしかない」と覚悟する。

（沢田千秋）

原発防災圏拡大
計画修正に戸惑い

　福島第一原発事故を受け、原子力安全委員会は原発事故に備えた防災対策を重点的に行う区域（EPZ）を大幅に見直した。半径八～十キロ圏だったEPZは「緊急防護措置区域（UPZ）」に名称変更して半径三十キロ圏に拡大。甲状腺被ばくを避けるためヨウ素剤の服用準備をする範囲を「放射性ヨウ素防護地域（PPA）」として半径五十キロに指定した。新たに区域内に入った自治体は、防災計画の修正を迫られている。

　岐阜県揖斐川町は福井県の敦賀原発から二十五キロでUPZに入った。町には現在、原発事故を想定した防災計画はない。担当者は「何もない中で一から作成しなければならない。職員もどこまで原発の知識を勉強したらいいのかさっぱり分からず、国や県の指導を仰ぎたい」と当惑する。岐阜県は福井県内の原発事故を想定し、独自に放射性物質拡散シミュレーションを行う方針で、すでに地域防災計画の見直しに取り掛かっている。

　静岡県の浜岡原発に最も近い愛知県の自治体は新城市で、その距離五十五キロ。PPAも圏外だが、担当者は「原発事故を想定した防災計画はなく、県の防災会議の結果を受けて盛り込むかを検討する」と話す。愛知県の防災計画にも原発事故想定はない。県は今月末の防災会議で、浜岡原発事故の際、中部電力と県との間の情報伝達方法などを明記した修正案を提案する方針。

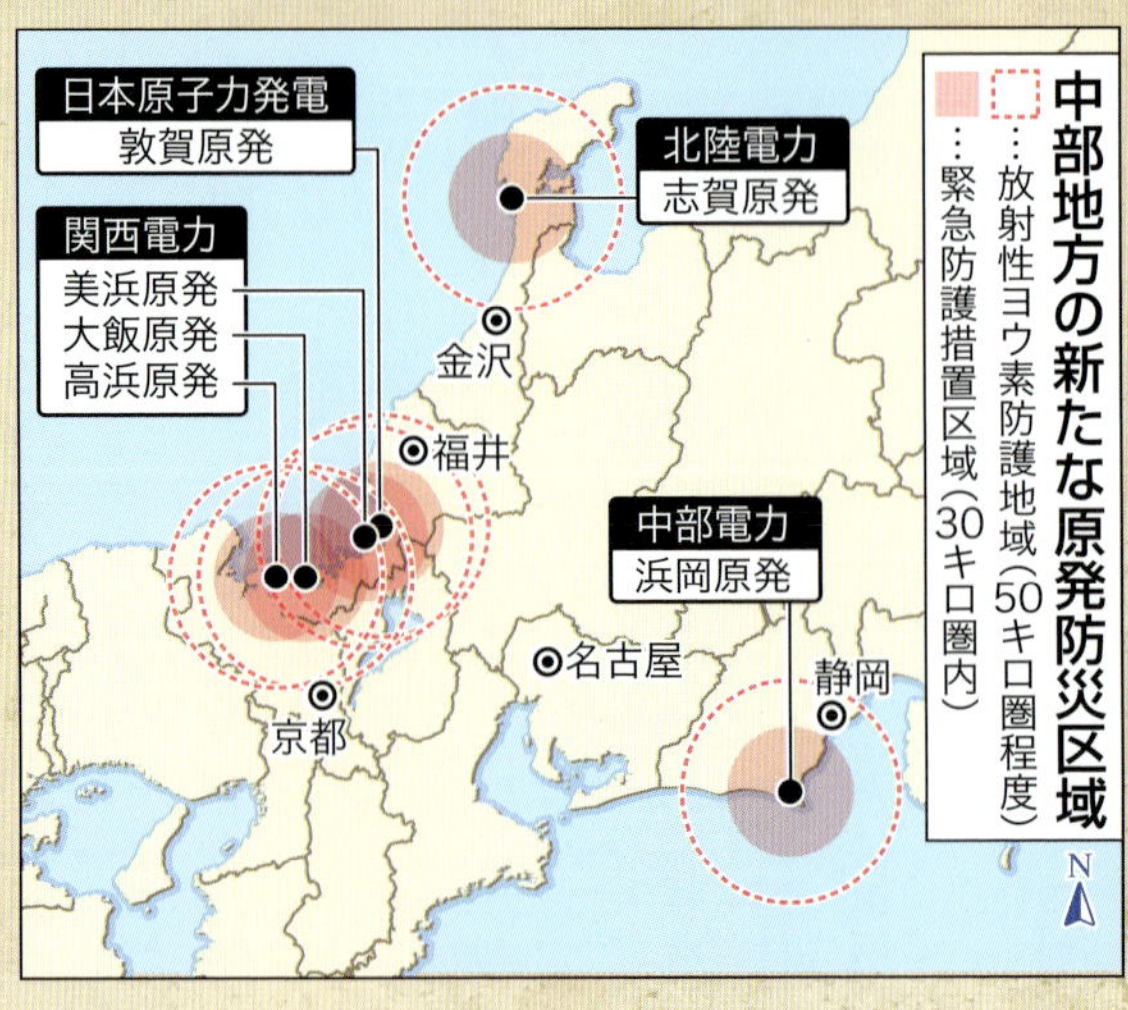

　浜岡原発がある御前崎市には事故対策を定めた防災計画があるが、今回の見直しで五キロ圏は直ちに避難する「予防防護措置区域（PAZ）」になった。担当

者は「当面は避難先となる姉妹都市を市民に周知徹底するなど市独自でできることはやるが、みんな避難したら事故対応者がいなくなる。その辺も含め新指針を国や県に示してもらってから、計画見直しを検討する」としている。

障害者への支援 識者に聞く

全日本手をつなぐ育成会
田中　正博　常務理事

親以外の関係大事

災害時、障害者と家族にはどんな支援が必要か、いざという時のための備えは。前回に引き続き、知的障害者と家族を支援する社会福祉法人全日本手をつなぐ育成会（東京）の田中正博常務理事に聞いた。（聞き手・林勝）

●災害で過酷な状況に追い込まれやすい知的障害者らを救うために取り組んだことは何か。

今回の震災では、知的障害や発達障害のある人を支援する全国の11団体で連絡協議会をつくり、岩手、宮城、福島各県に対策本部を設けた。住まいの確保や物資の提供、紛失した障害者手帳の再交付手続き、公的制度を活用するための支援、心理的ケア、家族の負担を減らす援助などを行うためだ。しかし、支援する障害者らの所在確認の難しさが大きな壁になった。

●地元行政から情報を得られないのか。

個人情報保護法がネックになった。災害時など生命や身体の保護に必要な場合は、本人の同意なしでも個人情報を第三者に提供できる規定があるのに、民間の互助組織には情報が提供されなかった。個人情報を災害支援で活用する仕組みがないし、誰かが責任を取って対応することもなかった。支援の相手が分からないと、どんな支援が求められているのか把握もできない。

●どのように対処したのか。

非効率的だったが、障害者施設や避難所を一つ一つ回って調査した。他の団体とも連携したが、全体を把握するのに7月までかかってしまった。福祉サービスを利用していない軽度の障害者や、関係団体とつながりのない障害者の状況をつかむのが特に難しかった。

●支援の中で、浮かび上がってきた問題点は。

親や身内が犠牲になり、突然社会に一人取り残されてしまった障害者らの権利をどう守るのか、深刻な課題だ。自分の預金なのに本人確認ができずに引き落としできなかったり、義援金や弔慰金の支給で親交のなかった遠い親戚が現れたり。金銭や財産の管理だけでなく、今後の生活再建を誰が支えていくのかといった問題もある。

●親や身内を失った後の備えが必要ということか。

社会との接点が親しかいないという状態はリスクが大きい。障害者のいる家族にとって、地域のコミュニティーや福祉施設、障害者団体などとのつながりをできるだけ数多く持つことが大切。成年後見制度を使って親以外にも後見人を決めておくなど、障害者の権利を守る備えをしてほしい。

2011年11月7日 掲載

第25回
その時企業は
❶

何を、どこに、どれだけ 物資供給 足りぬ情報

行政混乱 適量確保に10日間

大災害が起きた時、企業は何ができるのか。東日本大震災では、自治体と災害協定を結んでいた企業が食料を輸送し、家も財産も失った被災者の命をつないだ。しかし被害地域が広く、現場は混乱。供給体制が整うまで時間がかかった。

■「誰か返事を」

三月十一日深夜、大手コンビニチェーン「セブン―イレブン・ジャパン」の仙台西地区マネジャーの林賢司さん（37）は仙台市の事務所で、知り合いの県庁職員の名刺を見ながら、手当たり次第にメールを打った。

「物資を配る準備ができている。誰か返事をして」

同社は東北・関東の約六百店舗が被災や停電で休業。復旧を急ぐ一方、災害協定を結ぶ宮城県を支援しようとした。大阪の取引先メーカーなどの協力で二リットルの水三万本、バナナ十四トン、パン千二百個を確保した。

●宮城県の物資供給協定 ※宮城県資料より

食料品など 生活物資	セブン-イレブン・ジャパン ファミリーマート ローソン サークルKサンクス イオングループ 宮城県生活協同組合連合会 宮城県食品工業協議会 仙台コカ・コーラボトリング
応援ヘリの燃料補給	仙台空港サービス
医薬品	宮城県薬品卸組合
医療ガス	日本医療ガス協会東北地域本部
医療機器	東北医療機器協会宮城県支部 宮城県医療機器販売業協会
緊急車両への優先供給など	宮城県石油商業協同組合
毒物劇物の危害防止資機材	宮城県毒劇物協会
棺など葬祭用品	宮城県葬祭業協同組合
避難所用地など	三井不動産など

だが、県の担当職員に伝えようとしても電話が発信規制のため使えない。林さんは片っ端から職員にメールした末、一人から「確認しました。災害本部と連携します」と返事が。十二日午前、ヘリコプターとトラックで県庁に物資を届けた。

■**小売業の「使命」**

東北自動車道や一部の一般道は緊急車両以外、通行が規制された。林さんの提案で十二日昼過ぎ、村井嘉浩知事に「私たちは民間だが公的なポジション。道路を使わせてほしい」と直訴し、認められた。それでも、規制道路で警察官に「聞いていない」とトラックを止められたことも。関係機関の連携ができていない混乱ぶりを表していた。

二十七都道府県と災害協定を結んでいるセブン―イレブン。宮城県には十九日までに四回、二千六百万円分の物資を無償で提供した。二十日からは本来の協定通り、県の要請でおにぎりなど必要な食料を有償で避難所などに届ける態勢に移った。

林さんは「小売業は社会のインフラ。物を届ける使命を果たしたかった」と振り返る。

■**教訓**

災害協定は物資輸送や復旧工事、救護などの分野がある。消防庁によると、複数の協定を結んでいるのを含め、企業などと協定している市区町村は延べ四千二百二十九（二〇一〇年四月現在）。物資の供給と復旧工事の二分野が多い。

今回は災害規模が大きく、協定では足りなかった。震災直後から四月二十日まで、宮城県が調達したおにぎりやパンなどは計千七百九十一万三千個。七割は政府がメーカーに要請して届け、協定による企業の調達分は一割程度にとどまった。

被災地が広範囲で、企業も打撃を受けたため。また、宮城県の防災担当者は「震災当日に各協定企業に電話したが、『担当は今、ここにいません』『分から

避難所の小学校に搬入される支援物資＝2011年4月14日、宮城県女川町で（同県提供）

民間企業などと災害協定を結んでいる市区町村の数

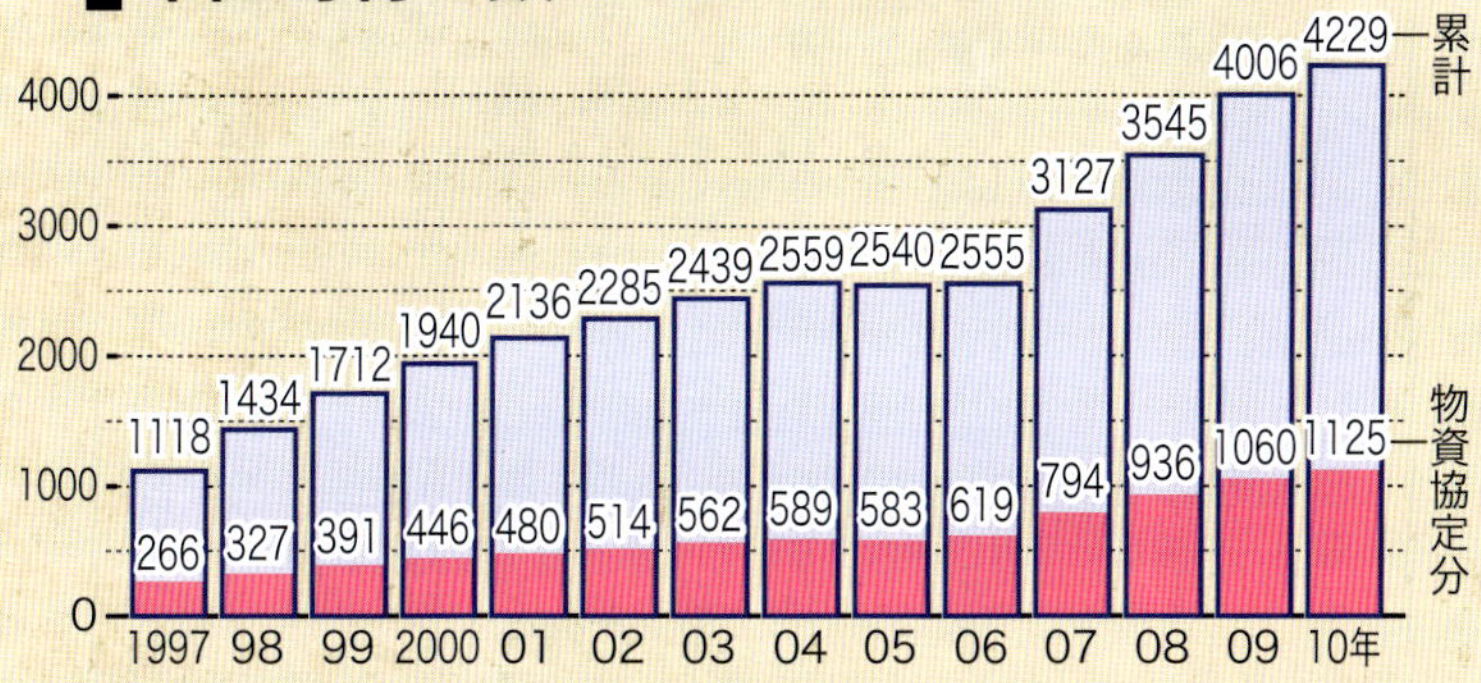

第26回
その時企業は ②

事業継続計画で事前想定
復旧手順 何を優先？

迷わぬ対応 操業再開に差

何を優先し、何を後回しにするか。多くの企業が被災した東日本大震災で、事前に復旧手順を定める「事業継続計画」（ＢＣＰ）をつくっていた一部の企業は、素早く操業再開にこぎつけた。産業集積地で三連動地震が予想される中部地方でもＢＣＰは注目を集め始めたが、人手が少なく計画に着手していない中小企業も多い。

■取引の「穴」防ぐ

仙台空港に近く、平野を走るような津波に襲われた宮城県名取市の廃油リサイクル業「オイルプラントナトリ」。震災二日後、工場にたどり着いた常務の星野豊さん（56）は頭が真っ白になった。

従業員約五十人は無事だったが、重油タンクなど十八基のうち十二基が流され、ドラム缶四千五百本やトラックなど二十台が流出。

生産設備は水没し、壁を破ったがれきが積み上がっていた。

「終わりかな」。廃業も頭に浮かんだ中、二カ月前につくったばかりのＢＣＰを思い出した。資料やデータを保存したパソコンは水没を免れていた。

最初に復旧が必要なのは、収益率の高い廃油リサイクル施設と工場廃液の中和施設。配管修理業者などの連絡先もＢＣＰの資料に控えてあり、急いで連絡を取った。工場の主力ではない廃プラスチック破砕事業は後回しにした。

がれき撤去に使う重機もいち早く確保。山形県などの同業他社と災害時の相互協力を約束しており、廃油リサイクルの委託や燃料の調達も進んだ。事業再開は一カ月の想定を大きく短縮し、八日間でこぎ着けた。取引先との間に大きな「穴」をあけなかった。

「どう回復させるか迷いなく進められ、時間の浪費をせずに済んだ」と星野さん。手際の良さが認められ、BCPを推進する国際団体「BCI」（本部・英国）に日本企業で初めて表彰された。

■「廃業しかない」

一方、工場ごと津波に流された宮城県石巻市の電子部品検査会社「雄勝無線」専務の山下健一さん（43）は「BCP？何のことかさっぱり分かりません」と話す。震災三日後に従業員十四人の無事を確認し、山下さんは妹の住む仙台市に車で避難したが、会社に戻るガソリンも手に入らなくなった。

復旧プランが浮かばず「廃業しかない」と覚悟すると、元請けの堀尾製作所（石巻市）が会社の敷地の一部を貸し、必要な燃料も提供すると申し出てくれた。その話し合いができたのは震災から約二週間後だった。

元請けの協力で事業再開の足がかりを得た山下さんは「次の震災の対応まで考えられない」。復旧に追われ、BCP策定の余裕はないという。

■利益生む効果も

事業再開のスピードは企業の命運を左右する。経済産業省東北経済産業局には「生産が復旧しても取引が戻らない」「店頭の棚をライバル商品に取られ、回復が進まない」という声が多く届く。

燃料や資材を素早く調達し、他社に先んずれば経営にプラスに働く。建設業へのBCP普及を目指す宮城県土木部事業管理課の大山慶一郎主幹（43）は「BCPは災害時の対処だけでない。事業を見つめ直し、利益増につながることを説明し、関心を持つ企業を増やしたい」と語る。

ただ、計画づくりに着手できない企業も多い。BCPのセミナー講師を務める

（上）津波でがれきが押し寄せたオイルプラントナトリの工場（下）建屋ごと流された事務所跡地。ＢＣＰに基づき事業を回復させた＝いずれも宮城県名取市で

ＢＣＰ（事業継続計画）

「ビジネス・コンティニュイティー・プラン」の略。大震災や新型インフルエンザなどで企業が危機に遭う際、従業員や企業財産の安全を確保した上で、早期復旧と速やかな事業継続の方策をあらかじめ定めておく計画。重要業務を選択し、被害後の限られた資源をどう効果的に投入するかを決める。

コンサルタント「ISOブレイン」の吉田尚社長（51）は「販売の回復が最優先だったり、震災特需でこなしきれないくらい仕事があったりで、BCPの大切さを認識した被災企業も手が回っていない」と説明する。（藤嶋崇）

中部の場合
コスト懸念 普及進まず

少数の部品生産が止まっただけで、日本の自動車産業全体がまひしてしまう―。震災の経験から、スムーズな事業再開に役立つBCPへの関心が中部地方でも高まっている。

今回の震災では、半導体大手「ルネサスエレクトロニクス」の中核工場（茨城県ひたちなか市）なども被災。電子部品やゴム部品など一部の供給が途絶え、自動車生産が一時停止に追い込まれた。各自動車メーカーは代替部品を探したり、部品メーカーに社員を送り込んだりと、生産再開に奮闘した。

BCPはもともと二〇〇一年の米中枢同時テロを受けて欧米で広がり、国内では〇五年に内閣府がガイドラインを策定。翌年に中小企業向けのガイドラインもできた。

行政や商工会議所が開くBCPセミナーの参加者は震災後に急増。愛知県が業界団体などに要請された出前講座は、二〇一一年度は既に前年度の三倍を超えた。名古屋市が二〇一一年九月に開いたセミナーも例年の三倍近い約六十人が出席した。

愛知県が中小メーカー向けにまとめたBCPモデル策定の流れ

1. 災害時に復旧を優先する事業を選定する
2. 復旧までの目標時間を定める
3. 拠点ごとに被害や復旧に必要な費用を想定する
4. 生産設備の固定や代替調達先の確保などを検討する
5. 災害時の手順を決め、従業員1人1人の役割を明確にしておく

十六銀行取引先のBCP策定状況（2011年6月調査）

従業員数	震災前に策定	検討中	策定の必要なし	その他
全　体	2.6	18.7	67.7	11.1
9人以下			85.7	14.3
10〜49人	2.6	14.1	69.2	14.1
50〜99人	2.0	17.6	68.6	11.8
100〜299人		22.0	71.2	6.8
300〜499人	11.8	35.3	47.1	5.9
500人以上	6.3	31.3	50.0	12.5

（%）

※四捨五入のため合計が100にならない場合があります

ＢＣＰ 識者に聞く

上級リスクコンサルタント
平野　喜久　さん

「会社信用度」の物差しに

事業継続計画（ＢＣＰ）の意義を、普及に努めている上級リスクコンサルタントで中小企業診断士の平野喜久さん(49)に聞いた。　（聞き手・林勝）

●ＢＣＰを生かすには。

ＢＣＰは防災マニュアルだという誤解が多い。建物の耐震強化など、会社の機能を守る基本の防災は大前提。その上で事業を継続、再開するための優先事項を事前に決め、災害時に経営を維持するマニュアルがＢＣＰだ。緊急事態は大規模停電や新型インフルエンザの大流行なども想定される。その時、従業員が素早く動けるように教育しておくのが大切だ。

●最優先で行うことは何か。

情報収集。まずは会社の設備や従業員の状況を把握する。通信や交通手段、取引先など、会社の置かれた状況を把握することで初動が的確になる。福島県内のある運送会社は今回の震災直後、いずれ燃料が不足すると気付き、県外のタンクローリーを確保して乗り切った。みんなが騒ぎだしてからでは遅い。

●なぜ、素早い事業の再開が重要なのか。

阪神大震災では神戸市の合成皮革シューズ産業が大打撃を受け、生産額が一時、被災前の半分以下に。その後、倒産を免れた会社が生産量を伸ばしたが、業界全体の生産額は戻らず、従業員も半数近くに減った。受注や雇用は一度失われると元に戻すのが難しい。立ち上がりが遅いほどダメージは大きくなる。

●被災地の会社に対して発注側も遠慮してしまう。

今回の震災では、報道で被災地全体が壊滅したような印象が広がった。実際には、多くの事業所で数日内に水道や電力が復旧したが、受注が止まってしまった事例がある。会社がどんな状況にあるか取引先に適切な情報発信できなかったからだ。ＢＣＰを活用すればこうした事態も避けられる。

●中部地方の経営者の意識はどうか。

東海地震でどんな災害が予想されるか知らない人が多い。ＢＣＰへの理解も低い。今回の震災で地震と津波、原発は「ジャパンリスク」として世界が厳しく見るようになった。海外企業が取引条件としてＢＣＰを要求するようになっている。顧客と地域社会に迷惑をかけないことがＢＣＰの最終目的。ＢＣＰは今後、会社の信用度を測る重要な物差しとなる。

ただ、ＢＣＰが浸透したとは言い難い。十六銀行（岐阜市）が二〇一一年六月に愛知、岐阜県内の約五百社にアンケートしたところ、震災後にＢＣＰを策定した企業はゼロ。今後も「必要ない」は約68％を占めた。

同行経営相談室は「策定にはコストや人手がかかるイメージがあるのでは」と指摘。「中小企業庁のホームページなどを参考にすれば最低限のものは簡単にできる」と助言する。

2012年1月16日 掲載

第27回
透析ができない ①

行政、優先度理解できず
命の水 確保に壁

あふれる患者 病院内も疲弊

東日本大震災では医療機関が被災したり、ライフラインが断絶したりして、人工透析医療が広い範囲で打撃を受けた。腎不全の患者は透析で血液浄化ができないと生命に危険がおよぶ。福島県いわき市の透析医療関係者らは、震災の混乱の中で懸命に透析を継続したが、思わぬ行政の壁が立ちはだかった。

■クレーマー扱い

「透析には水が大量にいる。患者の命がかかっている」。地震発生から一夜明けた三月十二日午前七時。いわき市で五百人以上の透析患者を受け入れる医療法人ときわ会の事務局長、佐藤隆治さん（56）は市水道局で職員に詰め寄った。

いわき市は震度6弱の揺れに見舞われ、ほぼ全域が断水。市内十カ所の透析施設を利用する患者約千人にとって水の供給は生命線だ。

ときわ会が運営するいわき泌尿器科病院と常磐病院のほか、別法人の医療機関にも水を届けるよう職員に訴えた。返事は「特定の医療機関だけ特別扱いできない」。まるでクレーマーのように扱われ

震災当時、大勢の透析患者を受け入れた、ときわ会いわき泌尿器科病院＝福島県いわき市で

ていると感じた。
佐藤さんは「幹部に直接、訴えたい」と粘る。水道局の事務所で料金課長に繰り返し訴え、ようやく「どのくらい水が必要なのか」と話が進んだ。

腎臓の機能が落ちると、体内の老廃物が排出できない。透析装置を通して血液を洗い、老廃物を取り除くには大量の水を使う。いわき泌尿器科病院と常磐病院でそれぞれ一日二十トンは必要だ。ほかの病院の必要量も伝えた。「じゃあ分かった」。その言葉を信じて引きあげた。

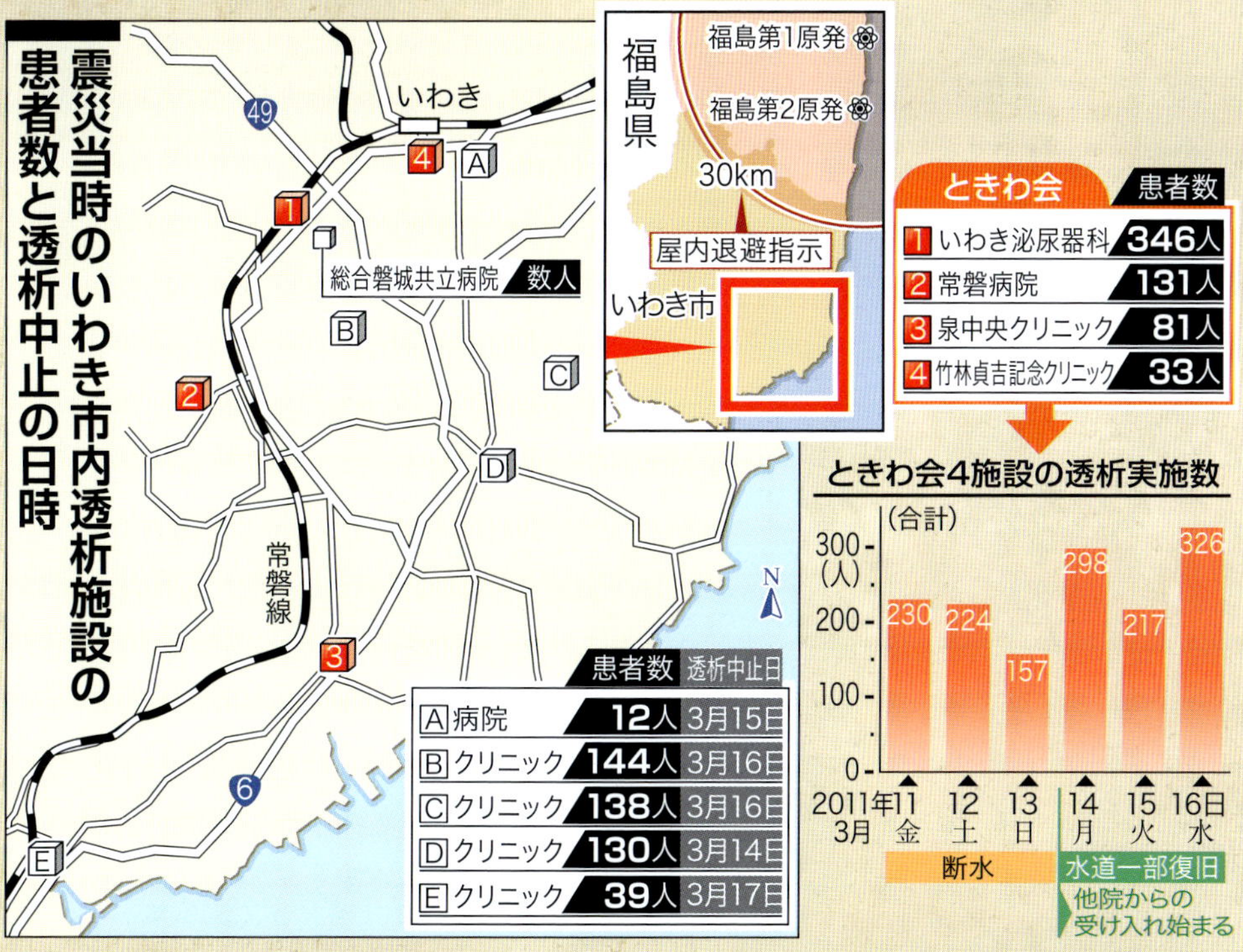

人工透析

腎臓の機能が失われた腎不全の患者のため、血液中にたまった老廃物などを人工的に取り除く医療技術。透析ができないと患者は尿毒症になり、命にかかわる。国内では約30 万人が受けており、血液を体外の透析装置に移して浄化する血液透析がほとんど。基本的に 1 回あたり 4 時間の透析を週 3 回する。

■再び水道局へ

いわき泌尿器科病院には午前中に計四トンの水が入った。しかし、後が続かない。患者は次々と訪れ、貯水槽の水はどんどん減っていく。佐藤さんは昼に再び水道局へ車を飛ばす。朝に話をつけた職員がいない。「透析には大量の水が必要で…」。一から説明する羽目になった。

結局この日、いわき泌尿器科病院には六トン、常磐病院に八トンの水が供給されたが、必要量に遠く及ばない。透析は通常一人あたり四時間かけ約二百リットルの水を使うが、多くの患者を処置するため一時間半に短縮して水を節約した。

十三日も断水。ときわ会会長の常盤峻士医師(64)は朝から水道局に出向き、若い職員と言い争った。「あんたんとこだけが必要なんじゃない」と繰り返す職員に、「給水しないなら、今ここに患者五百人を連れてくる」とすごんだ。

医療の現場では患者の危険度で優先順位を決め、限られた人材や物資を振り分ける。だが、水道局は切迫度の低い医療機関まで公平に配ることにこだわった。事務所が騒然となり、別の職員が間に入って「どのくらいの量が必要なのか」と言った。一緒にいた佐藤さんは「何度同じことを言わせるのか」と怒りに震えた。

■響くアラーム音

行政との交渉に労力を奪われる中、病院の状況は刻一刻と悪化する。かかりつけ患者に加え、透析が続けられない施設からの患者が急増。問い合わせの電話が鳴りやまない。十四日に水道は部分復旧したが、給水は安定しない。その上、余震で貯水槽の配管が一部破損した。市内ではガソリン不足が深刻化。患者の送迎バスの運行も難しくなってきた。

あふれる患者。水不足で洗浄が不十分となった透析装置のアラーム音が何度も院内に響いた。職員の体力が確実に消耗していく中、福島第一原発の度重なる爆発事故が追い打ちをかけた。

常盤さんは職員と家族のため、食料や物資を運んでくれるよう運送会社に頼んだ。だが、電話の向こうで社長が言った。「運転手にいわきに入れって言えない。先生、勘弁して」。医療どころか社会機能がまひしていた。「患者を動かせなくなる前に、透析ができる場所へ搬送しなければ」。常盤さんは患者の移動を決意する。

しかし、そこには次の壁が立ちはだかっていた。

（林勝）

福島県「透析難民」1500人

日本透析医会は二〇一一年十二月の会誌で、東日本大震災での岩手、宮城、福島三県の透析医療の状況をまとめた。

岩手、宮城両県では被災地の透析患者の多くが、医療機関の連携などにより県内の災害拠点病院や被災を免れた施設で透析を受けられた。一方、福島県では災害対応を担う公的病院に透析ベッドがほとんどなく、さらに原発事故が沿岸部の医療崩壊を加速。行政や県内の医療機関の連携も十分機能せず、約千五百人も「透析難民」が生まれたとされる。

福島県は地域防災計画の災害応急対策に「人工透析の供給確保」を掲げているが、「情報を収集し」「受療の確保に努める」など、具体性に乏しい三行の記述のみ。関係者によると、実際には地震直後の混乱で、県庁機能はパンク状態となり、情報収集すらままならなかったという。

水の供給について、県地域医療課の担

当者は「各自治体に透析のための水の供給に努めるよう、三月十二日には通知した」と強調するが、実効性に疑問を抱く医療関係者は少なくない。

また、いわき市水道局は「災害対応マニュアルで透析施設に優先的に供給することになっている。当時、給水車の台数が少なく、原発事故でほかの自治体からの給水車の支援も受けられず、十分な供給ができなかった」と説明した。

医療と行政 識者に聞く

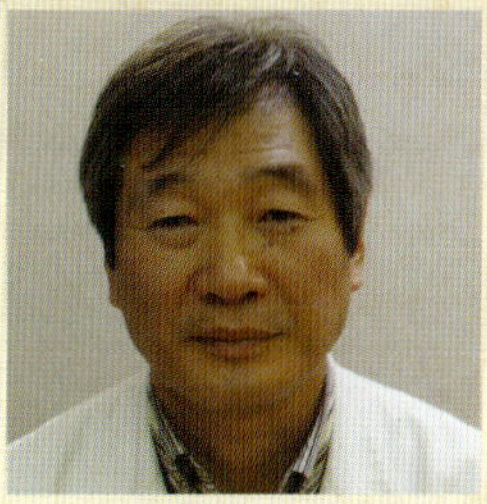

千葉・亀田総合病院
小松 秀樹 副院長

医療者独自判断を

医療者と行政のあつれきはなぜ生まれるのか。被災地の透析患者や人工呼吸装着患者らの受け入れと福島県南相馬市の医療支援などに取り組んできた医療法人鉄蕉会・亀田総合病院（千葉県鴨川市）の小松秀樹副院長に聞いた。

（聞き手・林勝）

●なぜ、災害医療の現場の声は行政に届きにくいのか。

行政は職員個人が自由な発想で動くことが許されない組織。現場のことを考えた対応を期待しても無理がある。特に災害時は大量の情報が寄せられ、それぞれに素早い対応が要求されるが、現場に近いところで迅速な意思決定を下せる仕組みになっていない。それでいて強い権限を持っているから現場が困る。

●政治家の意思決定では、だめか。

大規模災害では事案が多すぎ、政治判断で物事を進めるには限度がある。菅直人前首相は情報を集めて何でも自分で判断してやろうとしたから、官邸がパンクして機能がまひした。

現場で危機感を持った人が自分で判断して行動することに価値がある。災害対応は完璧さよりも迅速性。災害医療では、限られた情報で状況を判断し、多くの被災者の命を救うための方法をとりあえず決め、動きながら検証して軌道修正していくことが重要だ。

●実際には医療は行政の縛りが強い。

本来、医療者は国に従属してはならない。第二次世界大戦で医師が国家の命令で戦争犯罪に加担した歴史の反省から、「国家に脅迫されても患者を害するな」というのが世界の常識だ。医療者は現場で専門知識を生かし、患者のために自らの判断で行動しなければならない。

●災害派遣医療チーム（DMAT）は厚生労働省の管轄にある。

DMATは災害直後の重傷患者を救う目的で、行政が深く関与してつくられた。今回の震災では、津波の犠牲者以外は軽傷者が多く、DMATが救急患者を救命した例は少ない。代わりに慢性疾患の患者や障害者、要介護者らの健康問題が大きかったが、DMATが臨機応変に対応できたとは言い難い。想定外の状況なのに、救急に限った動きが多かった。こうした「お役所」的な活動では現場のニーズに合う医療はできない。

2012年2月6日 掲載

第28回

透析ができない②

お役所仕事　搬送足かせ

民間主導　患者600人県外へ

東日本大震災の発生直後、必死の努力で透析患者を受け入れ続けた福島県いわき市の医療法人ときわ会。慢性的な水不足、治療を断念した他の病院からの患者増、福島第一原発事故による社会機能のまひが重なり、会長の常盤峻士医師(64)は約六百人の患者の県外搬送を決意する。しかし、行政の手続き偏重やたらい回しの対応が思わぬ足かせとなった。

■搬送要請できぬ

透析歴二十八年の鈴木由美子さん(56)は地震発生から四日目の三月十五日、自宅から十五キロあるときわ会のいわき泌尿器科病院へ車を走らせた。ガソリンは残りわずか。原発建屋の爆発が相次ぎ、多くの市民は避難し、道路は不気味なほど閑散としていた。「いわきで透析を続けられるのか」。いつも心のどこかで死を意識しながら生活してきたが、今回ほど強く感じたことはなかった。

街の静けさとは対照的に、病院は透析患者であふれていた。自力で避難できないお年寄りが多く、食事も十分とっていない人も。大きな余震が病院を襲い、透析室の給水管が破断。四十床が使えなくなった。

「もう限界だ」。川口洋院長は、知人の新潟大医学部教授に新潟への患者の搬送を相談した。両者の間ではすぐに合意。ところが、新潟県が「福島県からの正式な要請」を求めてきた。災害救助法では、患者の搬送にかかる交通費や宿泊費、人件費などは国が最終的に支払う。

今後の国との手続きを考え、自治体間の確認にこだわった。

福島県災害対策本部には、常盤会長が新潟県への受け入れ要請を訴えていた。判断材料がない県は、福島県立医大に透析の情報収集を依頼。川口さんは同大の教授から電話を受け、窮状を具体的に話した。だが、返答は「県外搬送までする必要があるのか」「水を確保できれば透析を続けられるのでは」。その後、県からときわ会に「新潟への要請を現時点ではできない」と連絡が来た。

福島県いわき市からバスで搬送された透析患者の受け入れのために奔走する亀田総合病院のスタッフ＝千葉県鴨川市で（亀田総合病院提供）

■仕組み作りが先

常盤会長は新潟への搬送と別に、親族のつてを頼り帝京大医学部教授に助けを求め、首都圏への避難を探っていた。帝京大からのルートでときわ会のSOSを知った民主党参院議員の梅村聡さん（大阪府）は、厚生労働省から手を回して県の対応を変えようとした。だが、十五日夕、厚労省高官は「東北全体の患者搬送システムをつくるのが先。いわき市の透析患者をその仕組みに乗せればいい」と電話で言った。「そんなシステム、いつになったらできるのか」。期待は裏切られた。

2011年3月17日にいわき市から集団搬送された透析患者の行き先

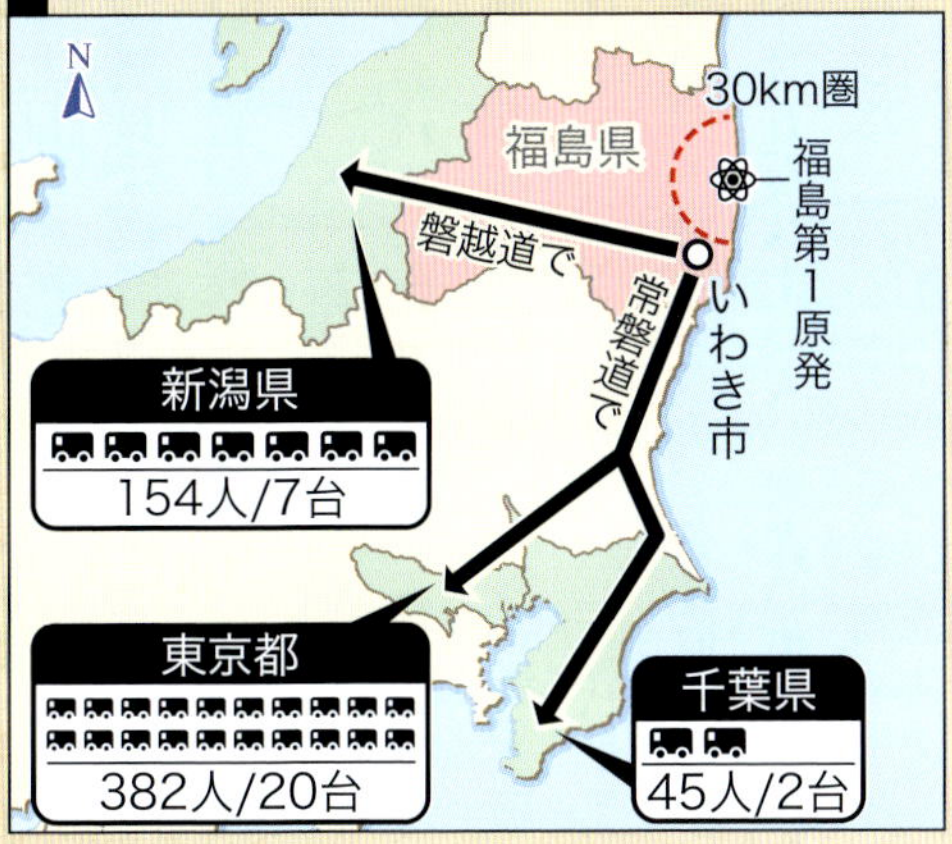

一方で、東京女子医大や東大医科学研究所、亀田総合病院（千葉県鴨川市）などの医療関係者や大学生の有志が支援に加わり、民間企業を巻き込んで救援策を具体化させていた。

観光バスを使った患者搬送の案が生まれ、旅行会社と非政府組織（NGO）が尽力。複数のバス会社を説得し、一日で三十台を確保した。あるバス会社から「行政の許可がほしい」と要望があり、梅村さんは十六日、厚労省の副大臣に「民間が民間を助ける活動を、官が妨げてはいけない」と掛け合い、厚労省は「黙認」した。

い。どうしたらできるか具体的なアイデアを出してくれ」と時には強い態度で答えた。一方で、参加してよかったと思ってもらうため、ガソリンがないとか炊飯器がほしい、放射線量は大丈夫かなどのチームの要望には全部応えた。

―災害医療コーディネーターの肩書は役立ったか。

役に立った。日赤の部長といっても、しょせん民間。公的な存在ではない。でも、特に役所との交渉では「知事に任命された」と言うと相手の態度が変わった。また、大病院派遣の救護チームにとっても、日赤の下に入ると思うと不満だったかもしれないが、県のコーディネーターというと納得してくれた。

―震災前からの積極的な人脈づくりも役に立った。

二〇一〇年一月に警察や自衛隊、消防、行政など災害現場の第一線に立つ実務担当者のネットワークをつくったが、災害が起きてから現場で互いに「初めまして」と名刺を切るのは嫌だった。三カ月に一度くらい飲み会を開き、顔の見える関係を築いてきた。おかげで震災後の合同チーム立ち上げの時も、全然文句は出なかった。

また、二〇一〇年九月には積水ハウスやＮＴＴドコモの地元店長らと災害時応援協定を結んだ。積水ハウスの人は僕の家を建ててくれた担当者、ドコモはマージャン仲間。震災後はすぐに病院にテントを建ててくれたり、携帯電話の基地局を造ってくれた。

備え 当事者意識で
救護調整役、平時から

―精神面で支えたものは何か。

とにかく石巻の再生のため全力を尽くす、という意志。そのおかげでぶれなかった。自分は家族も無事だったし、東北大病院の里見進院長の全面的なバックアップをはじめ、ブレーンやスタッフに恵まれた。全国から来たチームには医療者魂を見せてもらい、団結して活動できた。医者は何かと威張りがちだが、すべての職種に敬意を払い、相手が正しければ即採用、自分が間違っていたら即訂正を心掛けた。

―東海地方も大地震が確実に来るといわれているが、備えようと思ってもなかなか具体的に動けずにいる組織や人は多い。

結局、「当事者意識」があるかどうかではないか。宮城県沖地震は99％来ると言われていた。だったら準備するしかないだろう。三千人が震災当日に来院する、信号も止まる、などと言われた時

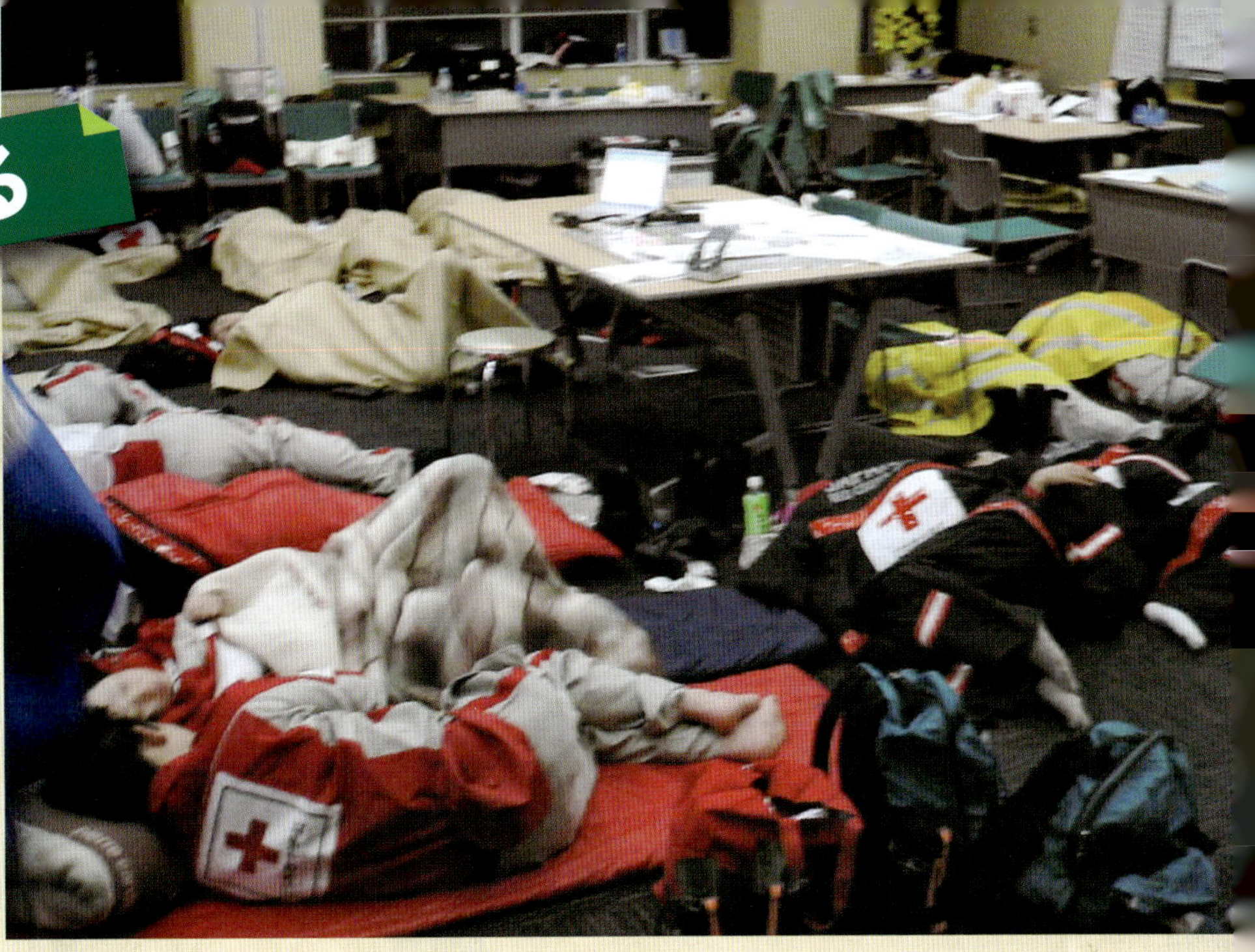

2011年3月13日午前5時、病院内の床で睡眠を取る医療関係者。全国から駆けつけ、身を削りながら治療を続けた

に、じゃあ責任者として何をするかだ。石巻赤十字病院は医療圏内唯一の災害拠点病院で、われわれがやらず誰がやるという思いはあった。行政には任せておけないという民間病院の独立心もあった。

―石巻赤十字病院の今回の災害対応は全国でモデルケースとたたえられているが、他の地域でも平時からできることはないか。

災害医療コーディネーターは兵庫、新潟などが設置しているが、ない県の方が圧倒的に多い。全国でいろんな自治体の災害計画を見せてもらったが、医療部門がないところが多い。

日本は災害が起きたら知事直轄の災害対策本部を立ち上げましょうという感じだが、個人的には米国の連邦緊急事態管理局（ＦＥＭＡ）のように、平時から常設のオフィスと職員がいるといい。そこに兼務でいいからコーディネーターを置く。

―患者や市民のレベルでできることは。

災害時になると江戸時代に戻る。電気や電話も通じず、コンビニもない。実際、本当に街中が真っ暗になり、信号も消えた。普段から震災時は家族で集合する場所を決めておくとか、携帯が使えなくなった時にどうするかなど、退化した感覚にリハビリをするイメージで準備するのはどうだろうか。

また、大量の薬難民が発生したので、持病のある人はお薬手帳を持っていてほしい。薬の名前や分量を覚えているといいが、言える人はどれだけいるだろう。何らかの方法で、疾患と服薬情報を他者と共有する仕組みを考えていかねばならない。

―被災地の苦難を忘れないため、今も水のシャワーを浴びていると聞く。

お百度参りみたいなもの。一年までは、と思って続けている。

（加藤美喜）

2012年3月5日 掲載

第32回

先人の教え

住民1500人 不明1人のみ
高台移転 命救う

海抜15メートル以下家屋なく
大船渡・三陸町吉浜

先人は地名や石碑などを通じて大震災を記録し、口伝でも子孫に教訓を残してきた。東日本大震災では、その教えを守って高台に移転し、多くの命が救われた集落があった。一方で、東海地方のかつての被災地では生活の利便性を優先し、浜に戻った人々も少なくない。東北地方を襲った想定外の津波に、その胸中は揺れる。

岩手県大船渡市中心部から北へ車で約三十分の海沿いにある三陸町吉浜地区。三月十一日、このワカメやホタテの養殖が盛んな村落を高さ十メートルを超す津波が襲った。堤防は流され、防潮林もなぎ倒された。だが、湾に面する山の斜面に立ち並ぶ家屋はほぼ無傷。住民千五百人のうち、行方不明者はわずか一人だった。

吉浜の元漁師、寺沢覚さん(72)は中学生のころ、三十キロのワカメを背負い、海岸から自宅までの坂道二・五キロをよく歩いた。それでも、海辺に住みたいと思わなかった。「海岸には、津波も台風もある。その怖さを祖母からたたき込まれた」

吉浜は、一八九六(明治二十九)年の明治三陸大津波と一九三三(昭和八)年の昭和三陸大津波に襲われた。明治の津波では、人口の二割に当たる二百四人が死亡したとされる。当時の村長が被災地

伝える

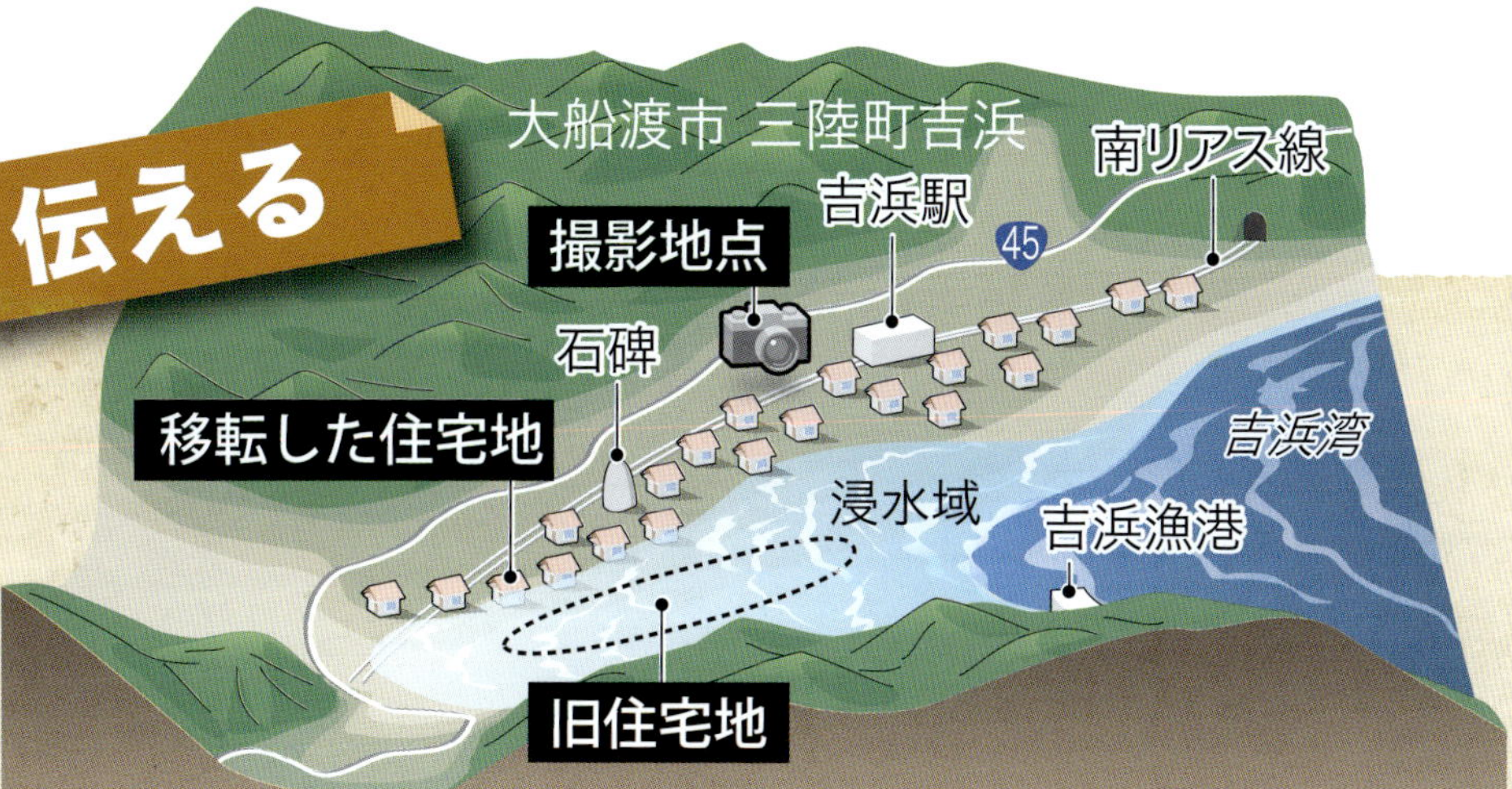

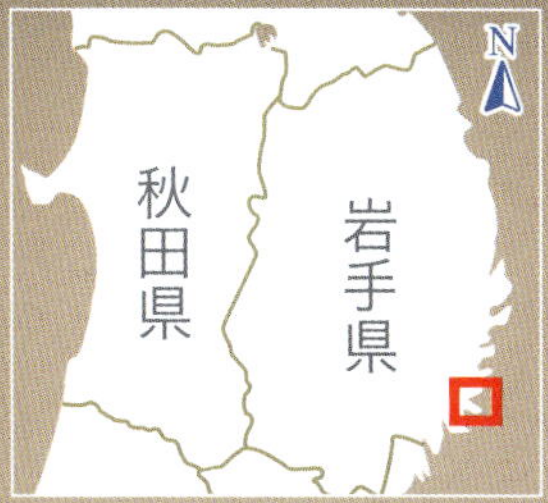

吉浜が受けた津波被害

1896年　明治三陸地震	
死者・行方不明者204人	M8.2～8.5
1933年　昭和三陸地震	
死者・行方不明者17人	M8.1
2011年　東日本大震災	
死者・行方不明者1人	M9.0

での居住を禁止し、住民は高台への集団移転を決断した。

ところが、郷土史家木村正継さん（64）によると、約三十戸が海抜八～十メートル地点に残ったため、昭和の津波でも十七人が命を失った。今度は国の方針を受け再び高台に移転。そして、海抜約十五メートル以下から家屋が消え、海沿いの平野部には田んぼが広がった。

吉浜を襲った津波。浸水域にはかつて集落があった。手前の高台には家が並ぶ＝吉浜の小松錦司さん提供

昭和の津波後、東北地方では吉浜以外の地域でも高台移転が行われた。だが、防潮堤など防災対策が進み、過去の記憶が風化するにつれ、住民は漁にも農業にも便利な低地に戻った。なぜ、吉浜の人々はとどまったのか。

現地で調査をする環境防災総合政策研究機構（東京）の加村邦茂主任研究員は「吉浜は釜石市など近隣の都市から離れ、流入人口が少なかった」と指摘。このため高台の土地に余裕があり、「次男や三男が独立して家を建てる際、低地に建てるなという伝承を守り抜ける環境にあった」と推測する。

大震災で漁港は破壊されたが、多くの命が守られた吉浜。木村さんは「教訓が親から子、子から孫へと伝えられてきた。我々も子孫に伝えていく」。大震災を機に、過去の津波被害を再び調べ始めている。

（中村禎一郎）

「住みやすい」低地へ　三重・熊野市新鹿町

風化を警戒「津波必ず来る」

終戦間も近い一九四四年十二月、三重県熊野市新鹿《あたしか》町を襲った昭和東南海地震。津波で壊された海岸沿いの自宅跡に、父はすぐ家を建て始めた。翌年一月の出征を控え、妻子の身を案じたからだ。津波再来を恐れた周囲の制止を「津波を忘れたころに皆、住み始めるさ」と一蹴したという。

当時二歳だった干物業竹内策一郎さん（68）は物心ついたとき、近くに商店街ができたことを覚えている。「本当に父の言う通りになった」。その後、自宅から国道を挟んで堤防ができ、辺りに民家が立ち並んだ。自身も家は建て替えたが、そこで暮らし続ける。

湾の入り江に九百人が暮らす新鹿は、江戸時代に数回、十メートルを超す津波に襲われた。昭和東南海地震では百六十二戸が流失、十三人が死亡した。それでも人々は暮らしやすさを求め、やがて元の場所へと戻っていった。

国道近くで酒店を営む山口寿さん（65）も、その一人。約二十五年前、先代が高台に建てた店を移した。坂道の配達が大変で人通りも少なく「とてもじゃないが、はやらない」。でも、東日本大震災の惨状を知った今、自問自答している。「あんな津波が来るのなら、別の考えがあったのかもしれない」

新鹿の津波被害や歴史を調べる新鹿津波調査会の山田智一さん（77）は「長い

昭和東南海地震の津波を受け、多くの家屋が壊された新鹿の集落＝新鹿津波調査会提供

新鹿の主な津波被害

1707年	宝永地震
死者24人	村の家が残らず流失
1854年	安政東海地震
死者13人	波の高さが11.5m
1944年	昭和東南海地震
死者13人	162戸が流失

※新鹿津波調査会著「新鹿の津波」から

間、大きな津波災害がなく、記憶が風化している。新鹿に移り住んだ人も増えた」と言う。

昭和東南海地震のとき、小学五年生だった山田さんは校庭にいた。地面が「ゴーッ」と揺れ、四百メートル離れた裏山へ逃げた。見下ろすと、集落をのみ込んだ津波が沖へ引き、海底からのぞいた藻が海を赤く染めていた。

「必ず来る津波で命を落とさないため、苦い体験を伝えないといけない」と山田さん。新鹿には、津波の教訓を残す石碑が点在し、昭和東南海から七年後に建った碑文は、こう結んでいる。

「大地震の時は　先《ま》ず海に耳目を向けて下さい　くれぐれも」

（加藤弘二）

伝える

地震保険 Q&A

補償範囲は浸水、液状化も認定

Q　地震保険とは。

A　通常の火災保険では補償されない地震や津波の損害をカバーするため、火災保険とセットで加入する。契約金額は火災保険契約額の 30 ～ 50％で建物は 5 千万円、家財は 1 千万円が上限。国も支払いを引き受ける公的な保険制度で、保険料は居住する都道府県や建物の構造で決まる。東日本大震災での支払いは、2 兆円を超えた。

Q　保険金はどのように支払われるのか。

A　「全損」で契約金額の 100％、「半損」で 50％、「一部損」で 5％が支払われる。基礎や柱などの主要構造物の損害額が建物の時価の 50％以上、焼失・流出した部分の床面積が延べ床面積の 70％以上だと全損になる。

Q　東日本大震災で被害が大きかった津波や液状化の補償は。

A　いずれも補償される。津波による浸水は、淡水と違い塩分や油などが交じり、修復が難しくなることから、日本損害保険協会は今回の震災を機に、津波による浸水損害の認定基準を明確化した。かもいや扉の上端までの床上浸水は全損、地盤面より 45 センチを超える浸水は半損、基礎の高さ以上の浸水は一部損になる。液状化による建物の傾斜や沈下も、基礎の傾斜度などで損害が認定される。

Q　自動車の補償は？

A　地震保険で、自動車や 1 個 30 万円を超える貴金属などは補償されない。自動車保険の車両保険も、台風や高潮など一定の自然災害は補償されるが、原則として地震や噴火、津波による被害はカバーされない。保険会社により、地震被害を補償する特約がある。

Q　保険証券を失ったら。

A　本人確認ができれば証券がなくても支払いを受けられる。どの損保と契約したか不明の場合、日本損害保険協会や損保各社に照会すると分かる。地震によって火災が発生した場合、地震保険に未加入でも契約金額の 5％ほどの見舞金が支払われる火災保険や共済があり、契約内容を確認したい。

（構成・境田未緒）

2011年6月20日 掲載

第33回

防災無線は届いたか

聞こえても「応じず」

海側より内陸の被害大

「逃げる」意識が大切　南三陸町

災害時に住民に緊急情報を伝え、避難を呼びかける防災無線。東日本大震災の被災地では無線が故障したり、住民が呼びかけに応じない事態もあり、計画通りに機能しない面があった。

町内に百五基の屋外スピーカーを設置していた宮城県南三陸町。地震直後、町役場はすぐ「津波に注意してください」と放送を始めた。三分後に大津波警報が出ると、「早く高台に避難を」。さらに「六メートルの津波が来ます」「十メートルの津波が来ます」と続けた。

町職員の遠藤未希さん（24）は役場ごと波にのみ込まれるまで、命を犠牲にして「大津波が見えています」と避難を呼びかけた。

各世帯に配られている防災無線の受信機

地元の漁師、阿部剛さん（40）は「町の健康診断や海の状態など、防災無線は日ごろから大切な知らせを流していた。避難の呼びかけもみんな聞いていたと思う」と証言する。

それでも、町内で発見された遺体は五百四十三体に上る（二〇一一年七月現在）。中には、放送を聞きながら避難が遅れた人もいた。

「心の隙につけ込まれた」。漁師の佐々木孝男さん（55）はそう振り返る。

南三陸町では一九六〇年にチリ地震津波が来襲。佐々木さんは海から数十メートルほどの家で育ったが、十一年前に「津波の来ない場所へ」と内陸約一キロに引っ越した。

震災当日は家にいた。停電してテレビは消えたが、響き渡る防災無線で津波が来るのは分かっていた。でも、「ここまで波は来ない」と安心していた。

「まずい」と思ったのは、自宅にあった防災無線の受信機で「大津波が…」と聞いたとき。近年は建物の密閉性が高まり、屋外スピーカーの音が聞こえないことがある。町は全五千四百世帯に一台五万円の屋内無線受信機を無料貸与していた。

佐々木さんが窓から海を見ると、迫り来る津波が目に飛び込んできた。二階建ての自宅は浸水。すぐに高台に逃げて難を逃れたが、近所では多くの町民が亡くなった。

町危機管理課の佐藤智係長は説明する。

「実は死亡者は海から離れた場所に住んでいた人が多い。津波到着までは三十～四十分もあった。最初の放送で逃げていてくれれば、寝たきりでない限り助かったと思う」

佐々木さんも自省しながら強調する。

「浜で育った漁師仲間は、地震が来れば津波が来ると思っていた。だから、海のそばにいても無線を聞いて逃げられた。やっぱ、逃げんのが一番」

防災無線は住民に普段から「逃げる」という意識があってこそ、役に立つといえる。

（上）町職員の遠藤未希さんが、防災無線で避難を呼びかけ続けた庁舎（下）防災無線のスピーカー＝いずれも宮城県南三陸町で

伝える

地震で故障 外では知るすべなく 名取市

仙台空港北側に広がる宮城県名取市は震災発生直後、二十一基ある防災無線スピーカーのうち海沿いの十基で避難を呼びかけようとした。しかし、役所内にある送受信機の電源装置が地震の揺れで故障。ヒューズが飛び、放送できなかった。

名取市下増田の農業森よしみさん（68）はその時、海岸線から五百メートルほどのビニールハウスで農作業中だっ

第35回
中部9県アンケート

市民100人に聞く
防災報道関心高まる87％

身近な対策「紹介して」

近い将来に東海、東南海、南海の三連動地震が発生し、未曽有の被害を受ける恐れがある中部地方。東日本大震災の経験を踏まえ、マスコミはどのような報道が求められているか。全国のメディアが震災報道のあり方などを話し合う「マスコミ倫理懇談会」が名古屋市で開かれるのに合わせ、中部九県の市民百人と各県、名古屋市の防災担当者に防災・減災報道に関するアンケートをした。

アンケートは二〇一一年八月中旬から九月上旬にかけ、愛知、岐阜、三重、静岡、長野、福井、滋賀、石川、富山の九県で実施した。

今後起きる震災に備え、被害の防止、減少を目的とした「防災・減災報道」について、東日本大震災後、87％の市民が「関心が高まった」と回答。実際に関連報道を「よく読む」「たまに読む」は90％に上った（アンケート❶、❷）。

今回の震災報道で「もっと知りたかったこと」（自由回答）は、交通機関の状況や支援方法など、さまざまな感想が寄せられた（❸）。震災の規模が大きく全体の被害がなかなか分からなかったため、「その時点でまだ分かっていないことの報道」を求める声もあった。

本紙が二〇一一年五月から始めた「備える　3・11から」に「目を通している」と回答した人（❹）に印象に残った記事を尋ねると、「防災無線は届いたか」（136ページ）「携帯電話は通じたか」（140ページ）「帰宅困難

伝える

防災・減災に関する市民アンケートまとめ　中部9県で100人に実施

1 東日本大震災後、防災・減災報道への関心は高まったか

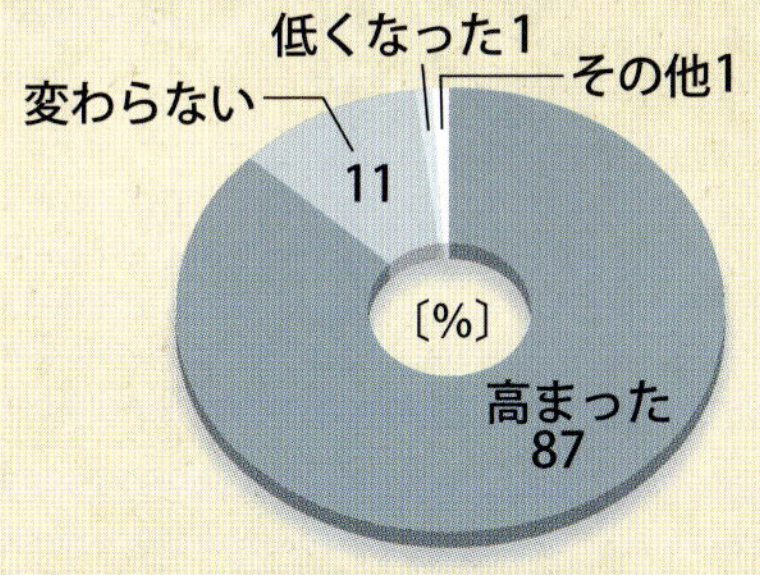

2 防災・減災報道を読む(視聴する)か

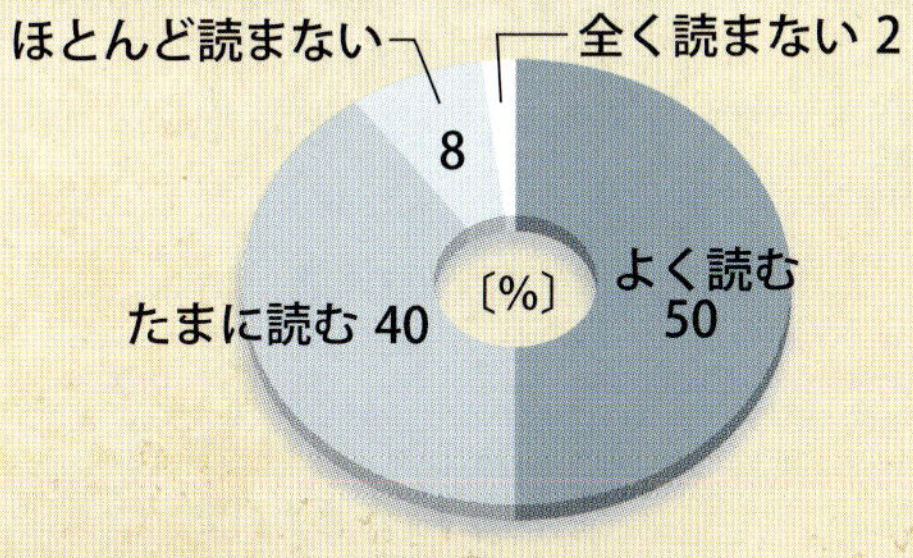

3 東日本大震災の報道でもっと知りたかったこと

- 帰宅時の交通機関状況
- 被災者の生の声
- 私たちにできる支援方法(支援物資の送り方など)
- 観光客は逃げられたのか
- 現地の被害画像
- その時点でまだ分かっていないことの報道

4「備える 3・11 から」に目を通しているか

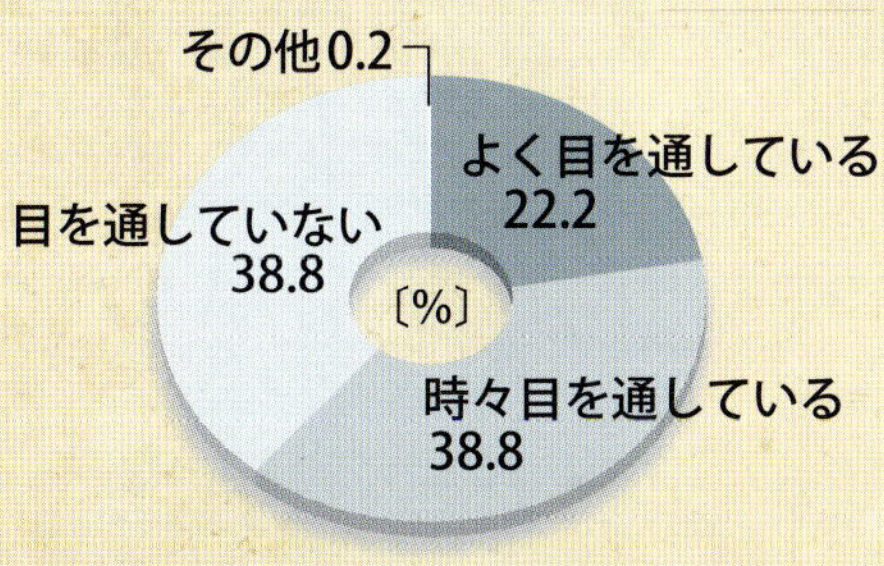

5 予算で優先順位が高いのはどの分野か

※2項目以内で選択、数字は%

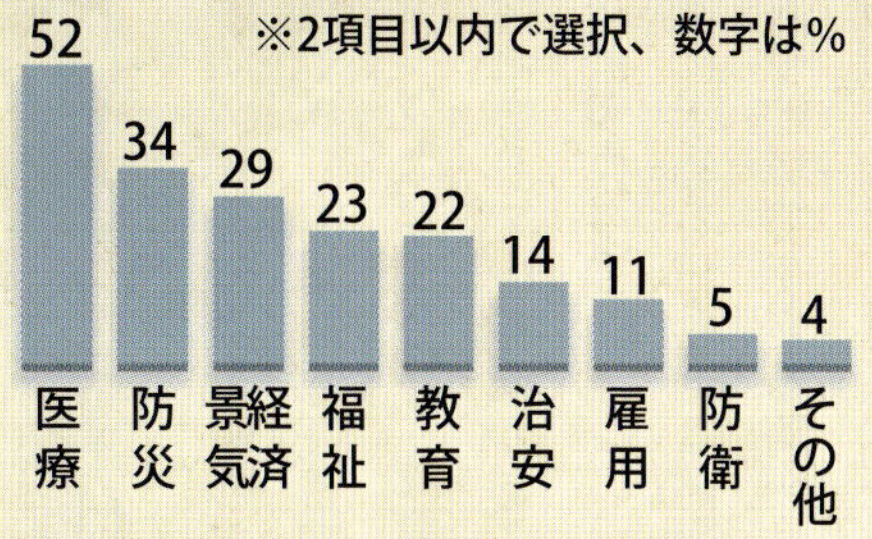

6 1000年に1度の規模とされる東日本大震災を踏まえ、国や行政は何年に1度の災害に備えるべきか

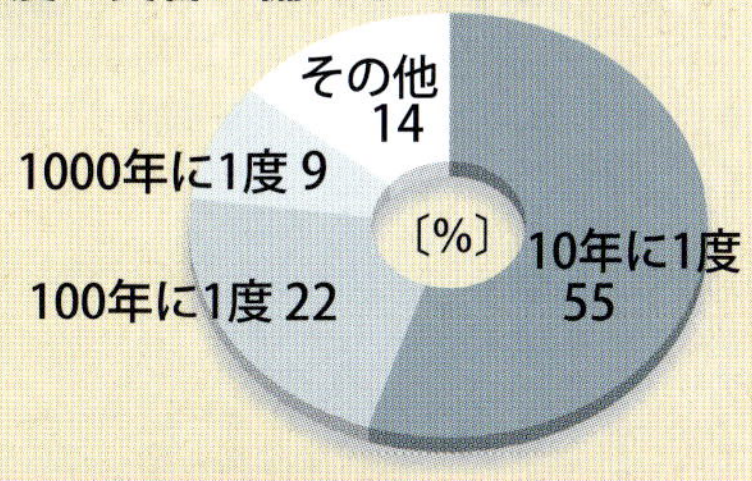

7 防災予算を工面するのに認められるのは?

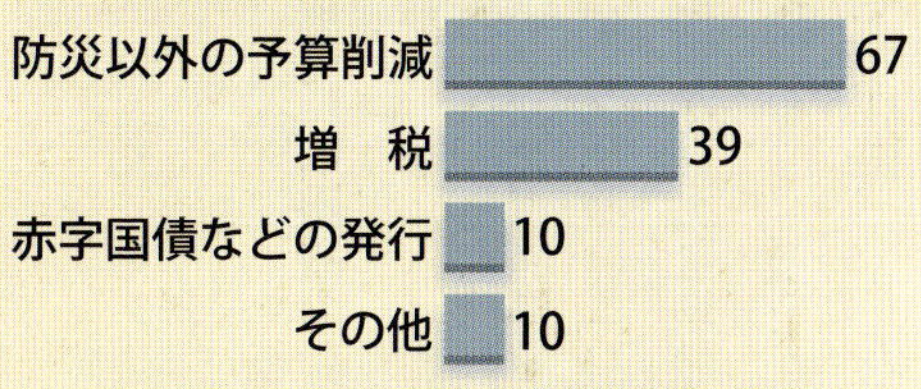

※複数回答、数字は%

8 新聞の防災・減災報道で知りたいこと

- 過去の地震とその復興過程
- 地域のつながりのつくり方(町内会の活動が縮小傾向のため)
- 具体的な避難の仕方
  車に乗っていたときは?
  地震の時は家から出ない方がよいのか?
  高層ビル内の安全確保の方法は?
- 備蓄しておくべき物とその量
- 防災報道はそのうち慣れてしまう。
  時々「唐辛子」のように目を覚まさせるような危機感のある報道を
- 記者が現場でみた今後に生かせる情報

(40ページ)が上位に。災害時、実際にどうやって避難できるのか、家族と連絡が取れるのかに関心が集まった。

予算面で優先すべき分野を尋ねると「防災」は「経済・景気」や「福祉」「教育」を上回って二位に(❺)。ただ、「行政は何年に一度の災害に備えるべきか」の質問では、「十年に一度」が半数を超え、「百年に一度」「千年に一度」は合わせて三割強にとどまった(❻)。

いつ起きるか分からない大震災に備

2011年9月26日 掲載

第36回 防災報道を問う

マスコミ倫理懇 分科会「減災・防災報道」
本当に役立つ情報とは

メディア試行錯誤

新聞社や放送局などでつくるマスコミ倫理懇談会第五十五回全国大会が二〇一一年九月、名古屋市で開かれた。「減災・防災報道」分科会では、震災に備え、被害を減らすための報道をめぐり活発な議論が交わされた。名古屋大減災連携研究センターの隈本邦彦客員教授（元NHK記者）が基調講演。東北地方で新聞を発行する河北新報（本社・仙台市）や阪神大震災を経験した神戸新聞の記者らが報道の難しさや反省を交え、取り組みを報告した。

■新聞

河北新報・須藤宣毅氏（報道部震災取材班キャップ） 東日本大震災以前、宮城県沖地震は三十年以内に99％発生すると言われていた。昨年から月一回、特集ページを設け、防災を訴えてきた。かつて大津波が起きた「貞観《じょうがん》地震」の研究も取り上げ、高台への避難や徒歩での避難を呼びかけてきた。

だが、震災後の読者アンケートでは、事前の防災記事が「役に立たなかった」との回答が七割を超えた。今後の報道への要望では「地域で防災教育活動をしてほしい」との回答も目立った。防災情報を繰り返すだけでは不十分と感じた。

震災から一年後をめどに、大学などと協力して地域ごとに避難をテーマにした体験型の講座ができないかを社内で議論している。避難の仕方を考え、地図に落とし、実際に行動してもらう取り組みを考えている。

（長野）「避難所生活での健康管理情

提言もあった。

神戸新聞・岸本達也氏（社会部災害報道特報班キャップ）　阪神大震災から十六年たった今も「震災は過去ではない」と伝えていくのが防災報道の柱だ。もう一つは次の災害に備える視点。阪神大震災前、専門家は大地震の発生を警告していた。それをどこまで伝えられたか疑問で、悔しさもある。次も同じことがあってはならない。

南海地震が起きると、淡路島には十メートル超の津波が来る想定がある。前回の南海地震が比較的小規模だったので地元には「大丈夫」という雰囲気がある。「そんな楽観的な状況じゃない」と報道しなければならない。

東日本では、被災地の定点を決めて十年かけて復興を追いかけていこうと決めた。読者に津波がどういうものかも伝えていく。

兵庫県にも東北の被災者が避難してきている。阪神の時には被災地を離れていった人が五万五千人いた。六～七割の人が今も「戻りたい」と思いながら戻れていない。阪神の今の被災者に向き合うことは、東北の十六年後につながる気持ちを持っている。

マスコミ倫理懇談会が開かれ、減災・防災報道について話された分科会＝名古屋市中区のホテルで

中日新聞・平岩勇司氏（社会部「備える」デスク）　東海地方の住民は東海、東南海地震が近く来ると言われ続けている。伊勢湾台風の経験もあり、自然災害はいつも頭にある。一方で災害から時間がたつと、関心が薄れてしまう。減災・防災報道は今伝えないと、チャンスがなくなってしまう。「備える　3・11から」の連載を中心に積極的に発信したい。

■テレビ

テレビ朝日・杉山貴弘氏（社会部記者）　東日本大震災の取材はいくつも落とし穴があった。東京が被災し、身動きが取れなくなった。特に痛かったのが、地元系列局のヘリコプターが津波で流されたこと。上空から被災状況を確認し、取材態勢を決める方法が取れず、情報を集められなかった。

また、テレビの場合、映像がないとニュースにならない。そのやり方だと、本質を見失いかねないもどかしさはある。

■自治体

三重県防災危機管理部地震対策室・奥野真行氏　二〇〇九年に台風18号が接近

第37回
隠された震災被害

戦中の昭和東南海・三河地震
震災被害の機密記録

帝国議会資料存在　惨状、詳細に記載

太平洋戦争中のため被害が公表されず、「隠された地震」といわれる昭和東南海地震と三河地震の被害を記した帝国議会秘密会の速記録集が存在することが分かった。東海地方では近い将来に東海、東南海、南海の三連動地震の発生が予想されており、今後の防災・減災対策につながる貴重な資料となる。

見つかったのは、戦争末期の一九四五（昭和二十）年二月九日に開かれた衆議院秘密会決算委員会の速記録集「空襲ノ被害状況及ビ東海、近畿地方ニ於《お》ケル震災ノ被害状況」。小磯内閣の佐藤洋之助内務参与官が報告した内容をまとめている。昭和東南海地震を研究する兵庫県立大の木村玲欧准教授（災害心理学）が政府関係者から入手した。

昭和東南海地震は一九四四（昭和十九）年十二月七日、三重県沖を震源に発生。戦後の研究でマグニチュード（M）は7・9とされる。三河地震は一九四五年一月十三日、昭和東南海の余震で、規模はM6・8。いずれも正確な死傷者数、倒壊家屋数などは公表されていない。

速記録集によると、昭和東南海地震の被害は「相当ニ広大」とし、「最モ大キナ被害ハ静岡、愛知、三重」と報告。死者・行方不明者は千四人、けが人は千九百十七人に上る。三重では地震の五分後、高さ二丈五尺（七・六メートル）の津波が三回来襲したと記載している。航空、造船、ガラスなどの「重要軍需工場

防災・減災に役立つ

名古屋大減災連携研究センター
福和伸夫教授の話

昭和東南海、三河地震に関する国の記録は少なく、速記録集は貴重な資料となる。地震の歴史的な記録を継承することは防災・減災上、重要。資料から、この地方の軍需産業に大きな被害があったことが分かる。将来の地震でも地元産業に大被害が出る恐れがあるということ。企業の防災・減災を考える際にも役に立つ。

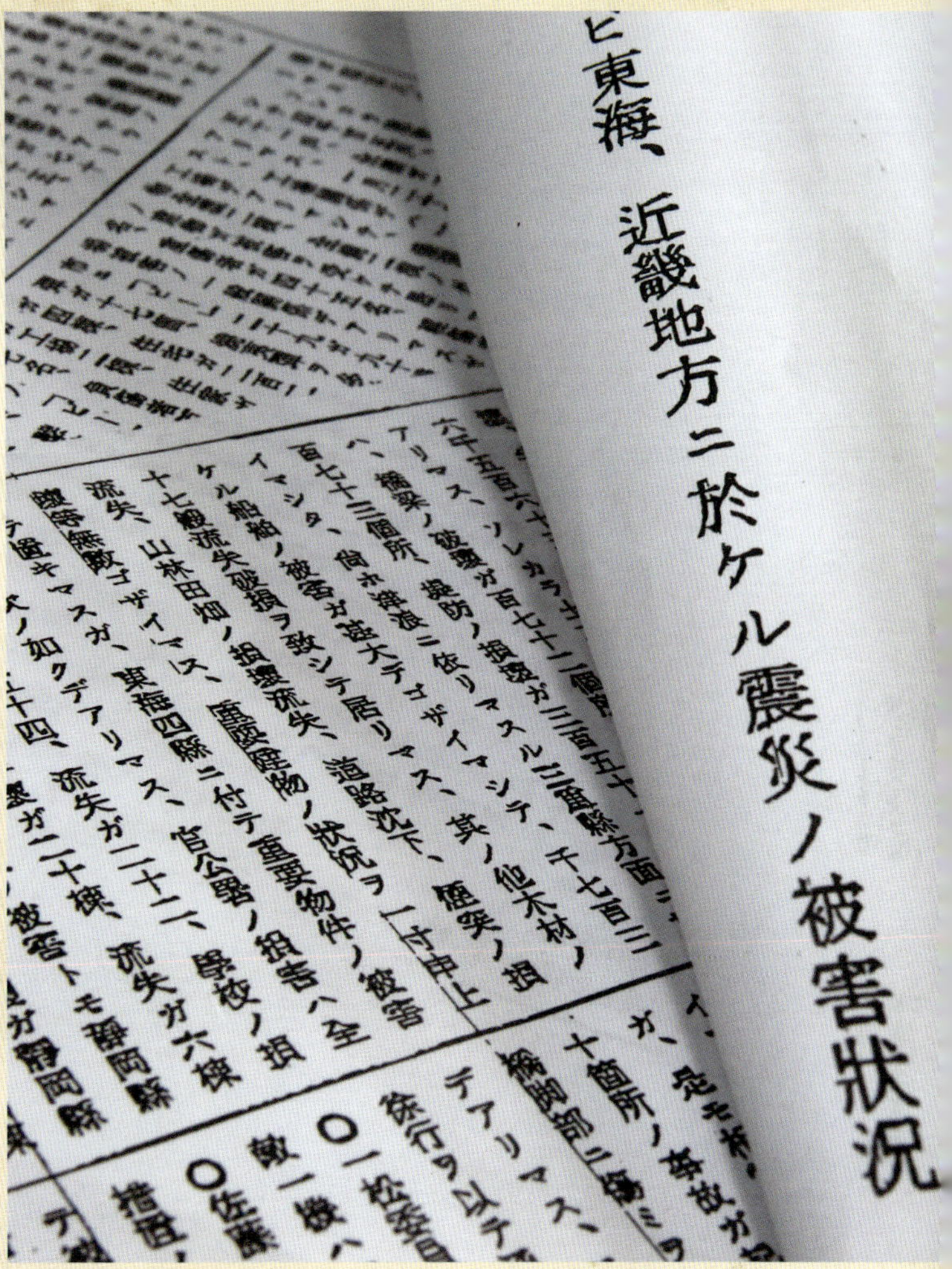

昭和東南海地震と三河地震の被害が記された速記録集のコピー

ノ被害ガ非常ニ多イ」ため、「是《これ》ハ現時局下洵《まこと》ニ遺憾ト存ズル」と説明。軍事的影響から被害を公表しなかった意図が分かる。

三河地震は「局部的デアリマスガ、大キナ惨害」と報告。死者は昭和東南海より多く、愛知県の幡豆郡と碧海郡で二千六百五十二人。同県西尾町（現西尾市）は「約二万二、三千の人口デ（中略）全滅ニ瀕《ひん》シテ居《お》リマス」と説明している。さらに「（現場に）行ッテ見マシテ、中々涙ナシニハ慰問ガデキナイト云《い》ウヨウナ状況」と惨状を伝える。

木村准教授は「当時、秘密にされていただけで、国が被害を調査し、かなり詳細に分かっていたことが見て取れる」と話す。国の中央防災会議によると、東南海地震は今後三十年以内に70％の確率で起きると予想され、さらに中部各地の活断層で大規模な余震が起きると指摘されている。過去の被害実態を伝えた速記録集は、今後の被害想定や防災対策に活用できる重要資料といえる。

（中村禎一郎）

軍需工場への打撃列挙

秘密会報告の背景か　専門家指摘

　太平洋戦争中の「隠された地震」と言われる昭和東南海地震と三河地震の実情を伝えた帝国議会秘密会の速記録集が見つかったことで、両地震による被害の甚大さが克明に浮かび上がった。兵庫県立大の木村玲欧准教授（災害心理学）は「秘密会で報告したのは、死者数や建物の被害より、軍事施設の被災を隠すためだったのでは」と指摘する。

　速記録集によると、昭和東南海地震の被害は愛知、静岡、三重の三県を中心に二府十四県に及んだ。死者・行方不明者は千四人、建物は三万四百二十戸が全壊。三重では津波で船が千七百三十七艘失われた。

　内容は、橋や堤防、鉄道などインフラ設備の被害のほか、官公庁の建物や軍事施設の被害報告が多い。特に軍需工場の被害が大きく「現時局下洵《まこと》ニ遺憾」として、中島飛行機や日本航空、三菱航空、名古屋造船など被害を受けた軍需工場を列挙している。

　市民の被害は最後に「救護其ノ他応急措置ノ問題」として触れられた。学校などを避難所として食料や水の供給、救護班の設置などをしたと説明。その上で「時恰《あたか》モ警備防空ノ緊迫セル際デアリマシタノデ、直チニ警察官、警防団ヲ動員致シマシテ警備ヲ強化」したとして、被災地の秩序維持を最優先する態勢がうかがえる。

　三河地震の報告は、現地視察の内容に基づき詳細だ。午前三時三十八分の発生で「スッカリ寝込ンデ居リマシタ時ニ非常ナ上下動ノ激震」だったため、死者は昭和東南海を上回る二千六百五十二人に達し、五十五人の疎開児童が含まれていた。

　余震は毎日四十回～五十回も発生。被災者は建物が傷んで自宅に住めず、「皆掘立小屋ヲ造リ、或ハ道路ニ色々ナ物ヲ持出シ、避難シテ住マッテ居ル」と伝えている。渥美湾（三河湾）に面する平坂町（現西尾市）では、堤防が四メートル沈下し、七十九ヘクタールの美田が海水に浸った。

　一連の被害は大きいが、それでもこの地震は東南海地震の単独発生。東海地方では近い将来、東海、東南海、南海の三連動地震が予想され、死者は二万五千人と想定されている。中部各地の活断層で余震が多発する可能性も高い。今回発見された速記録集が伝える惨害は、将来の中部地方で再び起こり得る話だ。

伝える

昭和東南海地震

1944年12月7日午後1時35分ごろ発生。三重県紀伊半島南東沖の熊野灘・遠州灘沖が震源。戦後の調査などから、死者・行方不明者は1200人とされている。単に「東南海地震」とも呼ばれる。

三河地震

1945年1月13日午前3時40分ごろ、三河湾を震源に発生。愛知県の現西尾、安城両市など矢作川下流域に被害が集中した。2300人が死亡したとされる。

1944年の昭和東南海地震の津波被害で、集落が倒壊した三重県尾鷲市（報道カメラマン太田金典氏の遺族提供）

東海地方を襲った主な地震

20XX 年	東海·東南海·南海地震	?
1945 年	三河地震	M6.8
1944 年	昭和東南海地震	M7.9
1891 年	濃尾地震	M8.0
1854 年	安政東海地震	M8.4
1707 年	宝永地震	M8.6
1605 年	慶長地震	M7.9

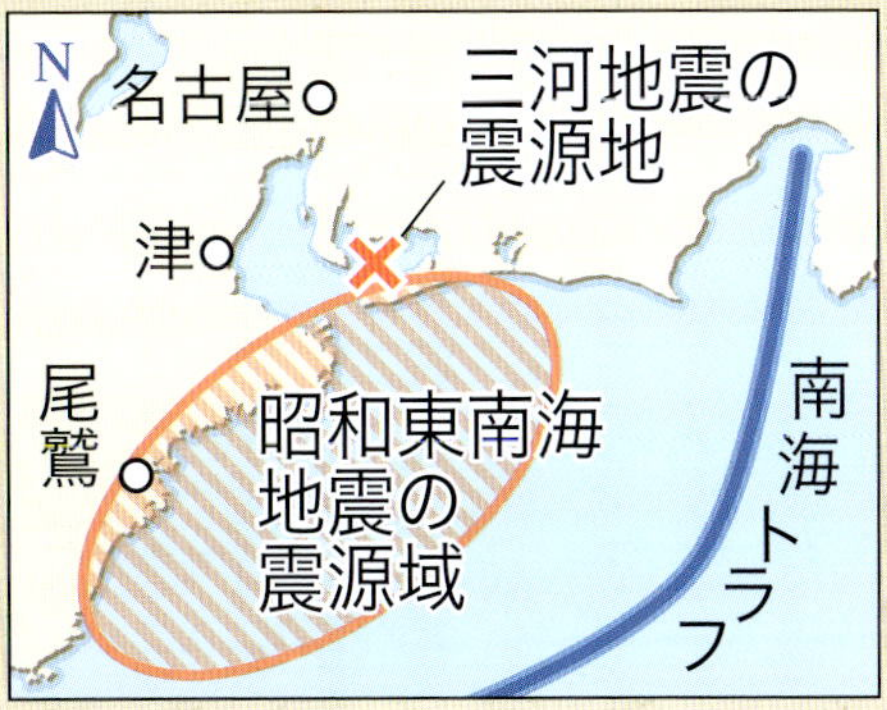

「津波100メートル」飛ぶ流言

碧南へ帰省元近衛兵証言

「これは秘密だけど、『百メートルの津波』が起こったんだ」。それは、東京で近衛兵をしていた原田三郎さん（92）＝愛知県碧南市湖西町＝が大本営の先輩から聞かされた話だった。先輩はさらに続けた。「渥美半島が飲まれてしまった。知多半島も八分なめてしまった」

被害が公表されなかった昭和東南海地震の直後。比較的情報が得やすいはずの軍部内さえ、いいかげんなうわさが広まっていた。米国や英国では新聞各紙が一面で報道。ワシントンポスト紙は「観測史上最大規模の地震の一つ」と伝えた。

一方で、当時の中部日本新聞（現中日新聞）は、東南海地震翌日の朝刊（一九四四年十二月八日付）で「天災に怯《ひる》まず復旧─震源地点は遠州灘」と、小さな見出しの記事を掲載。その後も、具体的な被害は紹介されていない。

原田さんは地震直後に家族から手紙をもらい、実家が大破したことを知っていた。そのうえ、先輩の流言。上官に頼んで特別に十日間の帰省を認めてもらい、発生から一カ月後の一九四五年一月五日に碧南市の実家にたどり着いた。

手にはカメラを持っていた。「東京に帰って報告するときに、写真があった方がいいと思って」。実際に実家に到着すると、百メートルの津波どころか、震源から遠い碧南市に大きな被害はなかった。実家も修理すれば使える状態だった。

ところが、帰省から七日後の一月十三日未明に状況は一変する。昭和東南海地震の余震とされる三河地震が起こった。布団にいた原田さんは下から突き上げられて跳び起きた。「助けてくれ」と声が聞こえる。家族を避難させたが、家の半分が崩れ落ちていた。

原田さんの集落では住民四百五十人のうち二十六人が死亡。実家近くの寺は本堂がなくなっていた。「当日は無我夢中で覚えていないが、写真を撮りに行ったんだと思う」

カメラで撮影したのは寺と学校と実家。当時は「防ちょう（スパイ防止）」が強く叫ばれ、カメラを持っていれば警察や憲兵につかまる時代だった。原田さ

三河地震で倒壊した原田さんが住んでいた集落。左が半壊した原田さんの実家。手前の女性は原田さんの妹

んは「記憶は定かでないが、公共物と自分の家なら撮ってもいいと考えたんだろう」と振り返る。

そうして撮った写真も終戦で再び消失の危機を迎える。軍は終戦と同時に証拠隠滅のために「手持ちの物は全部燃やせ」と命令。原田さんも「部下に模範を示さないと」と、手元にあったネガや写真は燃やした。

「残っていたのは、東京に帰った後、家に送ったいくつかの写真。それを家族がしまってたんです」。原田さんの集落の被害を画像で伝える品は、わずか十数枚の写真だけだ。

（中村禎一郎）

伝える

犠牲者や倒壊　正確に調査

古文書や被災者の証言を基に昭和東南海地震や三河地震の被害調査をしたことで知られているのが、名古屋大の故飯田汲事《くみじ》名誉教授（地震学）＝写真、二〇〇〇年に死去＝だ。

国内最大級の内陸型地震とされる「濃尾地震」（一八九一年）の被害調査や、東海地方が十五メートルの大津波に襲われたとされる海溝型の「明応地震」（一四九八年）の研究でも有名だ。

明応地震は東海地震、東南海地震が連動したといわれ、マグニチュード（M）は8・2〜8・6とみられる。明応地震に絡んでは、三重大（津市）構内の新校舎建設予定地から鎌倉、室町時代など中世の液状化跡が発見されている。明応地震との関連を指摘する声が上がっており、研究の評価が高まっている。

その飯田名誉教授は昭和東南海、三河の両地震をどう見ていたのか。飯田名誉教授がまとめた「東海地方地震・津波災害誌」には、昭和東南海地震の死者が千二百二十三人、建物の倒壊が三万四千九百四十六戸と記載されている。

今回の速記録集の死者、行方不明者がこれに近い計千四人であることを考えると、飯田名誉教授の示した数字の正確さが裏付けられた形だ。

故 飯田 汲事 名大名誉教授

さらに、飯田名誉教授は三河地震の死者を二千三百六人と公表。この人数については、研究者の間で「当時の人口などから考えると、多すぎるのではないか」との指摘があった。

しかし、速記録集には死者二千六百五十二人とあり、飯田名誉教授の三河地震調査は、昭和東南海地震と同様にかなり正確だと言えそうだ。

第38回
悲劇生んだ津波警報

過小予測 避難に迷い

東日本大震災の発生から三分後、避難を促すために出された津波警報が逆に、逃げようとした住民の足を止めた。「予想される津波の高さは岩手県と福島県で三メートル、宮城県で六メートル」。実際よりも大幅に低い予測が逃げ遅れや犠牲を招いた。東海・東南海・南海の三連動地震に備え、津波警報は見直しが進んでいる。

岩手県陸前高田市の千田《ちだ》勝郎さん（70）は三月十一日、海岸で松林保護の巡回中、地震に遭った。近くの野球場のネットにつかまって揺れを耐えたが、液状化のためグラウンドのあちこちから泥水が高さ五メートルも噴き上がり至る所で堤防が傾いた。

「おっきな津波が来っから、こんなとこさやられるべ。はよ逃げれ」。揺れが収まるとすぐ仲間と声を掛け合い、一キロ離れた自宅へ。息を切らして五百メートルほど走ると、「津波警報が発令されました。三メートルの津波が予想されます」と防災無線が鳴った。「何だ。大したことねえべな」。一息ついて歩きだした。

自宅で妻スミ子さん（70）の無事を確認し、テレビで津波情報を見ようとした。停電でつかない。高台への避難も考えたが、頭に浮かんだのは一九六〇年のチリ地震。東北地方は四～六メートルの津波が観測されたが、自宅近くは手前の道路が少し浸水した程度だった。

「三メートルならチリ地震より小さいから大丈夫だべ」。高台ではなく、自宅から二百メートルの公民館へ避難した。そして公民館の外で立ち話をしていた時、砂煙を上げながら家屋をなぎ倒して押し寄せる津波が目に入った。

千田さん夫妻はがれきとともに濁流に

伝える

のみ込まれた。「死ぬかと思った」が、山肌に打ち上げられ木に引っ掛かり、近くにいた高校生に引っ張ってもらい命拾いした。一緒に公民館にいた約十人は亡くなり、町内百六十軒の約二百人のうち五十三人が津波の犠牲になったという。

街が水没するほどの大津波を受けた岩手県陸前高田市。地震直後は「津波の予想高さは3メートル」と警報が流れた＝2011年3月12日朝、本社ヘリ「まなづる」から

3月11日に気象庁が発表した予想される津波の高さ

	14:46 地震発生	14:49 初報	15:14 更新	15:30 更新
岩手県		3m	6m	10m以上
宮城県		6m	10m以上	10m以上
福島県		3m	6m	10m以上

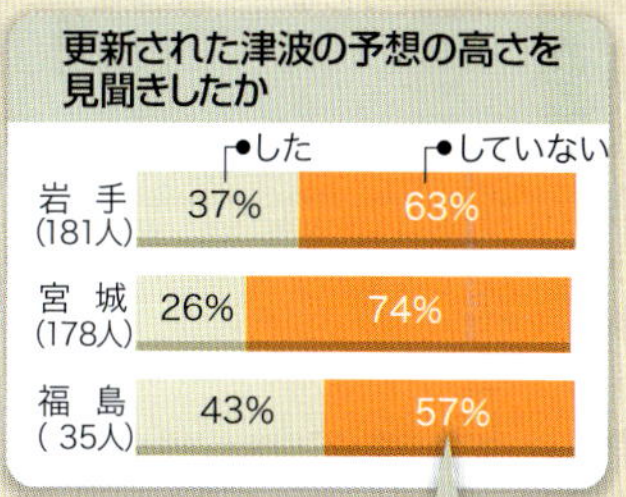

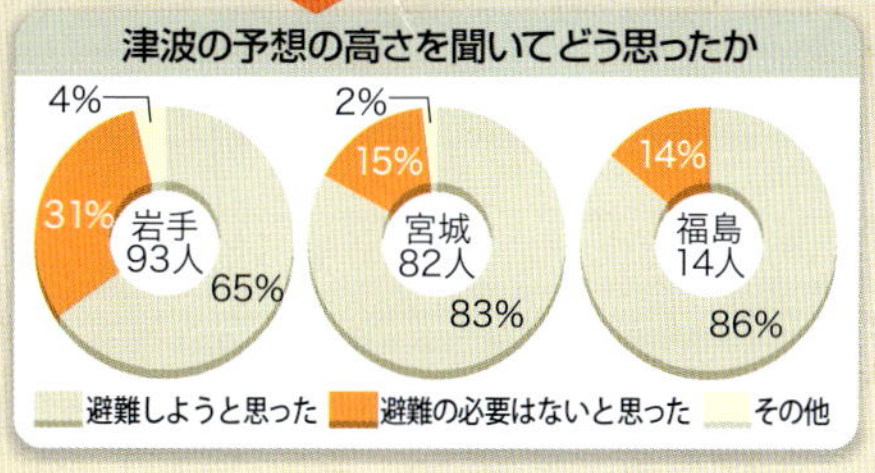

見聞きしていない主な理由

- 避難のため余裕がなかった
- 役場や防災無線から情報がなかった
- テレビ・ラジオが停電で使えなくなった
- 津波の高さ情報に注意していなかった
- 携帯電話が使えなくなった

※内閣府などの被災者面談調査結果より。人数は調査人数

「三メートルと聞いて、安心した人もおったやろう」。夫婦で暮らす仮設住宅でそう振り返る。

岩手県釜石市の山崎隆男さん(75)も防災無線の「三メートル」の予測に惑わされた。防潮堤の高さは六メートル。住宅地は大丈夫だと安心した。「本当に津波さ来んのか?」と自宅近くで海を眺めていると波が堤防を超えてきたのが見え、「ただ事でねえべ」と慌てて逃げた。

三メートルの情報で「『避難するべ』って言っても、津波を見るまで逃げん人が多かった。油断してて亡くなった人もいた」と山崎さん。警報の過小予測が、各地で惨禍を招いた。

東海自治体の防災無線
高さは〝封印〟見直し広がる

気象庁は東海地方で巨大地震が発生した場合、第一報での過小評価を防ぐため、震度5弱以上が広範囲に確認されれば、東海・東南海・南海の三連動地震の想定マグニチュード(M)8・7に即した津波警報を出す方針に改めた。ただ、東海地方の沿岸自治体では、防災無線で流す内容で対応が分かれている。

三重県尾鷲市は今回の震災を受け、二〇一一年八月から津波の予測高や到達予想時刻を防災無線で流さないようにした。「予測高が三メートルと言ったら、三メートル以上の場所なら安全と誤解を与える」という理由だ。

同県鳥羽市も「高さの程度より、まず逃げるのが大事」として津波予想は入れず、繰り返し高台へ避難を呼びかける。愛知県田原市は「高さ予想は違っていることが多い」ため、到達予想時刻だけを放送し、高台への避難を呼びかける。名古屋市は「不確定情報は混乱のもと」として、津波警報が発令されたことと、高い場所へ避難を促す録音メッセージを流すだけだ。

ただ、避難の判断材料になる情報を流さない手法が適切かという問題もある。

愛知県豊橋市は、入手した情報をできるだけ伝える考えで「津波の予測高や到達予想時刻など気象庁の発表通りの情報を流している」。東日本大震災時も職員が更新情報を順次、防災無線で読み上げた。津市も「情報には具体性が必要。大きな津波と言うより、何メートルと言った方が緊張感を与えるのでは」という立場だ。

速さ優先 限界

揺れ長くデータ不足 M9・0をM7・9推定

なぜ津波警報は過小予測をしたのか。

気象庁は地震後三分を目標に津波警報・注意報を出す。一九九三年の北海道南西沖地震は三分後に津波が来ており、東海地震でも静岡県の小川漁港、興津漁港に三分で到達するとされ、迅速性を最優先するためだ。

だが、東日本大震災は揺れが三分以上続き、途中までのデータしか使えなかった。地震の規模はM9・0だったが7・9と過小に推定し、津波予測も大幅に小さくなった。

国の調査では、岩手県で津波の予測高を聞き31%は「避難の必要がない」と判断した。予測高が六メートルの宮城県でも15%。しかも、これは生存者への調査であり、「避難の必要はない」と考え亡くなった人も多いと推測される。津波警

津波警報・情報内容の改善策

第1報の不確定性が高い段階

現在の発表：高い所で○m程度の津波が予想されます

→ 改善策：数値を言わず「巨大」「高い」と表現する

予想される津波の高さを発表する段階

分類		現在	改善策
津波警報	大津波	10m以上 8m 6m 4m 3m	10m以上 10m 5m
	津波	2m 1m	3m
津波注意報		0.5m	1m

高さ区分を8段階から5段階に減らし、高さイメージを固定しないようにする。改善案にある「3m」は 1～3m、「5m」は 3～5m、「10m」は 5～10m 程度

報はその後、予測高を上方修正していったが、更新情報を聞いた人は岩手で37%、宮城で26%にとどまった。

気象庁の永井章地震津波監視課長は「一回目から避難に役立つ警報を流さないと意味がなかった。三分という短い時間で見極めるのは限界があった」と話す。気象庁は今後、M8を超える地震の一報は予測高を示さず、「巨大」「高い」などと発表する。八段階ある予想高も地域でばらつきがあるため、五段階に簡素化する。また、津波は第二波以降が大きい場合がある。第一波で小さい数値を伝えると、最大波と勘違いして安心感を与え、避難を妨げると判断。第一波の到達時刻だけを伝え、数字は出さずに「観測中」と表現する。

（後藤孝好）

伝える

警報のあり方 識者に聞く

東京女子大
広瀬 弘忠 名誉教授

行動指示具体的に

津波の情報を適切に発信するにはどうすればいいか。安全・安心研究センター（東京）長の広瀬弘忠・東京女子大名誉教授（69）に聞いた。

（聞き手・林勝）

●警報で「津波予想３メートル」と聞き、逃げなかった人がいた。

住民を避難させられないなら、何のための津波警報か。数値だけでは、避難行動するよう説得する視点に欠ける。「すぐにビルの5階以上に上れ」「10分以内に15メートル以上の高台へ」など、地域に応じて具体的に指示するべきだ。

人は予想以上の災難に遭うと、逃げるより動けなくなることが多い。米同時多発テロで最初の航空機がビルに突入した際、避難開始まで最も時間がかかったのは突入場所に一番近い高層階の人。何が起きたか、何がこれから起こるかイメージさせることが大切だ。

●ただ、正確な情報はすぐ伝えにくい。

正確でなくてもいい。最も間違った対応は確実でないからと情報を出さないこと。危機意識に訴える具体的情報が人を動かす。

●気象庁は第一報の津波表現をあいまいにする方針。混乱回避のためと具体的情報を流さない自治体も。

とにかく逃げてもらおうという発想だが、人間の心理を理解していない責任逃れ。情報を出す側はたとえ結果が誤報でも、その時々で知り得た情報を発信し続けるべきだ。それが行動につながる。

●誤報で信頼を失わないか。

「間違いはダメ」という考え方が危ない。状況は刻々と変わり、情報も変化するという認識を社会全体で共有することが必要。2010年2月のチリ地震で気象庁は17年ぶりに大津波警報を発表した。実際に大津波は来なかったが、問題はその後。米国の観測機関が日本を含む太平洋沿岸の警報を解除した後も、気象庁は8時間半も警報を続けた。状況の変化に対応できないことの方が信頼を失いやすい。

●今後の課題は。

地震による停電や故障でテレビや防災無線が利用できない地域があり、情報を伝える態勢の貧弱さが分かった。被災予想エリアの携帯電話に一斉に情報送信するなど、住民が最新情報を常に把握できる整備が必要だ。

2011年12月19日 掲載

人、三重は十万二千六百人に達する。

被害者数は、防波堤の整備状況や住民の避難意識などによって変動する。「あくまでも参考値」（福和教授）にすぎないが、現在の想定と比べると、愛知は十五倍、三重は二十一倍となる。

沿岸低地の震災は津波だけではない。同センターの護雅史准教授（地震工学）は「低地は地盤が緩く地震の強烈な揺れや液状化の危険性も高い。建物の損壊も激しくなる」と指摘する。

三連動の場合、被災地は関東、関西圏にも広がる。両圏域が被災し、東海道新幹線や東名高速道路の大動脈が寸断されれば、東海地方の孤立は避けられない。自動車産業をはじめ日本の生産拠点の壊滅的な打撃は、国の存亡にもかかわる。

そして、想定震源域の真上には、福島第一原発と同じ沸騰水型軽水炉の中部電力浜岡原発（静岡県御前崎市）が立地する。

福和教授は「三連動地震は発生する可能性が高いと言われ続けてきた。正確な被害が予測できなくとも、十分な準備をして立ち向かわなければならない。東海のみならず、日本全体が試されている」と訴える。

（中村禎一郎）

「東海」「東南海」「南海」M8・7の恐れ
防災計画見直し急務

東海、東南海、南海の三連動地震は、静岡県の駿河湾から四国沖に延びる海底溝「南海トラフ」沿いで起きるとされる。三十年以内の発生確率が87％の東海地震に、東南海、南海が連動して発生するという見方だ。

国の中央防災会議によると、連動時の想定規模は東日本大震災のマグニチュード（M）9・0に迫るM8・7級。被害想定では死者二万五千人で、うち津波による死者は九千人と36％を占める。

一方、死者・行方不明者計二万四千人に上る東日本大震災は、津波による死者が93％に達した。大規模な連動型の地震は想定外で、宮城沖を起点に福島沖、茨城沖のプレートが南北約四百五十キロ、

3連動地震の震源域
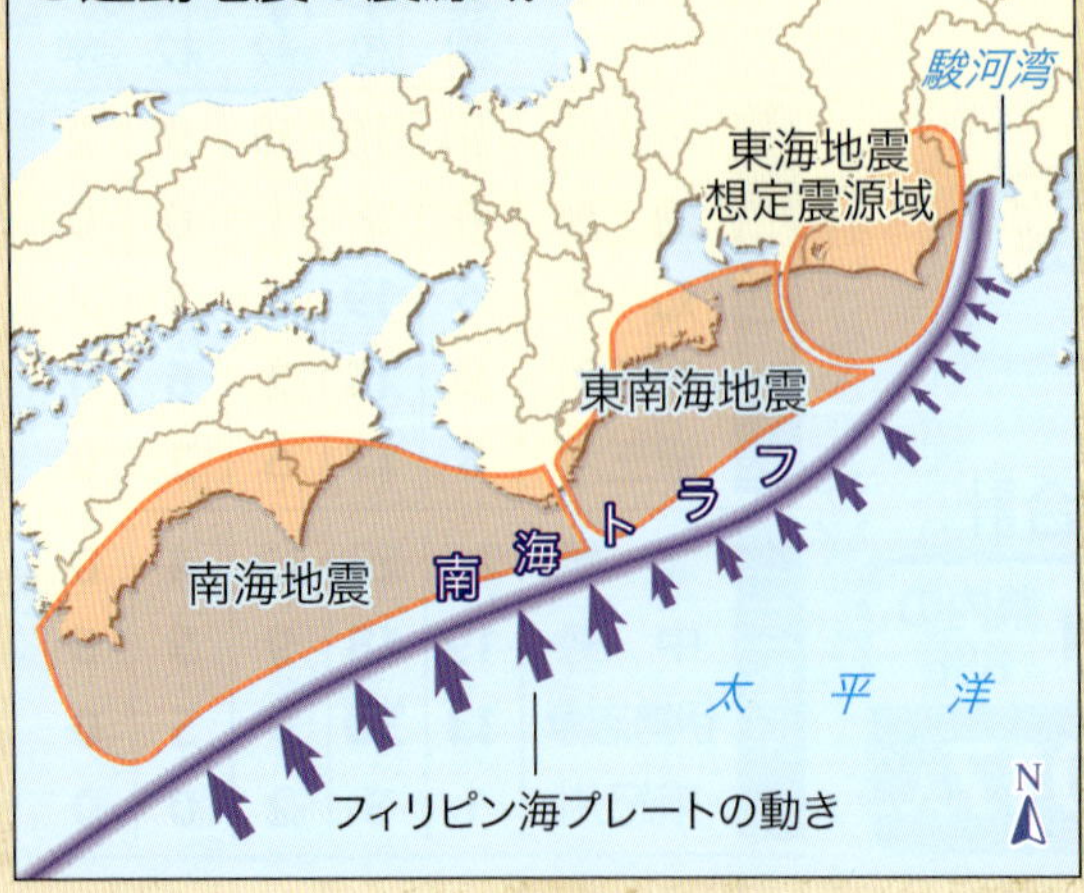

備える

全壊した公民館＝長野県栄村で

誘発地震の仕組み

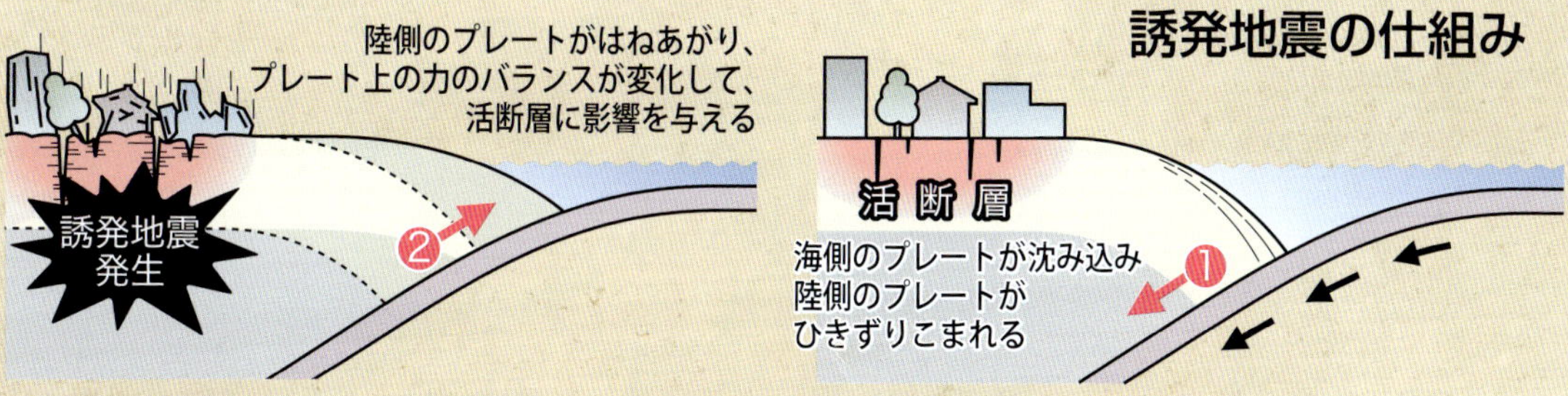

中部地方の主な断層帯

（地震調査研究推進本部などの調査）

❶長野盆地西縁断層帯
❷糸魚川－静岡構造線断層帯
❸曽根丘陵断層帯
❹富士川河口断層帯
❺境峠・神谷断層帯
❻木曽山脈西縁断層帯
❼伊那谷断層帯
❽魚津断層帯
❾砺波平野断層帯・呉羽山断層帯
❿牛首断層帯
⓫跡津川断層帯
⓬高山・大原断層帯
⓭阿寺断層帯
⓮屏風山・恵那山断層帯および猿投山断層帯
⓯森本・富樫断層帯
⓰庄川断層帯
⓱福井平野東縁断層帯
⓲濃尾断層帯
⓳長良川上流断層帯
⓴柳ケ瀬・関ケ原断層帯
㉑野坂・集福寺断層帯
㉒柳ケ瀬・関ケ原断層帯
㉓湖北山地断層帯
㉔琵琶湖西岸断層帯
㉕養老－桑名－四日市断層帯
㉖鈴鹿西縁断層帯
㉗鈴鹿東縁断層帯
㉘伊勢湾断層帯
㉙三方・花折断層帯
㉚木津川断層帯
㉛頓宮断層
㉜布引山地東縁断層帯
㉝京都盆地・奈良盆地断層帯

威教授（地震学）は「誘発地震はどこで起きてもおかしくない」と指摘する。

東日本大震災は、陸側のプレート（岩板）の下に海側のプレートが沈み込む境界で、陸側のプレートがはね返ったことで発生。この結果、陸側プレートを抑えつけていた海側プレートからの圧力が弱まり、均衡を保っていた活断層のバランスが崩れ、誘発地震が起きたとみられる。栄村以外にも静岡県東部（M6・4）、岐阜県飛騨地方（M4・7）、島根県東部（M5・1）など各地で起きた。

誘発地震は規模が本震に近い上、数年後に起きることもある。

一九四四年十二月に三重県沖でプレート境界型の昭和東南海地震（M7・9）が発生した際、一カ月後の一九四五年一月に三河地震（M6・8）が発生。二千三百六人が死亡し、七千戸超が全壊したとされる。さらに、一九四八年六月の福井地震（M7・1）も昭和東南海の誘発地震だと考えられている。

活断層は国内に無数に走る。しかも、地震の危険性を指摘されていなかった断層が震源となる例も多い。鷺谷教授は「断層がある地域で、地震が起こらないと想定するのは無理がある。建物の耐震性を高めるなど、対策を強化していくしかない」と話す。

高まる発生確率 〝時限爆弾〟のよう

中部地方には国が観測を続ける主要な活断層が三十を超す。その中で、政府の地震調査委員会は二〇一一年六月九日、牛伏寺《ごふくじ》断層（長野県松本市、塩尻市）で誘発地震の可能性が高まったと発表。そして同三十日には松本市でM5・4の地震が発生し一人が死亡、十数人が重軽傷を負い、国宝松本城にもひびが入った。気象庁は牛伏寺断層との関連を調べている。

今後、東海地震などが発生した場合、中部各地の活断層はより大きな影響を受ける可能性がある。

国の中央防災会議は、駿河湾沖で東海地震が三十年以内に87％の確率で起きるとみる。さらに東南海、南海地震と連動した場合は東日本大震災のM9・0に迫るM8・7級の揺れが起きると予測。死者は沿岸部を中心に二万五千人に上るとみている。

ただ、この推計には誘発地震による被害は含まれていない。名古屋大減災連携研究センターの山岡耕春教授（地震学）は「活断層は将来、確実に爆発する時限爆弾のようなもの」と指摘。内陸部の住民も誘発地震に警戒する必要がある。

（中村禎一郎）

備える

最新防災グッズ

東日本大震災以降、防災グッズへの関心の高まりは続いている＝名古屋市の東急ハンズ名古屋店で

大災害が起きると注目される防災グッズ。日ごろはあまり目立たない存在だが、災害の教訓をもとに日々、進化し、新しい製品が作られている。2004年の新潟県中越地震を機に誕生した防災用品もある。

水電池NOPOPO付きLED懐中電灯、AM・FMラジオ（日本協能電子）

水電池は、付属のスポイトで本体の穴に水を入れるだけで発電する単３型電池。未開封なら約 20 年保存でき、いざ使おうとしたら電池切れ―という事態を防ぐ。水がなければジュースや唾液でも使用でき、注水で数回、繰り返し使える。懐中電灯は付属の電池１個で注水しながら約５時間点灯。低消費電力の機器なら普通の単３電池として使える。ラジオ（1680 円）、懐中電灯（980 円）は普通の単３電池でも使える。

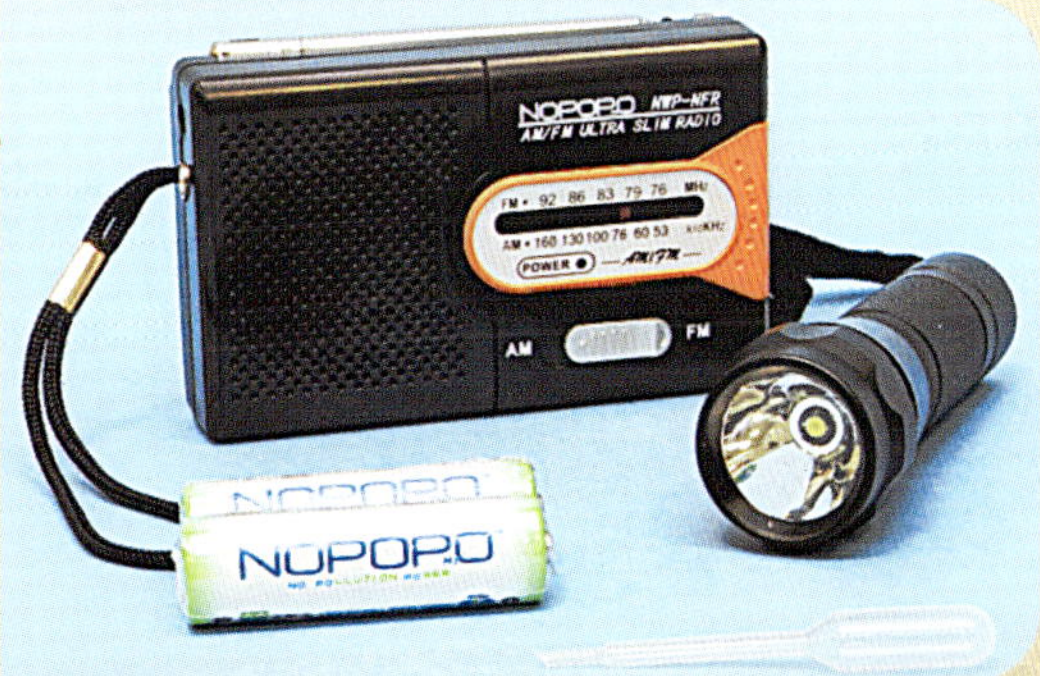

防災拭い（クワン）

災害時に役立つ情報をイラストで紹介する手拭い。防災グッズ編、津波編、地震編の３種類で、日ごろの準備や非常持ち出し品、便利な手拭いの使い方などを記載。縦 36 センチ、横 100 センチで通常の手拭いより横が 10 センチ長く、けがの応急処置などに使いやすい。名前や血液型、アレルギーの有無なども書き込める。525 円。

スミキャップ（住ベテクノプラスチック）

手持ちの帽子の内側に装着して頭を保護する。312 個のチューブ上の突起が衝撃を吸収。通常の形は平らで保管や持ち運びに便利。先端部がカットでき、さまざまな帽子に付けられる。1980 円。

震災を機に

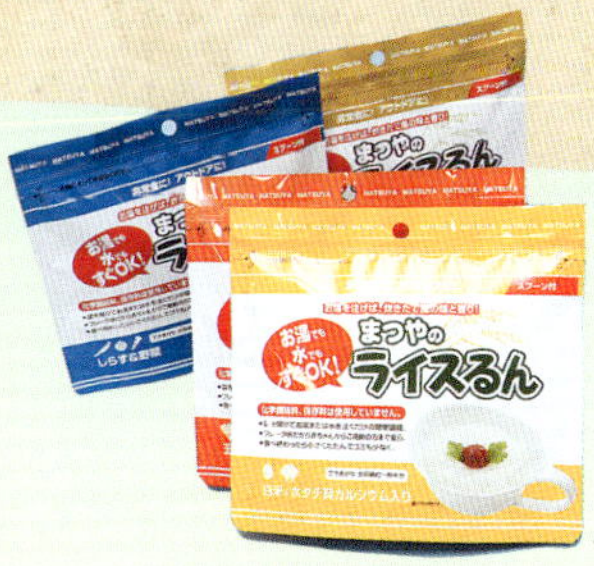

新潟県では中越地震の翌年、被災経験を生かして防災用品の開発、情報発信をしようと県内企業による「防災・救災産業研究会」が発足。これまで多くの非常食や救命用品が誕生し、一部は東日本大震災でも活用されている。

まつや（新潟市）の「ライスるん」は水を入れてかき混ぜるとおかゆになる非常食。湯がなくてもすぐに調理でき、子どもや高齢者も食べやすい。安達紙器（長岡市）は避難所で使える「災害時 避難所用 更衣室＆授乳室」を開発。遮るものがない避難所で、少しでも安心して着替えや授乳ができる空間を、と考えた。普段は畳んで保管できる。ほかに簡易トイレや家具固定具など多彩な防災用品が生まれている。

2011年7月4日 掲載

第41回
揺れる超高層ビル

東海で三連動地震想定
長周期 上層に強い衝撃

東京・新宿 29階建て
1分間で横に20往復

コピー機が移動し、資料の山は崩れ、天井パネルがはがれ落ちた。「まともに立てず、キャビネットに手をつき、体を支えた」。三月十一日、東京都新宿区にある工学院大建築学部の久田嘉章教授(49)は、二十五階の研究室で地震に遭遇した。

校舎には地下六階から最上階の二十九階まで、七カ所に地震計がある。宮城県沖で午後二時四十六分十八秒に発生した地震の震動が届いたのは、一分二十二秒後だった。

最大振幅は二分十九秒後。二十九階が南側に三十七センチ動き、四・八秒後に北側へ最大三十四センチ動いた。揺れは計九分二十秒も続き、縦揺れも最大五センチを観測した。

二十九階の揺れは震度6弱で、一階は5弱。5強をはさんで二階級の差があった。真上からみた揺れの軌跡を作図すると、楕円《だえん》を描くように揺れ続けた。

解析結果を基に、同大は校舎の揺れをコンピューター上で再現した。まず上層階が徐々に揺れ、次第に中層階がしなりだす。揺れ始めから一分五十秒前後、「く」の字にくねる動きが最も激しくなった。ピーク時は一分間の横揺れが二十往復に上った。

一九八九年に完成した校舎は鉄骨構造で、制振・免震装置はない。再現された揺れ方は、高層の建物をくねらせて地震の衝撃を逃す「柔構造」の典型的な動きだったと、久田教授は説明する。

都内では震度5弱~5強を観測したが、過去二十年間に二十三区内で同規模の地震は二回だけ。その間に都内の超高層マンションが約四十棟（一九九〇年）から約四百十棟（二〇〇八年）に急増。今回初めて大きな地震に直面したマンションも多い。

超高層ビルやマンションの構造は主に、鉄骨、鉄筋コンクリート、鉄骨鉄筋コンクリートに分かれる。同学部の久保智弘特任助教（33）は「震動の受け方により、建物の揺れ方は変わる。揺れに備えるために構造の特徴を知っておくことが重要だ」と指摘する。（梅野光春）

29階の揺れ方を真上からみた軌跡。さまざまな方向に揺れたことがわかる

地震計のデータを基にコンピューター上で再現した校舎の揺れ方（振幅を50倍に拡大）
午後2時49分12秒5
上層階が大きく振られる
午後2時49分27秒6
中層階が突き出るように曲がる
午後2時50分04秒7
再び上層階が大きく揺れる

（データはいずれも工学院大建築学部による）

名古屋 25階建て住宅

共振現象で地表の数倍

「部屋が揺れ、十三年前に患った脳梗塞が再発したかと思った」。名古屋市北区の二十五階建て超高層マンションの十七階に住む田村静雄さん(65)は震災発生時、パソコンの前に座っていた。

愛知県でも超高層ビルは増えている

立っているのがやっと。「外に逃げなければ」と考えているうちに地震はおさまった。家具は固定していなかったが、幸いけがはなかった。

名古屋を襲った揺れは震度3~4。名古屋大減災連携研究センターの護《もり》雅史准教授(地震工学)は「田村さん宅の十七階の揺れは、地表の二~三倍だったのでは」と推察する。

護准教授によると、建物にはそれぞれ揺れやすい固有の周期がある。地震で地面が揺れる周期が固有の周期と一致すると、建物の揺れが大きく増幅(共振現象)される。一般的に木造家屋は、阪神大震災のような「ガタガタ」とした細かな揺れ、超高層ビルは東日本大震災で東海地方が経験したような「ユラユラ」とした周期の長い揺れに弱い。

東海、東南海、南海の三連動地震が起きると、短い周期だけでなく、長い周期も含んだ揺れに見舞われると予想されている。長周期の揺れに弱い超高層ビルは年々増え、愛知県内だけで約六十棟に上るとみられる。

護准教授は「三連動地震で推定される長い周期の揺れは、愛知県で今回の五倍になる可能性がある」と分析。超高層ビルは通常の建物より耐震性や安全性で高い基準が法律で定められていることから、「倒壊よりも室内の激しい揺れによる家具の移動や転倒に注意が必要」と強調する。

超高層マンションの場合、大地震時に断水や停電が起きる可能性が高く、エレベーターも止まる。超高層マンションに住む田村さんは、NPO法人「マンション管理組合ネットワーク愛知」副理事長も務め、マンションの管理組合の相談に乗る立場。「マンション住民は個人志向が強く、共同の備蓄や頻繁な避難訓練ができていない傾向がある」と打ち明ける。

事前に水や食料を備蓄したり、非常時にけが人を階段で運ぶには、普段からのつながりが必要だ。「日ごろから助け合う人間関係をつくることは、自分や家族の被害の軽減につながる」と田村さんは助言する。（中村禎一郎）

マンション防災 識者に聞く

危機管理教育研究所代表
国崎 信江さん

排水には特に注意

自宅がマンションの場合、一戸建てとは異なる震災への備えが必要になる。家庭や地域での防災対策の普及に取り組む民間会社「危機管理教育研究所」（横浜市）の代表で、マンションの地震防災に関する著書もある国崎信江さんに聞いた。

（聞き手・境田未緒）

●一戸建てとの違いは。

まず排水管が破損していないか業者に確認してもらうまで、水を流してはいけません。壊れていて排水したら、階下に汚水が漏れて大変なことになります。地震対策でよく「断水した時のトイレ用に風呂の残り湯をためておく」と言いますが、マンションでは揺れで水が飛び散って流れる上、トイレに水を流せないので駄目です。

●排水できないといろいろ困ります。

水を使わずに処理できる災害用トイレを用意しておきましょう。歯磨きシートや体を拭くウエットティッシュも必要です。レトルト食品を温める湯は繰り返し使って。パスタやそうめんのゆで汁は洗浄力があるので靴下や下着を洗うのに使い、残り汁はプランターの植物などにやれば、排水せずに済みます。

●ほかに注意点は。

マンションは高層階ほど揺れが大きくなり、家具を固定していても壊れるものがあります。丈夫な麻袋を2、3枚用意しておき、散乱したガラス片などをすぐに片付けてください。ほうきとちりとりで集めた後は、粘着ローラーできれいに。けがをしないために、掃除用具をそろえておくことが大切です。

●エレベーターが使えない事態への備えは。

階段で水を運ぶのは本当に大変。断水に備え、20リットル入りポリタンクの飲用水を家族一人に一つ、用意しておきたい。部屋の中で10日間ほど過ごせるよう、食品や日用品も常備しておきます。

●マンション全体での取り組みは。

非常階段で住民全員が下りるのにどれぐらいかかり、非常照明は何分持つのかなど、問題点を見つける防災訓練が必要です。負傷者を運ぶ担架が回れない非常階段もあるのでは。屋内消火栓を使ってみるなど、実践的な訓練をしてください。

2011年8月1日 掲載

第42回
予知はできるか？

東海地震「前兆滑り」あるのか

根拠あいまい　専門家ら疑義

東海地震は、国が公式に「予知できる可能性がある」とみる唯一の地震だ。発生の数日前に海底のプレート（岩板）で「前兆滑り」と呼ばれる現象が起こるといわれるためだ。しかし、地震学の研究者からは「予知できる根拠があいまい」と疑問の声も上がる。予知はどこまで可能なのか。

■監視

東海地震はフィリピン海プレートとユーラシアプレートの境界となる海底の溝「南海トラフ」沿いで起こる。両方のプレートは強く固着しており、フィリピン海プレートが沈み込むにつれて「ひずみ」が蓄積。ユーラシアプレートが大きくはね上がると地震が起きる。国の中央防災会議はその確率を三十年以内に87％と推測する。大地震の直前、プレートが少しずつ滑り始めるのが前兆滑りだ。

気象庁や静岡県はプレートの動きを観測する「ひずみ計」を静岡、愛知県の二十五カ所に設置。二十四時間体制で監視し、前兆滑りが起きれば確実に観測できるという。

前兆滑りを基礎とする「予知可能論」のきっかけは、一九四四年十二月にさかのぼる。同月に昭和東南海地震が発生する二、三日前、旧日本陸軍陸地測量部が静岡県掛川市を測量中、標高が以前と変わっている地点を偶然見つけていた。

七〇年代に入り、当時国土地理院職員だった故佐藤裕・弘前大教授がこの測量結果を分析し、「前兆滑りとみられる現象があった」と発表。東海地震の震源域は陸地に近く観測しやすいため、前兆すべりの観測に力が注がれるように。一カ所で高くて二億円の費用をかけ、ひずみ計が設置されていった。

■疑問

「だが、そもそも東海地震で前兆滑りが本当にあるのか」。名古屋大減災連携研究センターの鷺谷《さぎや》威教授（地震学）は一九四四年の調査に疑問を投げかける。「標高に異変があったという掛川市は東海地震の震源域。ところが実際に発生したのは、三重県南部沖が震源の東南海地震だ」

しかも、鷺谷教授がこのデータをコンピューターに入力して地震の再現実験をすると、震源が昭和東南海地震と全く合致しなかった。「ほかの地震でも数日前に顕著な前兆滑りが現れた例はない。滑りが何年もかけてじっくり進むなら、検出して予知するのは不可能」と指摘する。

■警告

東海地震とともに南海トラフ沿いの「三つ子地震」と呼ばれる東南海、南海地震。両地震は百～百五十年周期で発生し、次にいつ起こるかも長期的に予測されている。

ところが、東海地震は単独で起きたことはなく、過去の発生を確認できるのも、東南海と連動した一八五四年の安政地震だけ。周期もはっきり分かっていない。「今後三十年で87％」という確率も、東南海、南海の周期を準用してはじき出したものだ。

そのうえ、頼りの前兆滑りも心もとない。名大大学院環境学研究科の山岡耕春

前兆滑りが起こる仕組み

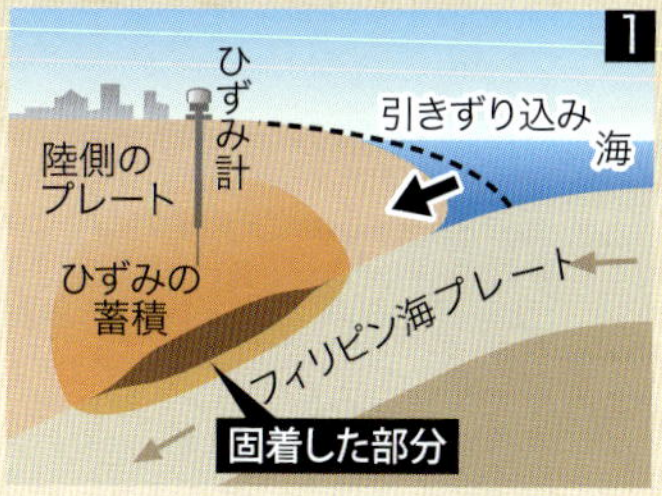

フィリピン海プレートの沈み込みにより、陸側のプレートが引きずられ、地下ではひずみが蓄積する

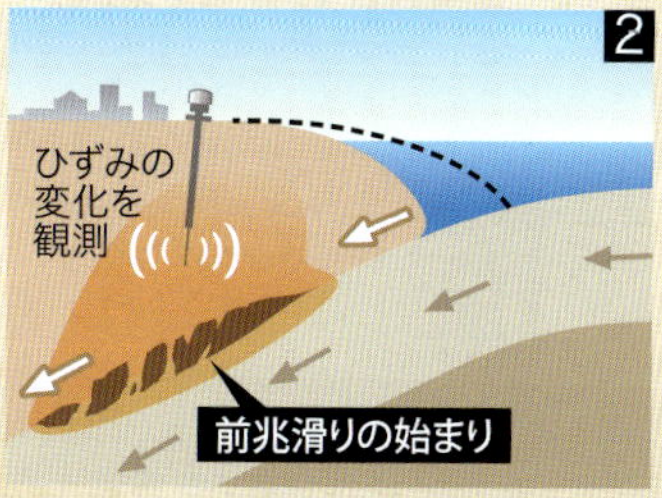

東海地震の前には、この固着していた領域の一部でゆっくりとした前兆滑り（プレスリップ）が始まる

※気象庁資料から作成

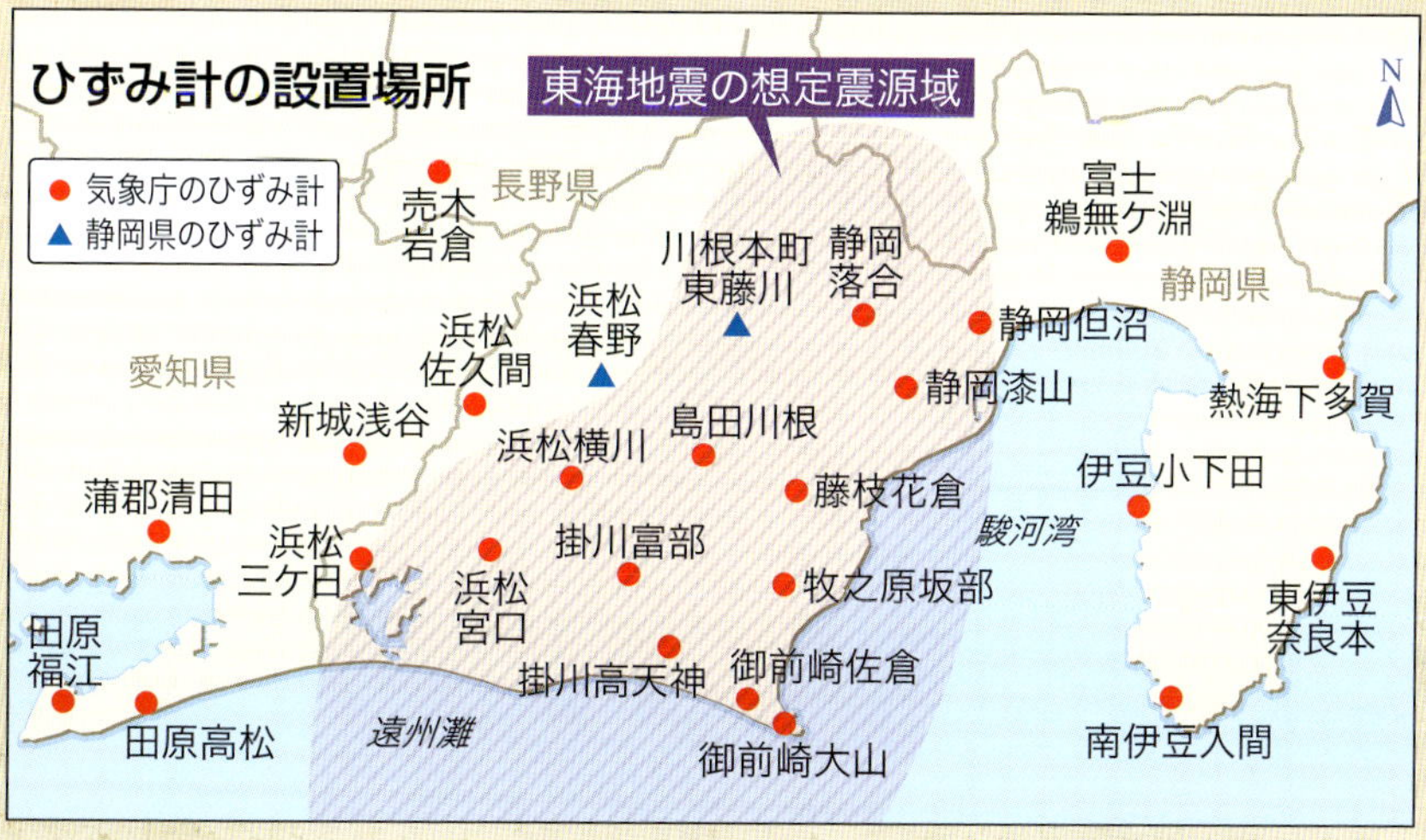

教授は「前兆現象だけに頼るのは問題がある。予知ができない前提の地震対策に力を入れた方がいい」と警告。現状では、東海地震を予知できれば「幸運」だと考えた方がよさそうだ。

東日本大震災発生40分前
電離層の電子1割増

北海道大は二〇一一年五月、地震予知に関連する注目すべきデータを発表した。東日本大震災の発生四十分前、上空三百～四百キロで大気の電波を反射する「電離層」で電子が増え始め、約一割増加していたという。「電離層を観測すれば、予知につながるのでは」と関心が集まった。

地震予知を目指す電離層の研究は旧ソ連で始まり、二十年以上の歴史がある。地震の前にはプレートが動いて電子が飛び出し、電離層に影響を及ぼす可能性があると考えられている。

「理想的な観測網があれば、地震発生の一週間前から数日前に予知はできる。かつては当たらなかった天気予報も精度が上がった。地震も同じ」。東海大海洋研究所の長尾年恭教授も電離層を調べ続ける一人だ。

二〇〇八年度の文部科学省地震・防災研究課の予算は百二十億円。このうち、「愛知で一週間以内にマグニチュード（M）7の地震が起こる」というような短期・直前の予知研究に割り当てられた予算は千七百万円にとどまる。

「自然はシグナルを発している。今こそ真の予知研究をスタートさせるべきだ」。電離層の観測網を整え、異変を読み取る専門家を育成するため、長尾教授は「地震庁」や「火山庁」の創設を提案する。

ただ、多くの地震学者は電離層を使った予知研究に懐疑的だ。鷺谷教授や山岡教授はいずれも「海底のプレートから出た電子がなぜ、そんな上空の層に影響を及ぼすのか仕組みが全く分かっていない」と話す。

予知が可能としても、即座に、確実に、社会に発信することは難しい。

東京大は二〇一二年に入り、東日本大震災が起きる前の一カ月間、岩手・宮城沖のプレート境界で前兆滑りを観測していたと発表。ただ、長期のゆっくりとした滑りで、当時はすぐに分析できず予知に結びつけられなかった。また、震災直前の二〇一一年三月九、十日にM7・3とM6・8の前震があったが、十一日のM9の大地震を予知した地震学者や研究機関はなかった。

予知情報を出して「空振り」した場合、責任は誰が取るのかという問題もある。長尾教授は言う。「100%の予知はあり得ない。社会全体に知らせるのでなく、自己責任でデータを受け取って活用する人にしか、予知情報は出せないんじゃないか」

（中村禎一郎）

東海地震情報Q&A

東海地震予知情報 発生前に警戒促す

気象庁が発表する東海地震に関連する情報 ※気象庁資料から作成

注意度	情報名	主な対応など
高	**東海地震予知情報** 東海地震が発生するおそれがあると認められ、「警戒宣言」が発せられた場合に発表される情報	**「警戒宣言」に伴って発表** テレビ・ラジオの情報に注意し、東海地震に十分警戒して、「警戒宣言」および自治体の防災計画に従って行動してください
	東海地震注意情報 観測された現象が東海地震の前兆現象である可能性が高まった場合に発表される情報	**東海地震の前兆現象である可能性が高まった場合に発表** テレビ・ラジオの情報に注意し、政府や自治体からの呼びかけや、自治体の防災計画に従って行動してください
低	**東海地震に関連する調査情報** 東海地震に関連する現象について調査が行われた場合に発表される情報	**観測データに通常とは異なる変化が観測された場合、その変化の原因についての調査の状況などを発表** テレビ・ラジオの最新の情報に注意して、平常通りお過ごしください。日頃から、東海地震への備えをしておくことが大切です

どこかで聞いたことがあるような気がする東海地震予知情報。でもどんな意味があるのか、いまひとつ分からないのが正直なところでは？　予知情報の流れを、おさらいしてみた。

Q　東海地震が起きそうな場合、どうなるの？

A　前兆滑りが多くの地点で観測され、危険性が高いと判断されると、気象庁が「東海地震予知情報」を発表します。同時に首相が「警戒宣言」を出します。住民の避難や交通規制、店の営業中止など、事実上の強制措置が取られます。

Q　それほど危険でない時も発表される情報はあるの？

A　まず、観測データに変化があったことを伝える「東海地震に関連する調査情報」と、予知情報よりは警戒度の低い「東海地震注意情報」があります。注意情報では、児童・生徒を帰宅させ、医療関係者は派遣に備えるなど地震への準備行動に取りかかります。

Q　前兆滑りは必ず捉えられる？

A　気象庁は残念ながら「不明」としています。前兆滑りがあっても、規模が小さかったり、本震発生までの時間が短ければ、いきなり東海地震がやってくると注意を喚起しています。

Q　気象庁がテレビなどを通じてよく発表している「緊急地震速報」も、予知情報なの？

A　緊急地震速報は震源で地震が起きた後に、地震計などから規模を推定し、地震が伝わりそうな地域に事前に警戒を呼びかける仕組み。予知をしているのではありません。一方、東海地震予知情報は、地震発生前に警戒を促します。

Q　「30年以内に87%」という発生確率の予測と、東海地震の予知は違うの？

A　発生確率は、基本的に大地震の発生周期を基に計算しています。一方、東海地震予知情報は実際の観測の異変に基づき発表するため、根本的に異なります。

Q　「○月○日に○○県で大地震が起こる」とうわさが立つことがあるけど。

A　現在の科学は、そこまでピンポイントに地震の発生を予知できません。日付や場所を特定した地震のうわさは、デマと考えてください。

2012年1月30日 掲載

第43回
安心？
電柱の標高表示

広がる設置 過信は禁物

中部の沿岸市町村 避難目安に一役
「ここは安全」誤解恐れも

東日本大震災の発生以降、沿岸の市町村で電柱や公民館に標高（海抜）表示板を設置する動きが広がっている。急増した住民の問い合わせに応え、避難の目安にする狙いがある。ただ、津波は陸地をさかのぼって押し寄せる。東北の被災地では津波の高さが四〇メートルに達した地域もある。標高表示が逆に、逃げ遅れにつながる懸念もある。

■外国語の併記も

二〇一一年三月以前は電柱の標高表示が一本もなかった愛知県豊橋市は、二〇一二年三月に一気に六百八十五本を設置した。総予算は一千万円。市の担当者は「震災以降、『自宅の標高を知りたい』と要望が多くあった。事前の備えにもなる」と説明する。県内で日系ブラジル人が最も多く住んでおり、ポルトガル語と英語を併記する。

東海地方は近い将来に東海地震が起きるといわれてきたが、電柱の標高表示は、津波にたびたび襲われてきた三重県南部や伊勢湾台風を経験している愛知県西部などに限られていた。津波被害が少なかった福井県も一部自治体だけだった。しかし東日本大震災以降、北海道や横浜市、大分県、沖縄県など太平洋沿岸の全国各地で電柱表示が進み、中部地方も並行して動きが活発になった＝地図参

住宅街にある電柱に取り付けられている標高（海抜）表示板＝愛知県田原市神戸町で

照（二〇一二年三月現在）。

愛知県高浜市は三月末までに電柱や公共施設六百三カ所に表示板を新設。二〇一二年度からは、多くの人が立ち寄るコンビニエンスストアや、お年寄りや病人が通う開業医に表示することを考えている。住民の4％が外国人の三重県鈴鹿市は英語、スペイン語、ポルトガル語も表記。福井県美浜町では、震災後に町長と住民の対話集会で設置を求める要望が出て設置を検討中だ。

■避難場所も示す

震災前から電柱表示をしている自治体も、内容を刷新している。三重県尾鷲市は新たな電柱表示に「避難所〇〇小学校↓50メートル」と避難場所への方向と距離も入れている。

三重県熊野市は表示地域を拡大。津波に何度も襲われているリアス式海岸部より、津波の経験がない市街地の住民から「自分の住むところの海抜を知りたい」という問い合わせが多いという。

東海・東南海・南海の三連動地震が起きると二十分で津波が到達すると予想さ

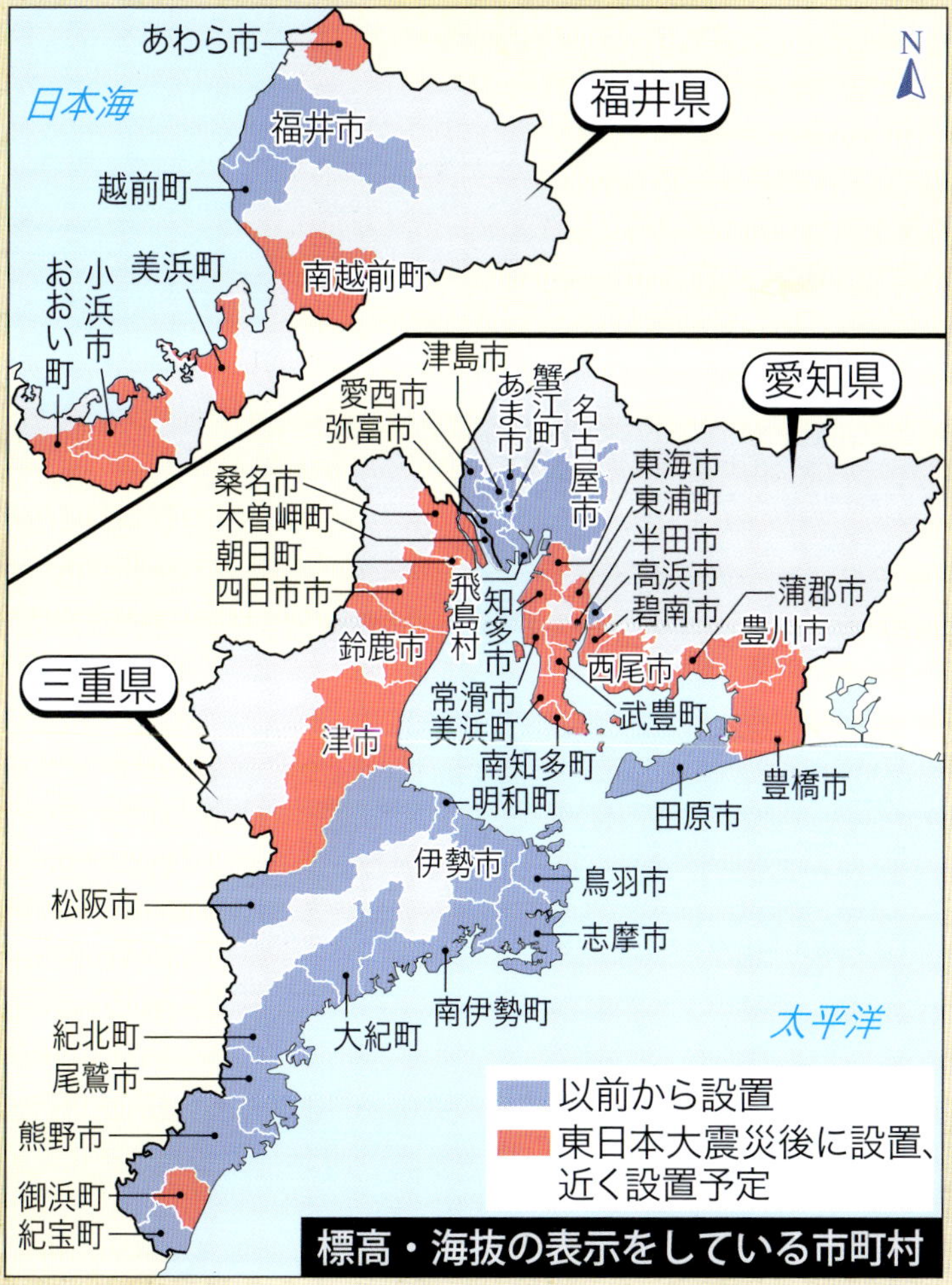

れる三重県紀北町は、百五十六カ所の表示をさらに六百カ所増やし、二〇一二年度中に計千カ所に設置する。

愛知県蒲郡市や三重県桑名市、四日市市、鈴鹿市、尾鷲市などは電柱表示にスポンサー企業や団体名を表記。財政事情が厳しい中、表示板作成費などの行政負担を減らそうとしている。

ただ、各市町村で同時に動きが進んでおり、表示板の形や設置する高さなどはばらばら。表記も「標高」と「海抜」に分かれる。標高と海抜は同じ意味だが、「海抜の方が水のイメージが浮かぶ」（三重県御浜町）と、海抜表示の自治体が多い。名古屋市は震災前から、名古屋港の干潮時の水面（NP）からの高さを「NP2メートル」などと表示しているが、住民から「意味が分からない」と指摘がある。

三重県四日市市では電柱への設置費用を負担するスポンサーを求め、看板に「提供」と負担者を表示する。同様の取り組みをする自治体は多い＝四日市市役所で

■内容統一を模索

愛知県と県内の沿岸市町村は二〇一一年十二月、津波対策を話し合う協議会を初めて開催。これから作る電柱表示板の内容を統一することを検討している。電柱に看板を設置する際、管理する中部電力やNTT西日本に一本あたり千三百円などの使用料を支払うが、中電とNTT西は「人命にかかわることで公益性がある」として免除する方針だ。

福井県も二〇一一年夏、北陸電力、関西電力と使用料免除で合意。電柱表示の動きが先行していた三重県では〇三年に中電と無償取り付けの協定を結んでいる。

三重、福井両県は各市町に、表示板の作成費用を補助することを決め、設置の動きを後押ししている。「住民がどの程度の高さにいるか知ることが、避難の動機づけになる」（福井県危機対策・防災課）という。

一方で、電柱表示を決めていない自治体も。敦賀市は「表示を見た市民が『この高さなら安全』と誤解し、かえって被害を大きくする心配もある」と慎重な姿勢だ。町内のほとんどが海抜ゼロメートルの三重県川越町は「海抜表示の看板はない。表示より、どこへ避難するかの情報を強化していこうと検討している」という。

備える

陸地よじ登る津波 思わぬ高地に到達

津波は横向きの波力があるため、陸地をよじ登っていく。海水が駆け上がった最高地点を「遡上《そじょう》高」と呼ぶ。名古屋大大学院工学研究科の川崎浩司准教授（海岸工学）は「遡上高は、海岸での津波の高さの二～四倍になるといわれている」と指摘する。

潮の満ち引き具合で津波は大きさが変わる。潮位が低い時でも、五メートルの津波が地上一〇メートルまで駆け上がり、潮位が高い時なら二〇メートルに達することがあるという。

東京大の都司嘉宣准教授らのグループは東日本大震災の被災地を調査し、宮城県女川町沖の無人島・笠貝島で、遡上高が四三メートルに達した可能性があると発表した。都司准教授は「笠貝島の津波は大震災で最大だった可能性がある」と指摘している。被災地に到達した津波は時速三〇キロ以上だったといわれる。岩手県宮古市には二〇メートル近い津波が来襲し、東京海洋大の岡安章夫教授らが三八・九メートルの地点まで遡上したことを確認している。

東日本大震災では津波の高さ予報をめぐり各地で悲劇が起きた。地震直後、気象庁は岩手県、福島県で津波の高さを第一報で「三メートルの予想」、宮城県で「六メートル」と発表した。実際は各地に一〇メートル以上の津波が襲ったが、第一報だけを聞いて「その高さなら自分の家まで津波は来ない」と自宅に戻ったり避難をやめたりした市民が各地で津波の犠牲になった。

気象庁は震災後、津波の予想数値に幅を持たせたり、「巨大な津波がくる」という表現にあらためた（158ページ参照）。ただ、東海・東南海・南海の三連動地震が発生した場合、仮に「〇〇地方は高さ三～五メートルの津波が来る」と予報が発表され、電柱の表示から「うちは標高一〇メートルだから大丈夫」と判断すれば、同じような悲劇を招きかねない。

リアス式海岸のように海辺からすぐ山間部になる地域ほど、遡上高が大きくなる。

川崎准教授は「標高表示は日ごろの意識付けには有効」と意義を認めた上で、「メートル数だけ比較して『津波は来ない』と安心しては逆効果になる」と指摘する。各地の歴史資料に出てくる津波の高さは、津波の痕跡をもとにしており、遡上高を表している例が多い。川崎准教授は「過去にあった津波の遡上高も併せて周知しないと危険な面もある」と呼びかける。

津波は駆け上がる

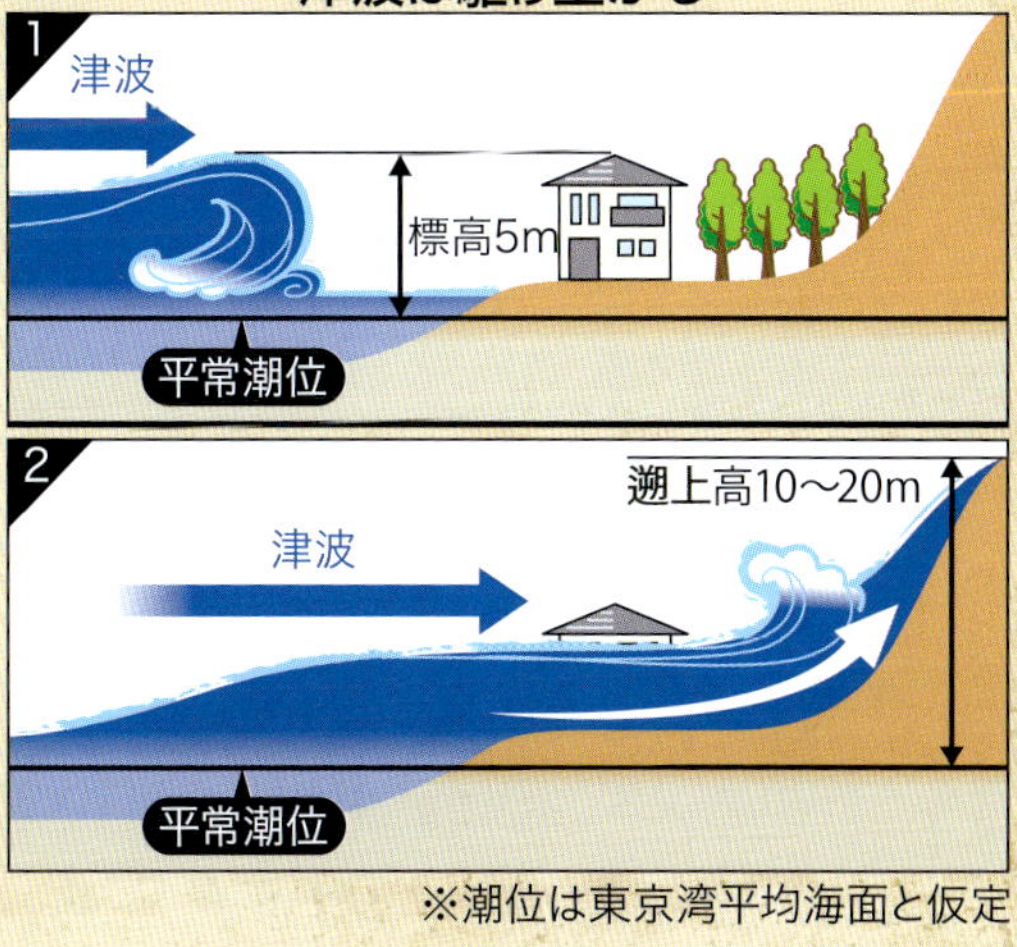

※潮位は東京湾平均海面と仮定

第44回
高まる津波の脅威

10メートル超次々波紋

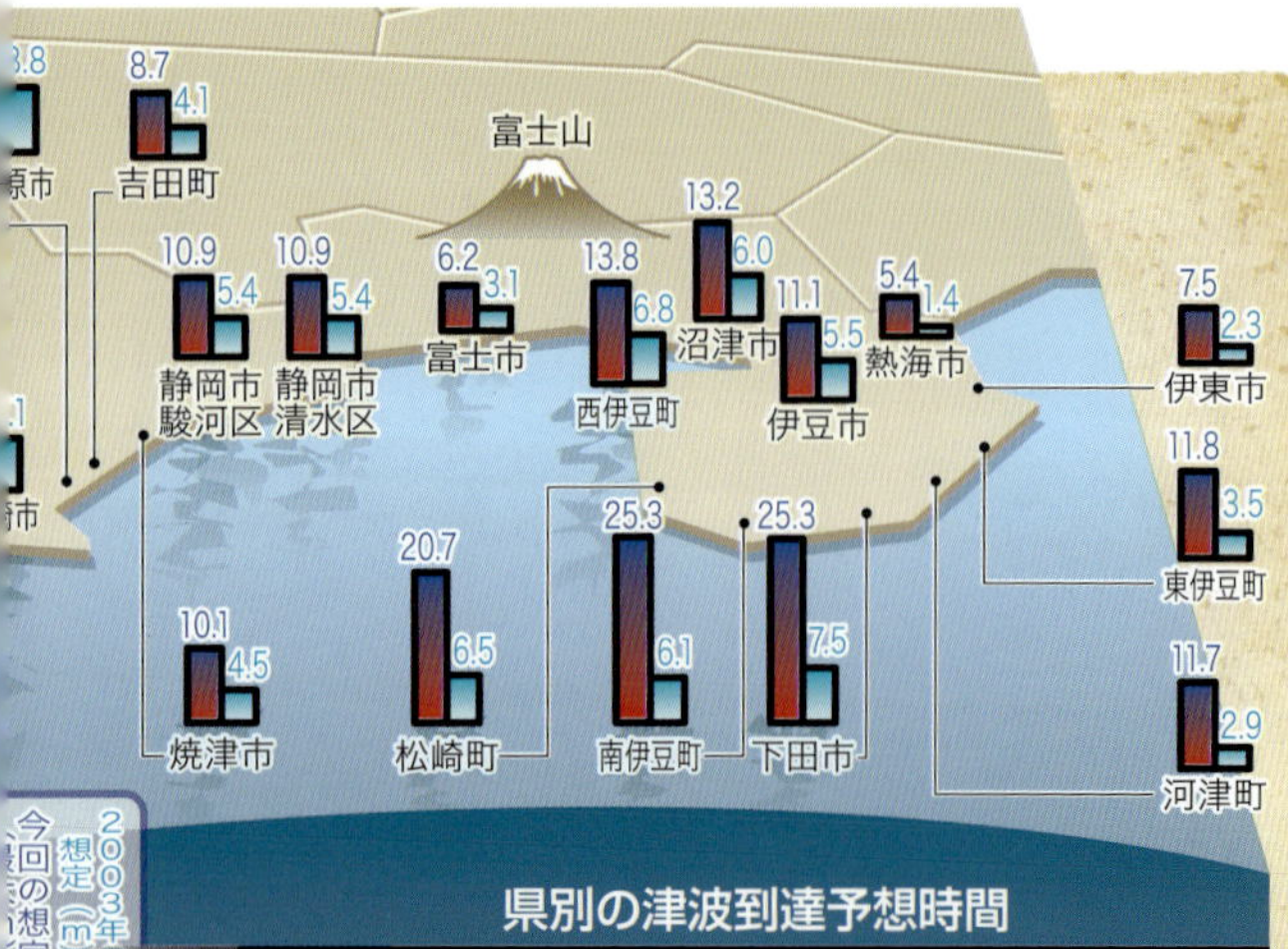

県別の津波到達予想時間

	静岡県	愛知県	三重県	和歌山県	高知県	宮崎県
1㍍の津波の最短到達時間	2分	11分	3分	2分	2分	13分
最大津波の最短到達時間	2分	23分	6分	2分	11分	19分

南海トラフ最大M9想定に 防災対策見直し必至

内閣府の有識者会議が二〇一二年三月、マグニチュード（M）9級の巨大地震想定を公表し、各地に衝撃を与えている。太平洋の南海トラフ（海溝）で最大級の津波を推定し、高さ二〇メートル超の地域も。二〇〇三年に国の中央防災会議が公表したM8・7の想定を大きく上回る。静岡県沼津市の住民は全国で初めて高台移転を決め、三重県尾鷲市の自主防災会は災害時に高齢者らを助ける方針を見直した。各地で苦渋の選択を迫られている。

愛知、三重、静岡三県では、予想津波高が二~三倍に膨らんだ市町村が多い。二〇メートル超は愛知で豊橋市、田原市、三重で尾鷲市、鳥羽市、志摩市、南伊勢町、静岡で下田市、御前崎市、南伊豆町、松崎町と広範囲にわたる。また、

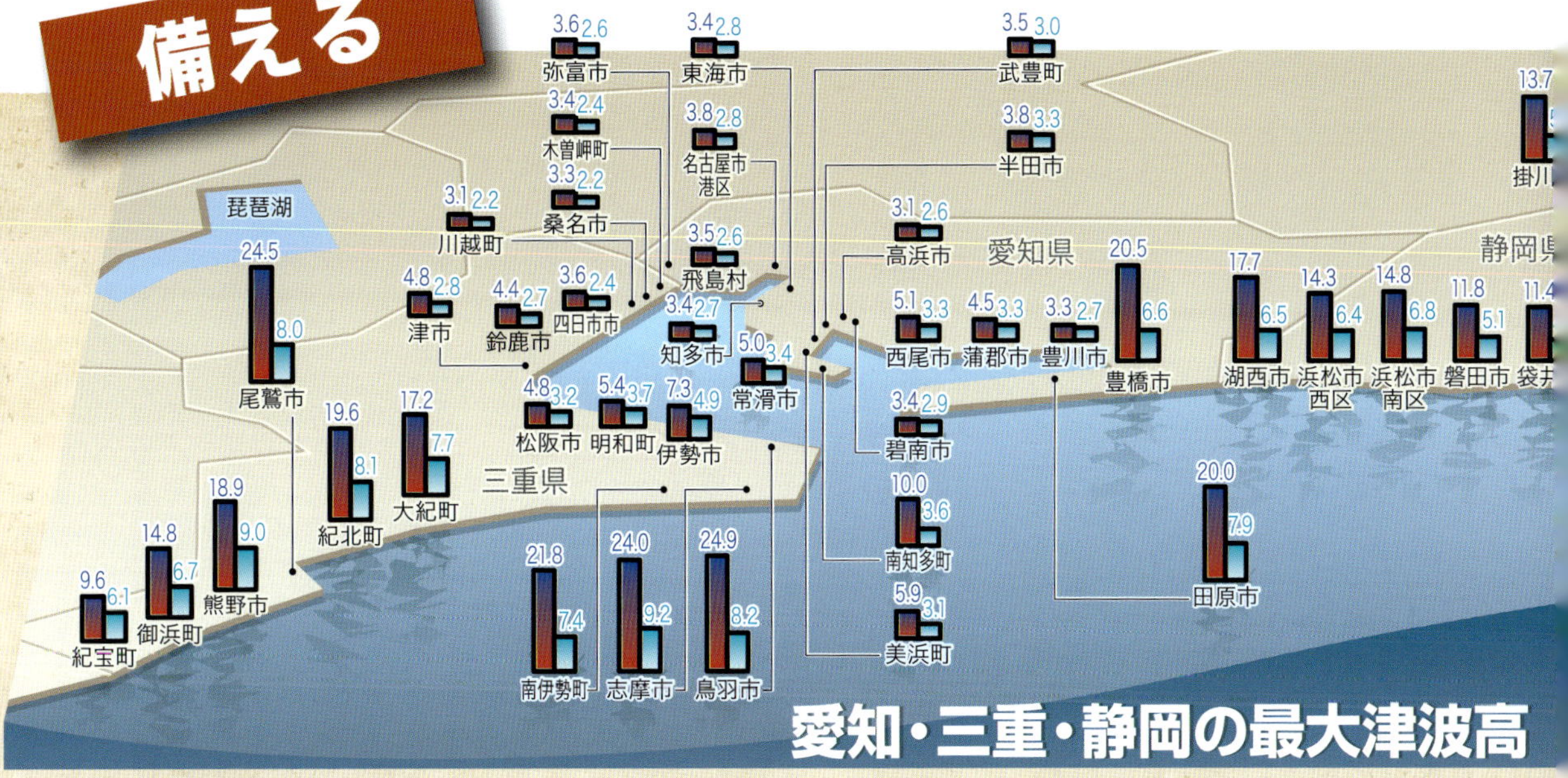

外海に面する静岡県西部や伊豆半島東部、三重県南部の大半の市町村で一〇メートルを超える。

問題は高さだけではない。静岡県は地震発生からわずか二分、三重県も三分で津波が到達する可能性がある。津波は地上を駆け上がる（遡上《そじょう》高）ので、津波より数倍高い土地でも到達する恐れがある。平野部なら海岸から離れた内陸にも押し寄せる。津波が高くなれば、そのまま被害地域の拡大を意味する。

今回の想定地震は、東日本大震災と同等のM9級。有識者会議は「発生頻度は極めて低いが、発生すれば甚大な被害をもたらす最大級の津波」と説明する。あくまで最悪の想定なわけだが、それでも可能な限りの備えが必要となる。

（中村禎一郎）

尾鷲「24メートル」苦悩…「高齢者救助は無理」

民家や工場が立ち並び、狭い通路が入り組む三重県尾鷲市沿岸部の瀬木山地区。「地震から数分で二四メートルなんて津波が来たら、人のことは気にしとられん。一刻も早く逃げやんと」。近くの高台と同じ標高七メートルの表示が付いた電柱を見上げ、自主防災会「睦互《むつご》会」の仲川勝光会長（69）がためらいがちに話す。

中央防災会議が二〇〇三年に示した尾鷲市の津波予測は最大八メートル。高齢者の一人暮らしや体の悪いお年寄りは、近隣住民が責任を持って標高十メートルの駐車場へ一緒に避難することにしていた。

今回の想定では従来の三倍となる最大二四・五メートルの津波が押し寄せる。限られた時間にどう命を守るか。高まる危機感に、会では「避難時、お年寄りに声はかけるが、家から出てくるのは待た

海岸近くまで民家や工場が密集する三重県尾鷲市の中心部

ない」と苦渋の決断を下した。

「逃げられる人まで逃げ遅れてしまう。一人でも多く生き残るには、自分の責任で少しでも早く避難せんと」。仲川さんは苦悩をにじませる。

避難にも時間がかかる。リアス式海岸の奥にある尾鷲市中心部は、大半が斜面。海岸から一キロ内陸の市役所でも標高は二十メートルほど。狭い路地は、地震で建物が倒壊すれば通れない。港とつながる地下の排水管は、津波が来ればマンホールから水が噴き上がるかもしれない。

あまりにも高い津波想定に、高齢者から「どうしようもない」「考えても仕方がない」と諦めの声が漏れる。

病院から手押し車を押して瀬木山地区に帰ってきた加藤皆子さん（82）は言う。「二四メートルなんておっきな津波が来たら、もうダメ。避難は間に合わないし、家で波が来るのを待つしかないですよ」。自宅近くでは息子が暮らすが、今回の想定発表後に「助けに来なくていい」と伝えた。「余分に時間がかかって、逃げ遅れるから」

市内で標高六メートルの川近くに住む自営業男性（38）も苦悩する。高台に実家はあるが、移転の決断がつかない。

現在の家の周りは七十代以上のお年寄りばかり。「災害時は助けを期待されとると思うんさ。一人で高台に移転したら、見捨てたと思われるで…」。せめて妻子だけでも安全に暮らしてほしいが「どうしたらええんか、正直分からんのんさ」と語った。

市防災危機管理室の川口明則室長

電柱につけられた標高7メートルの表示（黄色い線）＝三重県尾鷲市瀬木山地区で

備える

（59）は「市民を見捨てるわけではないが、現実問題として大津波が来ると行政も消防隊も救助に向かえない」。睦五会の判断について「無理して助けに向かって共倒れになれば、震災後の復旧を担う人もいなくなるので、やむを得ない面がある。今後、同じ議論はどこでも起きるだろう」と理解を示した。（竹田佳彦）

沼津「13メートル」移転決意、課題は山積

最大一三・二メートルの津波が想定される静岡県沼津市。駿河湾の最奥部に位置する南部の内浦重須《うちうらおもす》地区は二〇一二年三月半ばの自治会総会で、全百七世帯約四百四十人が高台への集団移転を目指すことで合意した。予防措置で集団移転が実現すれば全国初となる。

地区は一八五四年の安政東海地震で推定六・二メートルの津波に見舞われたとされる。住民の大半は標高五メートル以下の海岸周辺に住む。

原敏自治会長（65）によると、総会には七十一世帯が出席。委任状を含め八割強が移転に賛成した。地区内の標高約五十メートルの場所へ移転することを考えている。

ただ、実現には課題が多い。移転費用は国の防災集団移転促進事業を当てにするが、これまでに適用された延べ三十五市町村はいずれも津波や集中豪雨などで被災した地域。災害が起こる前の例はない。自治体が移転先の用地取得や造成などを行い、費用の四分の三を国が補助するが、住宅建設費などは住民の自己負担。対象区域の全世帯が移転に同意することも条件で、「災害危険区域」の指定も必要だ。

自治会役員らは四月九日、市に集団移転への協力を要請。栗原裕康市長は「ハードルは高いが、制度や経済的負担について一緒に勉強会を開きたい」と応じた。

最大二五・三メートルもの津波が襲うとされた静岡県下田市は十一日、海岸から七百メートル、標高二・五メートルにある庁舎を標高約五十メートルの高台に移転することを決めた。四階建ての庁舎を新築し、完成は二〇一七年度の見通し。築五十年以上の庁舎を現在地で建て替える計画だったが、津波被害を懸念した石井直樹市長が白紙に戻し、移転を打ち出した。（谷岡聖史）

2012年4月16日 掲載

■**携帯**

二〇一一年六月に水道が復旧し、不自由な生活に何とか区切りをつけた菅原さん。「都会の人が同じ被害に遭ったら、もっと困ると思うよ。排せつ物を捨てる畑もないし、水、電気が止まったら一体どうするの」と心配する。

中部地方では近い将来、東海・東南海・南海の三連動地震が起きるといわれ、都市部の被害も予想される。

自身の経験を踏まえ「ポータブルトイレは絶対に用意しておいた方がいい。一時的にし尿をためる大きめのポリタンクは個人宅では用意できないから、地区や団地ごとに備えておくといい」と助言する。

不安、不眠、ストレス 生理用品でも切実

女性にとって、トイレと並び切実だったのは生理用品。生理期間中はトイレにいくたびに取り換えるものだが、震災時はそうはいかなかった。

気仙沼市で被災した女性（21）は「大きな声では言えないけど、被災したドラッグストアから道ばたに流れてきたナプキンを拾って持ち帰った。いくつあっても不安だった」と打ち明ける。震災から数日後に生理になり、「トイレに行ってもすぐ取り換えず、ぎりぎりまで使った。震災のストレスで一カ月に二度も生理になった」と、つらそうに思い出していた。

岩手県陸前高田市の神社で働く女性（37）が過ごした避難所では、高齢の女性たちが手製のナプキンを作っていた。ビニールと手ぬぐいを長方形に切り、二枚の手ぬぐいでビニールを挟んで縫い合わせていた。「物資が届いたので使わなかったけど、作ること自体が避難生活で心を落ち着かせる手段のようだった」と振り返る。

気仙沼市の会社員佐藤好美さん（48）は震災当日、生理になった。「まったく、よりによって何でこんな日に、と思った」

職場から避難する時にロッカーにあった生理用品を持ち、長時間用のナプキンを着けて避難所に行った。「全く眠れずトイレに何度も行ったけど、一晩に二度しか替えなかった。自宅が無事で、生理用品がなくなる直前に帰宅できたのでラッキーだった」

以来、今も普段持ち歩くバッグと職場にそれぞれ予備の生理用品を欠かさない。「地震はまたいつ来るか分からない。常に数日分を身近な場所に置いておかないと、本当に困ることになる」と女性ならではの心構えを話す。

（沢田千秋）

役立った子どもの落書き帳

私の体験記

福島県富岡町から名古屋市へ避難

主婦
鈴村ユカリさん（39）

夫（41）と長女（11）、長男（8つ）、次男（6つ）で名古屋市天白区の避難者用借り上げ住宅に住んでいます。

福島第一原発から十キロの自宅に長男と二人でいた時、地震が起きました。東京電力の協力会社の作業員で原発内で働いていた夫は二時間ほどで帰宅。長女を小学校、次男を保育所に迎えに行きました。

長男は地震の際、ストーブにかけていたやかんの熱湯を浴び、落下してきたテレビが足に直撃。けがはなかったけど、余震が怖くて自宅にとどまる気にはなれません。ワゴン車の中で家族五人で羽毛布団にくるまって夜を明かしました。

翌朝、防災無線で原発事故を知り、車で西隣の川内村の中学校へ。冬の体育館は本当に寒いけど、被災者が殺到して毛布が足りない。私たちは車に積んできた布団で寒さをしのぎました。

避難の際、コンビニで目についた食料を買い込んだけど、家族五人で食べるとすぐなくなりました。原発事故で周辺は飛行禁止区域になり、自衛隊ヘリの輸送も途絶えて食料が不足。子どもがずっと「おなかがすいた」と言っていました。もっと非常食を用意しておけばよかった。

役立ったのが、何となく持ってきた落書き帳や折り紙。子どもが退屈しないで遊んでくれた。ゲーム機のように電気を使わない点もよかった。

十日後に名古屋の夫の実家に到着し、最初に困ったのはアトピーやぜんそくがある長男の薬です。記憶をたどって何とか六種類の薬を思い出し、病院で同様の薬を処方してもらった。お薬手帳や母子手帳を持ってくるべきでした。

最近、周囲の人から「落ち着いた？」と言われることが、正直つらい。夫は建築関連の会社に転職し経済的には安定しましたが、長男が寝る前に突然泣きだしたり、心に残る傷が不安。長女は福島で習っていたピアノを、長男も水泳をやめてしまいました。

数カ月に一度、富岡町の自宅に防護服を着て一時帰宅し、楽器や水着、学習机を持ち出しています。子どもが思い出の品を手にして、いつ終わるか分からない避難生活を受け止め、少しずつ回復してくれればと願っています。

（聞き手・相坂穣）

2012年5月28日 掲載

第47回
地震保険は役立つか

店再建へ不安消えた
二重ローンの苦しみ回避

チリ地震経験から備え

命は助かった。次は生活の再建だ。東日本大震災では、自宅が流され、ローンだけが残った被災者も少なくない。再び家を造り、二重ローンという「二次災害」に苦しまないため、手助けとなる一つが地震保険だ。全損しても全額は保障されないが、被災者が次への一歩を踏み出す足がかりとなっている。

■「転覆」した店

三月十一日、岩手県大船渡市ですし店「大鮨《だいずし》」を営む向沢次夫さん（62）は店内で強い揺れに襲われた。店内の戸棚から皿が飛び出し、水槽で泳いでいた魚が床で跳ねた。

店北側の自宅から駆け付けた妻きよこさん（63）に、普段は寡黙な次夫さんが「おまえはとにかく先に逃げてろ！」と叫んだ。きよこさんは車で高台へ。次夫さんも間もなく避難した。二階建てのすし店は、大船渡湾から西へ四百メートル。津波をかぶった時は持ちこたえていたが、引き波とともに海に流れ出た。

「行っちゃった、行っちゃった、行っちゃった」。次夫さんは一部始終を見ていた。店は沖まで流れると、おもちゃのように水面でひっくり返った。一九八九年に店を構えて以来、なじみの客と築いてきた世界をあっさりと否定するように。その光景を見て、「もう一回、すし屋やるべ」と決意した。

■「救い」の電話

次夫さんは震災から三、四日後には、知人の工務店に店を再建する相談をした。きよこさんは「一度言いだしたらやる人。お金、どうするんだろと思った」。自宅も流され、避難所の体育館で「残ってる自宅とすし屋のローン、据え置きにならないかなぁ」とよく考えた。子ども三人を育て上げ、お金に余裕はなかった。

きよこさんは地震保険に入っていた気がしていた。ただ、火災保険だけなのか、地震保険も入っていたのか、思い出せない。保険代理店の事務所も津波で流され、連絡の取りようもなかった。

ひんやりとした気持ちのいい五月の夕方。きよこさんは友人と気晴らしで山登りをしていた。山頂にたどり着く直前、携帯電話が鳴った。保険代理店からだ。「連絡が遅くなりました。千三百万円の保険金が支払われます」。お金の不安が消え、体がすーっと軽くなった。

■「教訓」生かす

地震保険に入ったのは十年以上前。店に来る保険代理店の客に勧められた。次夫さんは「保険屋の言った通りにしただけ」とぶっきらぼうに言うが、きよこさんは「夫は十歳の時にチリ津波に遭っている。その経験で地震保険に入ったんだと思う」と話す。年間十二万円弱の保険料を払い続けてきた。

保険金を元手に、同じ場所に店を建てることにした。避難所で会う常連客たちは、すしを握るまねをして「またやるんだべ?」と励ましてくれた。だから、同じ場所で迎えたかった。

二〇一一年十一月に再建。三十人の客が入る程度で、木造平屋の七十平方メートルの広さは以前の半分ほどだが、自分の城を取り戻した。

仮設住宅から通い、真新しいカウンター席の前ですしを握る次夫さんは「うまい物を出せば客は来る」。遠くに避難したお客さんが、ちょこちょこと顔を出してくれる。「来てもらったのに休みだと申し訳ないから」。二人はこれから一年間、休まず営業するつもりだ。

流された自宅とすし店のローンは、これからの売り上げで返済していくめどが立ちそうだ。「人生信じられないことが起こる。震災で分かった」ときよこさん。地震保険は今も加入し続けている。

(中村禎一郎)

地震保険の保険金を元手に、津波に流された同じ場所に再建したすし店と向沢さん夫婦=岩手県大船渡市大船渡町で

愛知が加入率全国1位

地震保険の加入率は、二〇一二年二月末で全国平均25・9％。一九九五年の阪神大震災当時の11・6％から倍以上になった。この間、長い不況で一般家庭の収入は伸び悩む厳しい経済状況を考えれば、年々加入率が伸びているのは市民の危機意識が高まっているといえる。

中部地方では愛知県が全国最高の37・3％。県防災担当者は「東海地震の可能性が以前から言われ、危機意識を持つ人が多いのでは」と分析する。

ただ、加入率が各県とも10～30％台という数字自体は必ずしも高くない。東海・東南海・南海の三連動地震が近い将来起きれば、愛知と同じく大被害を受けるといわれる三重、静岡両県も加入率はそれほど高くない。

要因はさまざま考えられる。まず、「火災保険に入っていれば、地震による火災でも保険金が出る」と誤解する人が多い。過去に地震の被害が少ない地域で、新しい鉄筋マンションや一軒家に住んでいれば「地震保険まで入らなくても」と考える人もいる。

静岡県地震防災センターの小沢邦雄アドバイザーは「地震保険の割高感」も挙げる。

静岡県の場合、一般的に木造住宅の年間保険料は三万円以上。同時に加入する必要がある火災保険料が五万円以上かかる家も珍しくない。「災害が起きた場合、地震保険で支払われる保険金は火災保険の30～50％。その割に保険料が高いと感じる人もいる」。住宅ローンと同時に支払うと負担は大きい。

何より、地震保険の認知度がまだ低い。「県の防災事業は耐震化が主力。保険の普及啓発にそれほど重点を置いていない」（愛知県）。三重県では数年前から地元FMやテレビの行政放送で、啓発番組を始めた。県のホームページでも地震保険を解説。「知っていなければ入れない」という前提で、行政や損保業界などがPRに力を入れる必要がある。

**地震保険
加入率の推移**

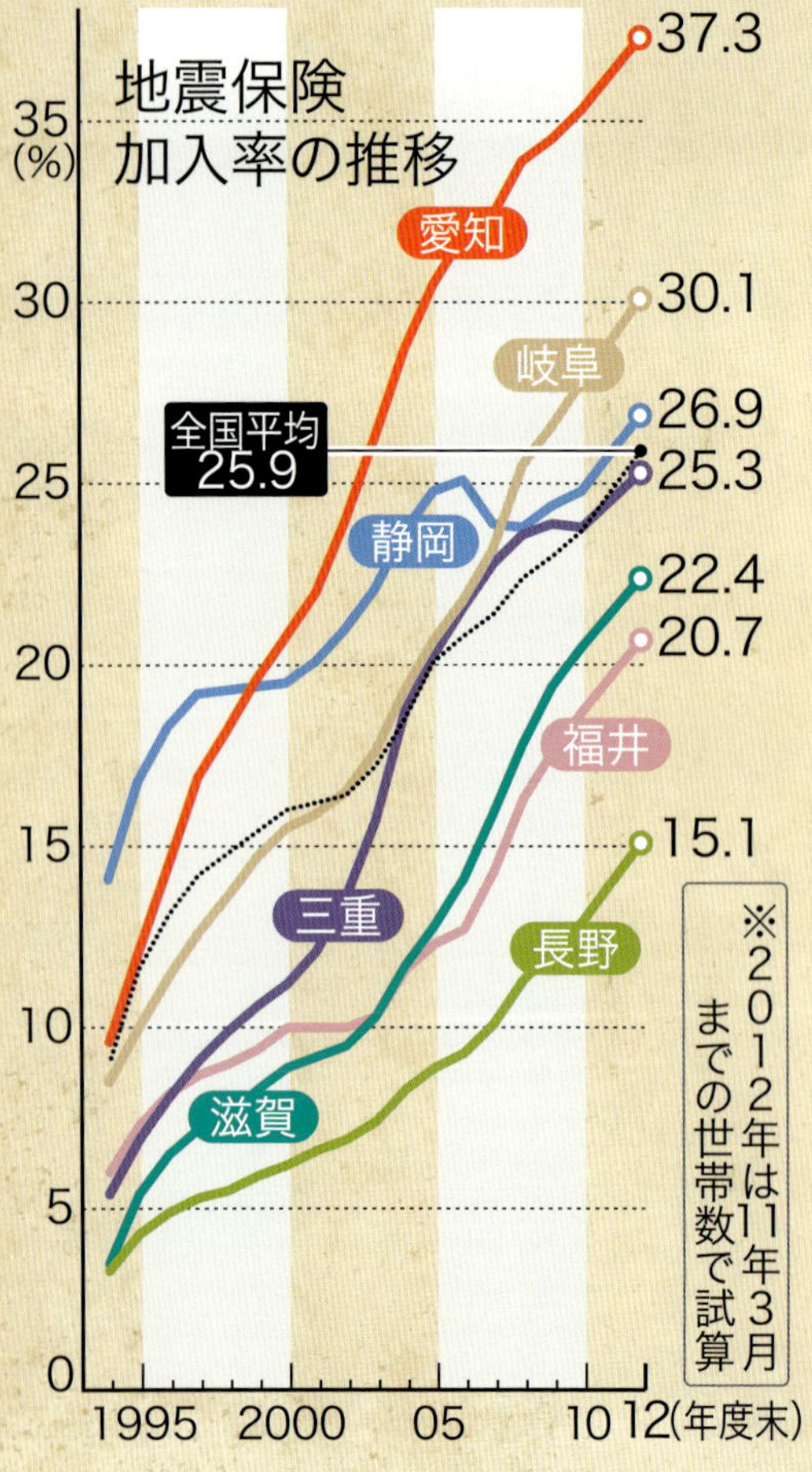

備える

地震保険 専門家に聞く

日本損害保険協会 中部支部事務局長 **小峯 雅也 さん**

保険料 東海は高め

地震保険の仕組み

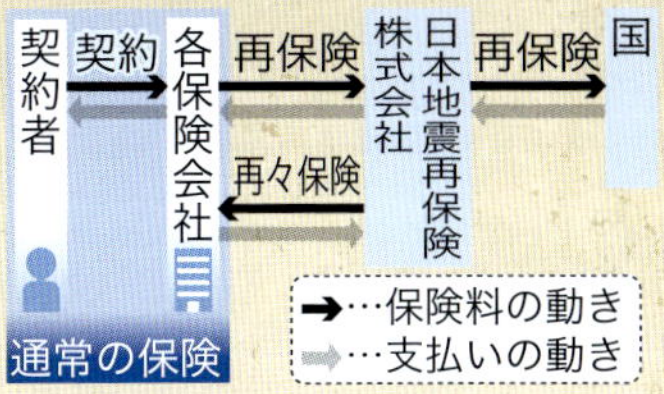

どんな時に支払われる?

支払われる

- 津波で家が流失
- 地震のがけ崩れで家屋損傷
- 地震直後の火災で全焼
- 液状化で木造住宅が20cm沈下
- 津波で木造住宅が床上浸水

支払われず

- 地震後10日以降の火災で全焼
- 津波で自動車破損
- 骨董品が地震の火災で焼失

地震保険制度は1966年、8600戸が全半壊した1964年の新潟地震を機に地震保険法が成立し、誕生した。地震保険の仕組みや実績を、日本損害保険協会の小峯雅也中部支部事務局長（47）に聞いた。（聞き手・竹田佳彦）

●地震保険の目的は。

保険金は倒壊した家を建て直すためでなく、当面の生活を安定させるためのもの。地震保険単独で契約できず、火災保険とセットで契約する必要がある。保険金は火災保険の30～50%の範囲内で、建物が最大5000万円、家財は1000万円まで。実際の建物の契約額は、1000万円以下が全体の75%を占める。

●どういう時に保険金は支払われるか。

地震による揺れや火災、津波、噴火で家屋や家財が被害を受けた場合。液状化による住宅被害も該当する。地震による火災は一般の火災保険は適用されない。自動車や骨董品は家財道具に含まれず、地震に伴う被害では対象外となる。

●東日本大震災での支払い実績は。

2012年4月2日時点で契約の99.2%の被害調査が終わり、保険金を順次支払っている。これまでに77万1403件で1兆2241億円。0.8%はまだ調査中のものがある。

●保険会社や代理店も被災した。損害調査はできたのか。

全国の損保会社や損保協会が延べ1万人の社員らを派遣した。衛星写真の調査で、津波で家屋が流失した地域などは一括で全損認定し、契約者に連絡し保険金の請求を呼びかけた。契約者が亡くなった場合は家族ら法定相続人に支払っている。

●巨額の保険金を支払う原資は。

損保各社は共同で「日本地震再保険株式会社」を設立しており、各社が保険契約を締結（再保険）することで補償額が積立額を超えた時に備えている。日本地震再保険はさらに政府と契約を結び、政府は保険料を積み立てて支払いに備える。

●保険料はどのように決まるのか。

地震が起きる危険性で全国を四段階に分類。建物の構造などと合わせて計16通りに分けている。愛知、静岡、三重は危険度が一番高い四等地。年間保険料は鉄骨・コンクリート造で契約額が、1000万円なら1万6900円、木造は3万600円（静岡は3万1300円）。

●支払額は。

契約額の 100%支払われる「全損」、50%の「半損」、5%の「一部損」の三段階がある。全損は建物の基礎や柱、壁などの損害額が評価額の 50%以上に達した場合。木造住宅で津波がかもいの高さ以上まで浸水したり、延べ床面積の 70%以上が焼失しても全損となる。半損は建物評価額の 20 ～ 70%未満、一部損は 3 ～ 20%未満が損害を受けた場合。震災後、加入者から「半損と一部損で差が大きすぎる」との声もあり、所管の財務省が見直しを進めている。

●保険料が高いとの意見もある。

地震保険は保険料を震災時の支払いに備えて積み立て、運用している。契約時の手数料は必要経費程度。利益を上げるための制度ではないことを理解してほしい。

2012年6月18日 掲載

いつの日か
原発1キロからの避難

東日本大震災では、多くの人々が住み慣れた土地を追われ、避難先での生活再建に直面している。塙《はなわ》さん一家は、原発事故で福島県大熊町から避難。光一さん（43）と妻幸《ゆき》さん（43）、二女沙也加さん（14）は愛知県豊田市で暮らした。長女梨奈さん（18）は東京で大学生活。塙さん家族の日常から、「家族の復興」を見つめる。

「一晩だけ」のはずが

むき出しの段ボール箱で代用したテレビ台に最近、淡い緑色の布をかけた。「少しは雰囲気が和らぐかと思って」と塙光一さん（43）。愛知県豊田市の県営住宅の6畳間。隣の妻幸さん（43）に目をやり「もう、ここに来て1カ月だもんな」とつぶやいた。

漂流するような日々だった。3月11日、福島県大熊町の自宅間際まで押し寄せた津波で、幸さんは娘の梨奈さん（18）、沙也加さん（14）を連れて町内の避難所へ。夜には職場から光一さんも合流。「家も家族も無事だったから一晩だけのつもりだった」

それが一変したのは福島第1原発1号機が爆発した翌12日。自宅から原発まで、わずか1キロしかない。

避難所を飛び出し、各地を回って集めたガソリンは30リットル。「とにかく走りだそう」。あてはなかったが、光一さんは西へとアクセルを踏んだ。

県境を越えて新潟県に入ったころ。ずっと圏外だった幸さんの携帯電話が、おばからのメールを次々と受信する。「大丈夫？　豊田においでよ」

それだけを頼りにたどり着いた街で、被災者用の県営住宅に入居した。今、即席のテレビ台に載った液晶画面が映し出すのは、無残な姿をさらす福島原発のニュースだ。「安全だと信じていたのに。裏切られた」。見通しのない避難生活は、2カ月目に入った。

残った写真とローン

光一さんの携帯電話の待ち受け画面は、2階建てのしゃれた建物。8年前、古里の福島県大熊町に建てたわが家だ。携帯のカメラで自宅を写したことを思い出し、保存ファイルから引っ張り出して壁紙にした。県営住宅に入居間もない4月半ばのことだった。

「やっぱりマイホームを持つのが夢だったから」。建て面積45坪の自宅は、震度6強の揺れにも耐えた。「今も写真のまんま。それだけに悔しさが込み上げてくるんだよ」

庭いじりが趣味だった幸さんも、家の花壇の写真を携帯に残していた。「今ごろはユキヤナギが満開なのかしら」。仮住まいの県営住宅に庭は無い。「土いじりができれば、少しは気が紛れるのかも」と思う。

避難から2カ月。共働きだった夫婦は今も仕事をしていない。郵便局員だった光一さんは愛知県豊田市の近くで同じ職場を探したが、まだ踏ん切りがつかない。住み慣れたわが家と見慣れた古里の景色が脳裏をかすめるからだ。貯蓄が生活費に消える日々が続く。

最近、原発から20キロ圏内の一時帰宅のニュースが茶の間のテレビから流れた。「でも、私たちには関係ないんだ」と夫婦は顔を見合わせた。原発から1キロのわが家は、放射能汚染の危険から一時帰宅さえ許されない。

夫婦に残されたのは携帯に保存された数枚の自宅の写真と27年分の住宅ローンだ。

当面の資金１４０万円

毛布とポットと炊飯器。3月11日、自宅から避難した塙さん一家が特別に持ち出しのは、この三つだけだった。

「今思えば、なんでっていう品物ばかりなんですけど」。愛知県豊田市の県営住宅の居間で、幸さんが苦笑いした。「でも、その時は一晩くらいだと思ってたからな」。光一さんが話を継ぐ。

多くの被災者が着の身着のままで避難した東日本大震災。自宅が福島第1原発から1キロの塙さん一家は、あれから何も取りに帰れない。

親せきや知人から援助も受けたが、家電製品や衣服の多くは、蓄えを取り崩してそろえた。パソコンとプリンターは10万円もしたが、震災関連の情報集めに欠かせないと購入。今春、大学に進学した梨奈さんの入学式用スーツも自宅に残したため買い直した。

地元に田んぼや畑を持っていた塙さん一家は「コメは買ったことがなかった」。これからは食費も余分にのしかかる。

何より不安なのは、新しい仕事や補償の道筋がはっきり見えず、蓄えだけが減っていくことだ。福島県や大熊町、東京電力から当面受け取れる義援金や補償は１４０万円。「避難生活2カ月半。もうそれくらいは使っちゃいましたよ」。頭の中で少し計算した後、光一さんは力なくつぶやいた。

働く生きがい奪われ

5月10日、重い足取りで幸さんは県営住宅へと向かっていた。愛知県豊田市に来て何度目かになるハローワークからの帰り道。「正直、まだ働く気持ちになれないの」。深いため息をついた。

その1カ月前、幸さんは20年間、勤めた農薬メーカーを突然、解雇された。福島第1原発の事故で工場再開のめどが立たなくなったとの理由だった。

工場長から電話で解雇を告げられた時は手が震えた。泣くまいと「長い間、お世話になりました」とだけ答えると、逆に工場長が泣きだした。

働くことは生きがいだった。「自分の稼いだお金で娘に何かを買ってあげられるのが何よりうれしかった」。事務職だったが、2年前にはフォークリフトの免許も取った。社内の女性で初。ひそかな自慢だった。

4月下旬、最後の給料が振り込まれると、沙也加さんがずっと欲しがっていた音楽プレーヤーを買った。イヤホンを耳にあてる沙也加さんの表情に少し笑顔が増えたと、幸さんには思えた。

とはいえ、貯金を切り崩すだけの日々に変わりはない。「いつかは、ここで働かなくちゃいけない」

暗い気持ちで県営住宅の扉を開け、茶の間に入った。すると、テレビを見ていた光一さんから、思いがけない言葉が出た。「帰ろうか」。画面には、一時帰宅のニュースが流れていた。

せめて福島県内に…

5月の大型連休明けから始まった原発事故避難住民の一時帰宅。その知らせに、生まれも育ちもずっと福島県だった光一さんは望郷の念をいっそう強めた。

だが、自宅が原発まで1キロしかない塙さん一家に、一時帰宅の機会はやってこない。「それなら、せめて福島県内に住めないか」。そんな思いが膨らんだ。

後押ししたのは、光一さんが勤めていた郵便局の上司の言葉だ。地域に溶け込み、職員の仲も良かった職場。電話口で聞いた懐かしい声は「福島に戻ってこないか。おれも県内の別の局で働いてるぞ」と誘った。

家族はみな反対した。「ここにも温かい人はたくさんいるよ」。愛知県豊田市での生活も2カ月になり、生活支援やペットの世話を通じて、少しずつ知り合いもできた一家。沙也加さんも新しい中学校で友達も増え、大阪・神戸へ行く6月の修学旅行を心待ちにしていた。東京で大学生活を始めた梨奈さんも「放射能の影響が心配」と気遣った。何より、福島県内に戻ったところで、念願の自宅で暮らせるわけではない。

「でも、最後は夫の意見を尊重しました」と幸さん。光一さんだけが福島に行けば、一家は豊田、東京との三重生活になる。家計が圧迫されるのに加え、「この震災で、家族がばらばらになるのが一番つらい」。5月28日、一家は豊田の県営住宅の鍵を返し、福島県大熊町民が集団避難する同県会津若松市の旅館に移った。

不便な旅館暮らしに

階下の食堂で夕食を済ませた光一さんは部屋に戻ると、どっかと畳に腰を下ろした。「豊田市のように自分で作って、好きに食べるというわけにはいかないんですよ」。

福島県会津若松市の市街地から20分ほど車を走らせた山あいにある温泉街。一家は5月末、生活拠点を愛知県豊田市の県営住宅から福島県大熊町が用意した宿の一つに移した。

1泊2日の旅行ならばまだしも、長期滞在となると旅館暮らしは何かと不便だ。洗濯物の干し場もないし、物の置き場も少ない。渓谷に臨む窓ぎわには自前で張ったロープに一家のTシャツが揺れる。「風情も何もないけれど…」。飾り棚には日用品をぎっしり詰め込んだかごが置かれていた。

海沿いの温暖な地域で暮らしてきた一家は気候がまったく異なる山あいの暮らしも気掛かりだ。「1メートル以上雪が積もっけど大丈夫か」。地元の人に半ば本気で心配された。

とはいえ、光一さんの表情は充実感に満ちている。福島に戻ってすぐに仕事を再開できたからだ。配属された隣町の郵便局は震災前に勤めていた局より規模が大きく、扱う端末も異なる。「ゼロからやり直す気持ちで、仕事を覚えたい」

部屋に幸さんと沙也加さんが戻ってきた。慰問に訪れた自衛隊のミニコンサートを見てきたという。「毎日、いろんな人が顔を出してくれる。ありがたい」。でも、そう話す幸さんの表情はどこか寂しげだった。

取り残された気分に

自衛隊の慰問コンサートから部屋に戻った幸さんは、大きなため息をついた。「集まって来るのは私のように時間を持て余した人ばかり。何だか取り残された気分」

6月上旬、震災直後に始まった避難生活は3カ月近くが過ぎていた。郵便局で働きだした光一さんと違い、幸さんは新しい職場を見つけられずにいる。「私がやれることといえば、旅館と（会津若松市内に置かれた）大熊町の臨時庁舎の往復くらい」と、自嘲気味に笑った。

臨時庁舎で支援物資の夏服が支給されたある日の出来事だ。幸さんは中年の男女が1枚のTシャツを引っ張り合っているのを目撃した。「嫌なものを見てしまった」。目を背けながら、はっとした。「被災していない人たちから見れば、私も同類に映っているのかな」

旅館に戻って体重計に乗ってみたら、いつの間にか3キロ近く増えていた。「働かないで、炊事も旅館まかせ。支援物資に頼って暮らしているんだもの、当然よね」。気付けばまた同じ独り言だ。「やっぱり会津若松に来るんじゃなかった」

ふとわれに返ると、部屋の隅で沙也加さんが読書をしていた。「福島に戻ろう」。そう光一さんが言いだしたとき、沙也加さんは幸さんと一緒に反対した。今でも時折、「豊田に戻りたい」と口にする。「あの子だってつらいんだ」。幸さんは込み上げていた感情をぐっとのみ込んだ。

母校の雰囲気変わった

沙也加さんは会津若松に移った後も、愛知県豊田市の中学校でできた友人たちとメールや手紙をやりとりしている。

「戻ってきたら?」「修学旅行楽しかったよ。一緒に行きたかったな」。ともに机を並べたのは2カ月足らずだが、優しい文面を見れば、自然に級友の顔が浮かぶ。「先生も、何かと声をかけてくれて心強かった」。避難する旅館の和室で、隣に座った幸さんも懐かしそうに振り返った。

それに比べて、母校の大熊中は、何だか変わってしまったような気がする。

間借りするのは町の臨時庁舎の2階。廃校の建物を使っているので違和感はないが、仲間は各地へ避難してしまい、3年生は半分の70人に減った。温泉街の各旅館に暮らす生徒をバスで送迎するため、授業開始も1時間遅い9時からだ。「雪が積もる冬が来たらどうするのかな」。温暖な浜通り育ちの沙也加さんは苦笑する。

でも、一番ぎこちないのは全体の雰囲気だと感じる。「みんな、私たちの学年が卒業したら、学校が消えてしまうんじゃないかと話してる」。先生も生徒も、先の見えない原発事故の被災者。沙也加さんも目指していた県立高校が入学試験をするのかさえ不透明だ。

そんな学校生活ももうすぐ夏休み。だが、息つく間もなく、塙さん一家はまたも引っ越しをすることになった。仮設住宅への入居が決まったのだ。

仮設でタローと再会

7月、塙さん一家の仮設住宅の生活が始まった。福島県大熊町民が避難する同県会津若松市。町内の同じ集落を中心に80戸が集まる。

愛知県豊田市の県営住宅を皮切りに3カ所目の避難先。「その中で、ここが一番手狭です」と幸さんは苦笑いする。小さな台所や風呂、トイレ以外は6畳と4畳半の2部屋のみ。受験勉強を控える沙也加さんは、一家が夕飯を囲むちゃぶ台で参考書を広げる。

トタン屋根で日中は焼けるように部屋が熱くなる。原発事故で避難を強いられたが、「節電には協力しよう」とエアコンは28度。実際の室温は30度を超すこともしばしばだ。

楽になったといえないが、幸せもやって来た。震災後、親類などに預けていた飼い犬タローと暮らせるように。気を使い、仮設住宅では室内で飼う。初体験の風呂にもほえることなく、「震災で犬も我慢を学んだのかな」と幸さん。沙也加さんは、しばらく口にしなかった獣医師の夢を再び話すよう

いつの日か
原発1キロからの避難

になった。

光一さんは最近「いつかまた、家を建てよう」と言う。国の補償や前の自宅のローンなど障害は多いが、一家は少しずつ前を向き始めた。

「日常」増える寂しさ

仮設住宅の玄関先で、飼い犬のタローが寝そべっていた。十数歳の老犬は暑さにすっかりまいってしまったようだ。「あなたも大変ね」。幸さんが笑った。

塙さん一家が福島県郡山市内の仮設住宅に移り、3週間近くが過ぎた。肌にまとわりつくような盆地特有の蒸し暑い日が続いている。

部屋のあちこちにかわいらしい花のブーケが飾られている。避難所のボランティアから教わったのを幸さんが早速、作ってみたのだ。「少しでも部屋の雰囲気を明るくしたくて」

窓が一つしかない仮設住宅は、昼間も薄暗い。備え付けの分厚くて無機質な水色のカーテンも、薄くて軽やかな水玉模様に買い替えた。

光一さんは相変わらず郵便局の仕事に追われる日々だ。旅館に避難していた時は毎日コンビニ弁当だったが、仮設に移ってから幸さんが手作りするようになった。

仮設住宅に移って、「日常」を実感できる機会は確実に増えている。けれども、それは古里を失った大きさをあらためて思い知らされる日々でもある。「このままずっとここに住み続けるのだろうか」。今はもう、慣れ親しんだ浜の風を感じることすらかなわない。

玄関先のタローが不意に起き上がり、訴えるようにほえ始めた。「あら、もう散歩の時間」。日が傾き始めた街に、二つの影が伸びる。

悩ましい受験先選び

「ただいまー」。7月中旬、仮設住宅に沙也加さんの声が響く。玄関先でまつわりついてきた飼い犬のタローの頭をひとしきりなで回し、沙也加さんは茶の間に上がってきた。

あすから夏休み。とはいえ、気持ちは軽くない。来春に高校受験を控える身だけに、夏休みは文字通りの「休み」にはならない。

先日、終えたばかりの実力テストの結果は「最悪の出来」だった。「特に英語。まあ、予想はしていたけれど…」

特別に難しいわけではなかったのに、学年の平均点が30点台なんて教科もあった。教室の仲間も勉強する余裕なんて無かったんだろうなと思う。自分だってそうだった。何しろ、原発の事故で避難生活が始まってわずか4カ月の間に、3度も自宅が変わったのだから。

受験先を選ぶのも悩ましい問題だ。もともと目指してきた地元の公立高校は原発事故で避難を強いられた。今は他校に

「間借り」をしながらの授業をしているが、何だか肩身が狭そうに思える。最近は福島県会津若松市内で進学先を探すとも考えている。

最終的に志望校を決めるのは11月。多少の時間は残っている。頭の中のもやもやを振り払うかのように、沙也加さんは茶の間に、どーんとノートを広げる。「とにかく悔いのないよう頑張る」。勝負の夏。被災を言い訳にしたくない。

家族4人久々そろう

「ただいま」。7月末、東京の体育大学に進学した梨奈さんが帰ってきた。9月末までの夏休み、一家4人は一緒に暮らせる。

両親と妹が避難で各地を転々とする間、梨奈さんも新しい環境に慣れるのに必死だった。寮のルームメートとの生活時間の違い、レベルの高い講義と試験…。得意の陸上競技を生かして進んだ道は、戸惑いと刺激に満ちていた。

福島と東京との心の距離も感じた。「原発事故で家族が避難してるんだ」。大学の仲間に打ち明けても、反応の多くは「ふーん、そうなの」。震災から時間がたつにつれ、自分から被災の話はしないようになった。

だから、たとえ大熊町の自宅から100キロ近くも離れた仮設住宅でも、ありのままの自分でいられる場所は何物にも替え難い。

「お母さんのつくった空揚げが食べたいな」。長女の口から出る久しぶりの注文に、台所に立つ幸さんの顔がほころぶ。沙也加さんも、まるで幼い子どもに戻ったように姉とじゃれ合う。新しい仕事に追われる光一さんは、時間があれば梨奈さんを犬の散歩に誘う。

いつもの家族旅行も、お盆の墓参りもできない夏だが、家族のきずなまでは変わらなかった。

そんな一家に、また新たな知らせがやって来た。原発3キロ圏内の一時帰宅が始まるというのだ。

帰宅への期待 恐怖に

うれしいと素直に思えたのは、ほんの一瞬だけだった。8月下旬、昼下がりの仮設住宅。一時帰宅を控えた幸さんは、被ばくの恐怖と闘っていた。

2週間前、テレビのニュースで3キロ圏内の一時帰宅が始まると知った一家は久々の朗報に沸き立った。「家から何を持ち帰ろうか」。帰省中の梨奈さんも加わり、早速、家族会議が始まった。全員一致は、家族のアルバム。次いで梨奈さんは部活仲間から贈られた寄せ書き、沙也加さんは学校の制服を望んだ。家族みんなが笑っていた。

だが、そんな笑顔は新たなニュースですぐに消え去った。文部科学省が警戒区域の積算被ばく線量（推計値）を公表したのだ。

原発から1キロの自宅周辺は1年間で400ミリシーベルト。国際放射線防護委員会が勧告する緊急時の上限の4倍に達していた。防毒マスクをした自分たちの姿が思い浮かんだ。「(線量が高いと) 分かっていたはずなのに、怖くてたまらなくなった」。追い打ちをかけるように、政府は線量の極めて高い一部地域を警戒区域の解除対象から外すことも検討し始めた。

やがて、福島県大熊町から通知が来た。一時帰宅の参加の意向を尋ねる内容だった。

「参加する」と記入して返信したものの、釈然としない。「将来、健康被害を訴えても国や自治体は責任を持ちません。決めたのはあなたですから」。無機質な文面は、そう突き放しているようにすら思える。

ごめんね、なずな…

「怖い」という気持ちは、いつの間にか薄れていた。原発から3キロ圏内の一時帰宅が実施された9月1日、地元の福島県大熊町が仕立てたバスに揺られながら、幸さんは帰宅の喜びをかみしめていた。

車窓から海が見えると、誰からともなく歓声が上がった。「当然だよ。おれたち、波の音を子守歌代わりに育ったんだから」。幸さんの隣で、光一さんがつぶやいた。

とはいえ、感傷に浸る時間はなかった。一時帰宅で与えられたのは2時間。バスを降りると、2人は一目散に自宅へ向かった。手元の線量計は毎時50マイクロシーベルト超を指していた。緊張と焦り、残暑の日差し。防御服の下で汗が滝のように流れ落ちた。

懐かしいわが家はもう目の前にあった。けれども、表札の掲げられた門の前で、2人の足が止まった。門の上に、うずくまるようにして白骨化した猫の死骸があったからだ。

「なずー」。幸さんは思わず叫んだ。震災当日、自宅を飛び出ていたため、連れてくることのできなかった飼い猫「なずな」だと直感したからだった。「私たちをずっと待っていたんだね。ごめんね、ごめんね…」。言葉が続かなかった。

光一さんに促されるまま、幸さんは自宅のドアを開けた。だが、目に飛び込んだ光景に思わず目を背けた。「家の中がすっかり色あせて見えたんです。まるで灰色の世界だった」

もう、家はあきらめた

「家に入った途端、舞い上がってしまうよ」。一時帰宅をした知人にそう聞かされていた光一さんと幸さんは、自宅から荷物を持ち出す際の手順を何度も確認しあった。

9月1日の一時帰宅。2人は打ち合わせ通り位牌《いはい》のある1階の仏間に向かった。ところが、想定外の事態に見舞われる。位牌が、地震で倒れたとみられる仏壇の下敷きになっていたのだ。仏壇を持ち上げ何とか回収したが、「思った以上に時間を食い、動転してしまった」。

梨奈さんと沙也加さんに託されたメモの品々を探そうと2階の子ども部屋に上がったが、思うように見つからない。アルバム、制服、教科書…。最後は手当たり次第にスーツケースに押し込んだ。

「結局、持ち帰れたのは位牌と子どもたちの持ち物だけでした」。予定の2時間はあっという間に過ぎ、2人の累積の放射線量は50マイクロシーベルトをゆうに超えた。

一時帰宅者を乗せた帰りのバスは行きとは打ってかわり、沈黙に包まれた。食事を済ませるとようやく声が上がり始めた。誰かが言った。「もう、家はあきらめた」。光一さんと幸さんもうなずいていた。

仮設住宅では、梨奈さんと沙也加さんが2人の帰りを待ちわびていた。思い出の品々を再び手にすると、歓声を上げた。幸さんは涙が止まらなかった。「娘たちが喜んでくれたのが唯一の救いでした」。長い一日が終わろうとしていた。

自宅はジャングルに

9月は一家にとって、8日に梨奈さん、11日に幸さんが誕生日を迎えるめでたい季節だ。

両日とも特別なお祝いはしなかったが、同じころ一家に1本のビデオ映像が届いた。原発3キロ圏内の一時帰宅の際、テレビ局の依頼で光一さんが撮影した福島県大熊町や自宅の映像が、放送後に返却されたのだ。

番組ではほとんどがカットされたが、30分の映像は、すべてが一家の貴重な記録だ。「うわ、通学路だ。懐かしい」「この店かなり壊れちゃったね」。仮設住宅の居間で、一時帰宅に同行できなかった梨奈さんと沙也加さんが、半年ぶりの光景に自然と声を上げる。

映像が自宅に移り、いつもなら夏野菜が実る庭の畑に、背丈以上の雑草が覆い茂るのを見ると、「え？ ジャングルみたい」。広くてきれいだった風呂場は、少し開いていた窓から、土ぼこりが入り込んでいた。「放射能、すごいんだろうね」。梨奈さんがつぶやくと、少し沈黙が続いた。

場面が、放送時にも見た光一さんと幸さんへのインタビューに差しかかると、沙也加さんが言った。「お母さん、ここから泣くんだよね」。テレビには、マイクを前に「今日はあきらめの日になりました」と目に手をやる幸さんが映った。

2011年の9月は、そんな映像が贈り物になってしまった。

いわきの仮設に当選

実りの秋、仮設住宅の食卓にのぼったナシをかじりながら光一さんが懐かしそうにつぶやいた。「大熊町でも良いナシが採れたんですよ」

一家の自宅がある大熊は太平洋を望む温暖な土地。同じ福島県でも、今の仮設住宅がある会津若松市とは100キロも離れ、気候も風土も違う。「冬の寒さや雪かきの苦労を思うと、今から憂鬱《ゆううつ》」と幸さんがため息をつく。会津でできた知人からも「浜の人は住めねえよ」と冗談交じりに言われる。

愛知県豊田市の県営住宅から会津若松の温泉旅館、そして現在暮らす仮設住宅…。原発事故以来、半年余りで転々と住居を変えた一家にとって、やはり古里は福島県の沿岸部だ。「だから、駄目でもともとと思いつつ、いわき市の仮設住宅へ入居申請したんです。そうしたら最近、当選の知らせが来た」と光一さん。大熊と生活圏の重なるいわきへ移転を望む町民は多い。倍率は3倍と聞いていただけに、突然の朗報だった。

ただ、今また転居すれば高校受験を控えた沙也加さんは3度目の転校となってしまう。「さすがにそれはできない。沙也加の卒業を待ち、次の春に移ろうと考えています」と光一さん。それまでには、国や東電の補償は進んでいるのか。生活再建の道筋は少しは見えているだろうか。いまだ晴れない不安を抱えたまま、一家は会津で冬を越すことを決めた。

離れても支え合える

大学の夏休みが終わりに近づいた9月末、梨奈さんは福島県会津若松市の仮設住宅から東京に帰った。静けさを取り戻した居間で、幸さんは先日までのにぎやかな日々を振り返った。「家族全員でいると、まるで元の生活に戻ったようだった」

思えば、梨奈さんは家族にとってムードメーカー的な存在だ。読書が大好きな沙也加さん、ガーデニングが趣味の幸さんはどちらかといえば引っ込み思案。笑顔がトレードマークの光一さんも口数は決して多くない。中学、高校と陸上部で活躍し、大学でも体育を専攻している体育会系の梨奈さんは、自他共に認める「台風娘」だ。

夏休み中、2間しかない仮設住宅でも、お構いなしにしゃべり続ける梨奈さんに、沙也加さんが「これじゃあ勉強できないよ」とたびたびこぼした。でも、目は笑っている。「うちの家族ってアンバランスのようでバランスが取れているんだな」。幸さんはあらためて思った。

梨奈さんが東京に戻った翌日、早速、電話があった。「お母さん、やったよー」。幸さんが携帯電話に耳を押し当てた途端、畳み掛けるような弾んだ声が響いた。大学の寮に届いていた1学期の成績表が予想以上の出来だったという。

高校受験を控える沙也加さんもそれを聞いて勉強に少し身が入ったよう。「離れていても支え合える」。ふさぎ込んでばかりだった幸さんも少し勇気がわいてきた。

避難住民の声　教訓に

10月中旬の昼下がり、福島県会津若松市の仮設住宅にある集会所を熱弁が飛び交った。「やっぱり原発は危険だった。

今回の事故で身に染みて分かった」「そちらも廃炉にした方がいい」

集まった住民たちの声に耳を傾け時にペンを走らすのは、静岡や新潟など全国各地の原発立地自治体の関係者たち。原発事故で故郷を追われた福島県大熊町民に直接話を聞こうと、仮設住宅まで足を運んだのだ。

塙さん一家からは、仕事の光一さんに代わり、幸さんが出席した。

「うちの町は除染して住民を帰還させる方針を持っていると聞くが、重要な判断は住民の生の声をもっと聞いてほしい」。9月の一時帰宅で、町へ戻って住むのは無理だと判断した経験から、現状の不満を率直に発言した。「あれほど高線量だった町が、除染した程度で住めるとは思えない」

「考えさせられました」「勉強不足でした」。幸さんら大熊町民の切実な訴えに、立地自治体の関係者は表情を引き締めて帰って行った。

多くの住民が参加できなかった平日の防災訓練、大渋滞した避難の道、そして疑うことさえしなかった原発の存在…。いま思い返せば反省点はたくさんある。「目の前の生活に追われてますが、全国にもっと教訓が伝わってほしい」

集会場に集まった仲間の町民を見て、幸さんは少しだけ心が軽くなった。

行事続き　身体が悲鳴

秋の気配が強まってきた10月中旬、沙也加さんが突然、体調を崩した。せきが止まらず、腹痛も治まらない。結局、週末を挟んで4日間、布団で寝て過ごす羽目になった。

10月に入って学校行事がめじろ押しだった。1カ月遅れの運動会の数日後、一度は中止になった修学旅行が続いた。東京での2泊3日の日程を沙也加さんはそれなりに楽しんだ。浅草、ディズニーシー…、つまらないわけがない。間もなく身体が悲鳴を上げた。

単なる肉体的な疲労ではないらしい。運動会のテーマは「お世話になっている会津若松の人たちにお礼を言おう」。もちろん感謝してないわけじゃない。けれども、感謝の気持ちは自発的に起きるもの。学校に強制されるものじゃない。

月末には文化祭も控える。友だち同士で交わした会話を要約すれば「正直、文化祭って気分じゃないよね」。

そもそも、学校はすべてを「震災前」にしたがっているように思える。被災もして、避難生活も強いられてこれまで通りのはずがない。それなのに、先生は「がんばろう」「前を向こう」のひと言で片付けてしまう。

幸さんはそんな娘の気持ちをおもんぱかる。「大人の都合で、子どもが振り回されているのではないか」。せめて、家庭だけは子どもが安らげる場でありたい。隣で沙也加さんが寝息を立て始めた。

仮設での冬支度 急ぐ

7カ月を過ぎた避難生活で、初めて寝込んだ沙也加さん。10月下旬には体調も持ち直し、学校にも通い始めたが、幸さんはあらためて家族の体が心配になった。

思えば、光一さんも新しい職場で悪戦苦闘している。「自宅から通っていた郵便局より、はるかに忙しそう」と幸さん。仕事は同じ窓口業務だが、会津地方には塙さん一家と同様に原発周辺から避難してきた人々が増えた。貯金や保険など、避難生活を続けるための用事が多いのか、対応しきれないほどのお客がやってくるという。

会津の寒い冬への準備にも追われる。仮設住宅には、もうこたつを用意し、オイルヒーターも買ってきた。「狭いので、なるべく薄型のにしました」と幸さん。

そうするうちに、原発3キロ圏内住民の2回目の一時帰宅が始まったが、一家は参加を見送ることにした。「高い放射線量も怖いし、生活に忙しいし…」。何より、前回の帰宅時に痛感した「もう自宅には戻れないだろう」という思いが腰を重くさせる。

いやがうえにも、前を見て暮らさなくてはならない一家。「そういえば最近、仮設住宅をノックする人が増えた」。ドアを開くと見知らぬ男性たちが立っているが、自身の名前と町の今後を熱く繰り返す口調から、すぐに用件は分かる。

震災後初の大熊町長選と町議選が、11月に控えているのだ。

「選挙は人柄」やめた

11月20日に町長選と町議選を控える大熊町。県議選も加えればトリプル選となり、塙さん一家もいやが上にも選挙の話題で盛り上がる。

これまで「選挙は（候補者の）人柄」と話していた光一さんが力を込める。「仮設暮らしはもううんざりだ。ちゃんとした家で暮らせるよう、政治家は何をやってくれるんだ」。求めるのは実行力だ。

週末になると、立候補予定者が仮設住宅に押しかけるようになった。判を押したように「よろしくお願いします」と繰り返すばかり。幸さんがしびれを切らした。「一体いつになったら、私たちは安心して暮らせるの？」

震災から8カ月近く。「町に帰れないのなら、はっきり言ってもらって構わない」と幸さんは考えるようになった。でも、泣き寝入りはしない。「東電や国にきちんと補償してほしい」。思いを代弁し、実現させるのが政治の仕事のはずだが…。「政治家だけは震災前と何も変わらない」

そう感じるのは自分たちだけではないらしい。選挙戦本番を前に、仮設住宅ではあきらめムードすら漂い始めたように思える。「自分の身は自分で守る。悲しいけど、それが現実」。とりあえず今、向き合わなければいけないのは沙也加さんの高校受験。今月中には志望校を絞り込まないといけないのだ。

将来考える余裕ない

自宅の広い勉強部屋には戻れない。仮設住宅の片隅に置いた小さな勉強机には、目の前の薄い壁を通して、隣室の物音が嫌でも耳に飛び込んでくる。

「あー、集中できない」。来春に高校受験を控える沙也加さんが頭を抱えた。ただでさえ揺れ動く進路選びの時期。原発事故のせいで、3回も転居を強いられた15歳に、落ち着いて高校や将来のことを考える余裕はない。「何とかなると考えるしかないよ」。楽観とも不安ともつかない言葉を漏らすことが増えた。

それでも、今月下旬には教師と保護者を交えた三者面談で、進学希望先を絞り込まなくてはならない。

「でも、学校選び自体、安心してできる環境にないんです」と幸さん。自宅近くにあった沙也加さんの志望校は今、会津地方を含む県内4カ所に分散して授業を続けているが、来春からはいわき市の1カ所に集約されると聞いたのだ。「原発周辺の多くの子どもが会津に避難しているのに、なぜ遠いところにまとめてしまうのか理解できない」。一家は春にいわきの仮設住宅に移る予定だが、会津に残る家庭のことを考えると怒りが込み上げてくる。

沙也加さんは行き詰まった時、ふと最初に避難した豊田市のことを考えることがある。そういえば最近、うれしい手紙が届いたのだ。

豊田の中学から手紙

「遠くから応援しています」。避難に疲れた一家の心を最近温めてくれるのは、沙也加さんが豊田市で通った中学から届いた手紙だ。3年生の同じクラスだった生徒たちが1人1枚、便箋いっぱいのメッセージを書いてくれた。「受験がんばろうね」「今度の合唱は震災で被害を受けた人々を思って歌います」

わずか2カ月の滞在だったが、今も多くの仲間が自分たちを忘れずにいてくれることがうれしい。「何回も見返したよ」。進路選びに迷う沙也加さんだが、便箋が詰まった封筒を手にすると、自然と笑顔が戻る。

きっかけは、少し前に幸さんが中学校に送ったお礼の手紙だ。「豊田では、地域でも沙也加の学校でも本当にいい人に恵まれた」という感謝と、会津若松の仮設住宅で暮らす近況を添えた。原発避難の実態を知ってもらおうと、大熊町に一時帰宅した時の自宅の写真も同封した。

「衝撃的でした」。生徒たちの手紙には、人々が消えた町の風景への率直な感想もつづられていた。「味わいたくなかった現実だが、自分たちの経験から何かを感じ取ってもらえたら」と幸さん。

こうやって少し客観的に現状を見つめられるのも、時の流れのせいだろうか。震災から8カ月あまり、一家にも2011年、最後の月がやってくる。

志望校決定「運命の日」

11月20日投開票の大熊町長選は、町への帰還を目指す現職と移住を訴える新人の一騎打ちだった。町の将来を担うはずの選挙はしかし、中途からその様相を変えた。

「あの人はただの目立ちたがり」。新人候補の悪いうわさが仮設住宅に広がり「安全策」で現職に票が流れた。「（現職勝利は）町民が帰還を望んだ結果じゃない」。少なくとも幸さんにはそう思えた。

周囲が静けさを取り戻した2日後、今度は一家の「運命の日」が来た。沙也加さんの高校受験の三者面談。私立との併願を勧める担任に沙也加さんは言い切った。「行きたくない高校は受けたくありません」。担任も幸さんも折れるしかなかった。揺れ続けた思いは定まったらしい。すっきりした表情で勉強机に向かっているのは、仮設住宅の薄い壁をつたってくる候補者の連呼が収まったからだけではないようだ。

受験先はあこがれだった光一さんの母校。原発事故以降、県内各地に分散していたが、来年度からいわき市内に集約される。一家は抽選で確保した市内の仮設住宅に移る計画だが、高校から7～8キロと遠く、交通の便も悪い。

幸さんは高校に近い仮設に変更できるか役場に相談したが、「無理ですね」と即答された。意気消沈する幸さんに沙也加さんは諭すように言った。「世の中、そんなもんだよ」

顔曇る 汚染の根深さ

家族みんなが「えっ」と驚いた。

12月上旬、避難生活を送る会津若松市で行われた18歳以下の子どもに対する内部被ばく検査。一家で1人だけ対象者となった沙也加さんの結果で、微量の放射性セシウムが検出されたのだ。

「原発が次々に爆発したころは、県内の遠い場所や県外に逃げていたのに…」。その場で知らせを聞いた幸さんが不安を募らせる中、沙也加さんが再び検査に臨むと、今度の結果は「未検出」だった。

原因は、沙也加さんが着ていた1枚のTシャツだった。「それだけ、9月の一時帰宅で自宅から持ち帰ってきたものだったんです」。未検出になった2回目は、試しにTシャツを脱いだ後だった。

内部被ばくがないと分かってひと安心した一方、もともとたんすの奥にあって一時帰宅後に何十回も洗濯したシャツまで汚染されている事実に、帰宅後の光一さんも顔を曇らせた。専門家からは、持ち帰ったアルバムや位牌《いはい》なども屋内の別の場所で保管するよう勧められたという。

あらためて思い知らされた放射能汚染の根深さ。「知り合いの妊婦さんは、内部被ばくが認められたそうで、心配でたまらない様子でした」と幸さん。年が替われば、少しは状況も好転するだろうか。切ない祈りを繰り返す年の瀬だ。

故郷を追われて

塙さん一家 座談会

牙むいた「近所の原発」

「ご近所の原発」が大事故を起こした時、一家は何を思い、どう動いたか。「備える 3・11から」の連載「いつの日か 原発1キロからの避難」に登場した塙さん家族が、前例のない原発震災にほんろうされた一年を振り返った。家族四人は「地域全体が安全神話に浸っていた」と自戒し、避難生活で感じた思いを訴えた。

（小笠原寛明、杉藤貴浩）

安全神話…危険考えず 確実、迅速な情報欲しかった

―福島県大熊町の自宅は、東京電力福島第一原発から一キロほどの距離。震災が起こるまで、原発はどういう存在だった。

光 地元育ちにとっては、物心がついた時には原発があった。正直、それほど真剣に原発への賛否を考えたこともなかった。

幸 表だって反対の声を上げる人はほとんどいなかった。町には東電関係で働く人も大勢いたし、原発で地域が潤ってきたのも事実。原発の安全性をアピールする文書が、よく回覧板で回ってきたりしていた。

沙 そういえば小学生のころ、書道の習字で「原子力の火」って書かされたことがあったっけ。

―原発事故に備えた自治体や東電の訓練などは。

光 町中にある防災無線で「何号機が火災」と流れ、指定場所へ避難する訓練があったと思う。ただ、ほとんどが平日開催で、大半の人は仕事や学校で参加できなかった。

梨 えー、やってることも知らなかった。

幸 安全神話っていうのかな。存在に慣れすぎて、住民もあまり考えなくなっていた。

―震災当日に大きな揺れが来た後、原発で何かが起こる心配は。

全員 まったく考えなかった。

幸 自宅の手前まで津波が来たので、その恐怖ばかり。高台の避難所に家族が集まった後も、原発の異常を知らせる放送などは聞かなかった。

梨 私たちが最初に知ったのは、当日の夜につながった親戚との電話で「原発が危ない」と聞いたから。

幸 自治体は、原発に何らかの異常が起こって、少なくとも一晩では帰れそうにない点だけは早く教えてほしかった。

福島県大熊町の自宅に一時帰宅した時の写真を見て、震災からの日々を振り返る塙さん一家。
左から梨奈さん、光一さん、沙也加さん、幸さん

家族のプロフィル

塙光一さん（44）福島県浜通り地方で生まれ育つ。郵便局員。9年前、大熊町に自宅を新築。ローンが今も残る。

幸さん（44）光一さんと同じく地元生まれの地元育ち。大熊町の農薬メーカーに勤めて家計を支えていた。

梨奈さん（19）スポーツ万能の長女。震災直後に東京の大学に進学。被災地との温度差に悩んだことも。

沙也加さん（15）動物と読書が大好きな次女。高校受験を控えた1年に、引っ越しを繰り返した。

いつの日か 原発1キロからの避難

「頑張れ」…時に重荷
復興とは永住の場見つかること

パニックを恐れるのも分かるけど…。

光 着の身着のまま長い避難生活に入ってしまったからね。確実で迅速な情報の大切さが身に染みて分かった。原発が爆発したことも、後からカーナビのテレビで知ったくらいだから。

―震災二日後の十三日に福島県を出て親戚のいる愛知県に向かった。

光 それまで二日間、車のガソリンと食料を求めて福島県内を走り回った。あれからは、ガソリンが半分まで減ったら満タンにする習慣がついてしまった。

―愛知県豊田市の親戚の家に着いた後、三月下旬から被災者向けの県営住宅で暮らし始めた。

光 家賃が当面無償なのはありがたかった。身近な生活面での支援に感謝したのを思い出す。どうしても必要な家電を買いに行き、福島県から来たと知ると、店の人が大きくおまけしてくれた。

梨 自宅に置いたままだった大学の入学式用のスーツを買い直す時も値引きしてもらったな。

幸 お金だけの問題ではなく、ひと言「大変でしたね」と心を寄せてくれる言葉をもらえるだけで、ずいぶん救われた気になった。沙也加が転入した中学校も、先生方が「少しずつ慣れてくれればいいです」と言ってくれた。

沙 豊田の中学校の友達とは、今でも文通しているよ。

―逆に、言われて重荷になったりしたことは。

梨 「頑張れ」とか「泣かないで」「大丈夫！」というような言葉かな。

光 悪気がないのは分かるけど、「何をどう頑張るの？」という気分になることもあったな。

―光一さんの仕事の都合もあり、五月末で豊田を離れ、福島県会津若松市へ移った。避難が長期化するにつれ、東電の補償問題が一家の関心事になった。

光 妻は大熊にあった職場を解雇になり、蓄えもどんどん減っていく。国の議論と東電の対応の遅さにはがっかりさせられた。

幸 九月に大熊町の自宅へ一時帰宅した時、あまりの線量の高さで帰郷をあきらめた。同じ感想を持った住民は多い。なのに国や町は効果の分からない除染に多額の費用をかけようとしている。もう少し、住民の意識の変化に敏感になってほしい。

光 帰郷を断念した住民は、新たなマイホームを建てるのに多額の資金が必要になる。国や東電が補償のあり方を議論している間にも、警戒区域外の住宅地は、移住を決断した人の購入で値上がりしていると聞く。

―一家にとって、復興の具体的な形とは。

光 何と言っても、安心して永住できる場所が見つかること。それまでは復興とは言えない。被災者にとって、震災一年は何の区切りにもならない。これを区切りに、福島や東北のことが忘れられるのが心配だ。

2012年3月26日 掲載

（上）一時帰宅した光一さんと幸さんが目にした自宅内。地震の揺れで先祖の遺影が落ちかかっている
（下）2011年９月の一時帰宅で、自宅周辺を歩く大熊町の人々＝いずれも塙さん提供

「防災習慣」を持つために

防災運動会

- 応急担架を作り搬送リレー
- 「助けて」と叫ぶ大声コンテスト
- 防災知識イエス・ノークイズ

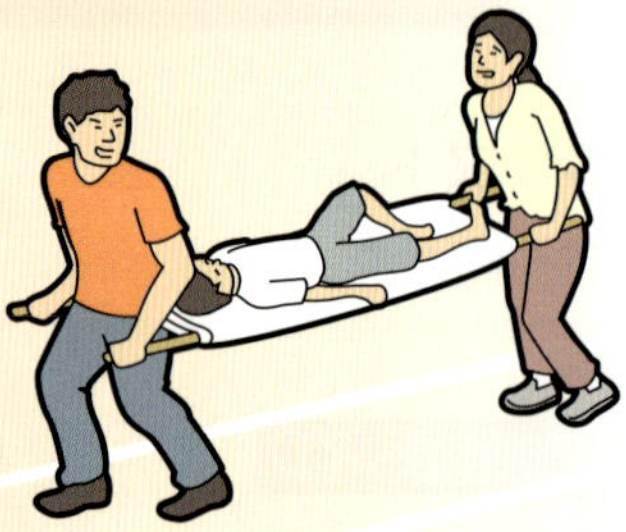

家庭や学校、
地域で楽しみながら
防災意識を身につける。
防災運動会や防災キャンプは
多少の「失敗」を
楽しむつもりで

防災ピクニック

避難所まで歩いてみて問題点をチェック。避難所で弁当を食べる

- 必需品が入っているか、重すぎないか
- 子どもを抱えて避難所まで行けるか
- 避難ルートに危険な箇所はないか

もっともくつろげる自宅
の空間が、対策をしていない
と地震の揺れで「凶器」に変わる。
子どもがいれば「危ない場所
ゲーム」をしてみる

防災キャンプ

避難所でご飯とカレーを作ってみる

- 水を入れた大鍋でゆで炊きする
- 避難所に調理器具や飲食料が常備されているかも事前チェックできる

☑家庭の防災チェックシート

命をおとさない	□ 耐震化している
	□ 家具・冷蔵庫を固定している
ケガしない	□ ガラス飛散防止シートやカーテンがある
	□ 棚から食器が飛び出さない
暮らせる	□ 保存のきく食料は分散して備蓄している
	□ 隣の人の顔と名前が分かる

忘れがちな持ち出し品

高齢者世帯

- 老眼鏡…ないと避難生活に不便
- 入れ歯ケース…入れたままで肺炎を引き起こす例も
- 補聴器…耳からの情報を確保する

乳児のいる世帯

- 母親用の食品と水…母乳が出なくなる
- 赤ちゃんのおしりふき…かぶれやすい

女性

- 抗菌スプレー…デリケートな部分に注意が必要

表面の続き
防災ベストや備蓄品には
「家族構成に合わせた必要品」
を考えて事前に入れておく

「我が家の場合、必要な物は何か」
と話し合っておくだけで、命が
助かる確率は大きく高まる

切り取ってご使用ください。